高校图书馆创新建设与管理

李　琳 ◎ 著

吉林文史出版社

图书在版编目（CIP）数据

高校图书馆创新建设与管理 / 李琳著. -- 长春：
吉林文史出版社，2023.5
ISBN 978-7-5472-9437-6

Ⅰ．①高… Ⅱ．①李… Ⅲ．①院校图书馆－图书馆管理－研究 Ⅳ．①G258.6

中国国家版本馆CIP数据核字(2023)第095796号

GAOXIAO TUSHUGUAN CHUANGXIN JIANSHE YU GUANLI

高校图书馆创新建设与管理

出 版 人：张　强

著　者：李　琳

责任编辑：陈春燕

封面设计：太　一

出版发行：吉林文史出版社

地　　址：长春市福祉大路5788号

邮　　编：130117

电　　话：0431-81629351

印　　刷：长春市华远印务有限公司

开　　本：787mm×1092mm　1/16

印　　张：15

字　　数：312千字

版　　次：2023年5月第1版

印　　次：2023年5月第1次印刷

书　　号：ISBN 978-7-5472-9437-6

定　　价：68.00元

前　言

目前，图书馆已不仅仅是保存和利用图书的场所，而是成为全社会的知识信息中心，发挥着更大的作用。随着信息技术的快速发展，传统的图书馆服务模式已无法满足读者的需求。图书馆变得日益网络化、高效化、集成化、现代化。

高校图书馆信息化建设是一项长期而艰巨的任务，需要图书馆管理员的不懈努力，也需要各高校图书馆在信息化建设过程中的交流探讨和相互借鉴。本书正是基于此展开对高校图书馆信息化建设与管理的研究。本书首先介绍了高校图书馆学科化服务的产生与发展，并对创新高校图书馆知识服务建设做出分析，然后系统的分析了高校图书馆人力资源管理创新、以人为本理念下高校图书馆的管理创新，接着对高校图书馆信息化平台建设、高校图书馆信息化管理、现代图书馆信息管理及服务的创新、现代图书馆信息管理及服务的优化以及、云计算在高校图书馆中的应用与创新等内容做出详细的数量，最后在图书馆信息化管理服务创新策略方面做出探讨。希望本书对高校图书馆的信息化建设工作能有一定的参考价值。

由于笔者学识和水平有限，书中难免存在一些不足和疏漏之处，敬请广大读者批评指正。

目　录

第一章　高校图书馆学科化服务的产生与发展

第一节　学科馆员制度

学科化服务源自学科馆员制度的建立。因此，要探讨学科化服务，首先就应追溯学科馆员制度的建立。

一、学科馆员的概念

图书情报学在线词典中学科馆员被定义为以专业知识和经验用于选择专业资料，并对用户提供某主题领域或学术专业（或学科分支）的书目指示和参考服务的图书馆馆员。在大学图书馆中学科馆员通常还持有所在学科领域的第二硕士学位，因此，他们也可以叫作主题分析馆员。

图书馆中那些对某一专业领域学科有浓厚的知识底蕴，负责图书馆专业领域馆藏文献的遴选评估，有时也提供此专业的信息咨询服务及负责馆藏图书的分布组合的工作人员，亦称学科文献书志馆员。

二、学科馆员的职责

学科馆员的产生与美国大学的学科设置有一定的关系，学科馆员的设置就是在学科变化和馆藏建设的需要中逐渐发展起来的。学科馆员的职责并没有统一的规定，它因各图书馆的类型、规模、学科特点和资源等的不同而不尽相同。

（一）国外学科馆员的职责

学科馆员的主要职责可归纳为两个方面：专业参考帮助和院系联络。专业参考帮助是指向读者提供咨询建议、数据库检索、参考资源建设以及读者使用指导；而院系联络则是指与各院、系、研究所建立交流沟通机制，主动了解学科信息需求，有针对性地改进图书馆工作。具体工作如下：

1. 院系联络

高校学科馆员担任着图书馆和院系之间联络人的角色，这包括参加院系或教研室的各种相关活动，了解该院系或教研室的学科建设和发展，了解教学和科研的计划与发展，反馈老师和学生对图书馆资源与服务的建议和要求，及时向院系或教研室的老师及他们的研究生介绍专业信息资源与图书馆服务等。学科馆员的优良服务，使得图书馆和各院系的联系进一步加强，为信息与院系教学和科研的结合提供了强有力的保障。参加院系或教研室的各种相关活动可以是正式的也可以是非正式的。例如，学科馆员可以参加院系的课程计划委员会或新学科建设委员会；定期参加院系全体会议及学科各种与教学科研有关的活动，参与院系学科建设或课程设置计划；定期到院系或教研室坐班，提供定点到位服务或参加院系一些其他活动。这给双方提供了很有利的合作机会和条件。这种学科馆员服务制度，极大地方便了院系或教研室的信息服务。

2. 学科信息资源服务

高校学科馆员的另一项重要职责是为教师和学生的教学和科研提供信息资源服务，这包括协助教师专门为某专业课程教学的需要提供有关信息资源和建立学科资源导航。目前，比较常见的方式是通过网上教学系统为某课程提供与该课程的学习、作业和考试有关的信息资源。利用这些信息资源，学生可以更好地完成课程的学习，提高学习质量。另一种方式是为某教学课程设计专门的网页。例如，奥克兰大学图书馆的学科馆员专门为一些大型课程做了网页。其中一个例子是历史学科馆员与各门历史课教师的讨论，为一到三年级的九门课程做了网页，为这些课程提供信息服务。

3. 学科信息素养教育

提供信息素养教学服务，包括信息素养课程设计、课堂教学等。提供信息素养教育是学科馆员很重要的一项工作。根据美国信息素养标准，有信息素养的人被定义为：能确定所需信息的内容与范围；能有效地获取所需的信息；能批判性地评估信息和信息源；能将选择的信息融入个人知识库中；能有效地将信息应用到具体实践中；从经济法律和社会的角度考虑信息的使用，并以伦理道德观和法律准则保证信息使用的正确性。

信息素养教育被许多国外高校列为对毕业生培养的目标之一，因此对学生进行信息素养教育也越来越重视。为学生讲授与课程有关的信息资源检索和管理便成了学科馆员一项重要的职责。现实中，学科馆员也经常走到院系中去，主动与教师交流如何将信息素养教育结合到专业课程中。有的学科馆员还与专业课教师共同设计课程，探讨如何更好地将信息素养教育融入专业课程教学中。参与学科教学已逐渐成为高校图书馆学科馆员的职责之一。

4.馆藏资源建设

学科馆藏资源建设是学科馆员的另一项职责，包括推荐新书和剔旧。学科馆员也是指定学科数据库的试用评估人和联络人。通常教师和研究生将所需的图书直接推荐给本院系的学科馆员，学科馆员根据馆内收藏情况决定是否提交采购部门订购。另外，学科馆员还要定期分析馆藏资源与学科专业配置比例及定期剔旧以保证本学科馆藏资源建设的合理性。对于馆藏比较弱的专业，学科馆员会与教师联系推荐新书，有时学科馆员直接推荐新书以弥补薄弱专业的馆藏资源。馆藏建设的另一个方面是学科期刊和数据库的建设包含几个学科，所以学科期刊和数据库的建设往往是几个学科馆员共同商讨决定的。例如，在馆内决定购买某一新数据库之前，往往由学科馆员和教师共同试用和评估，再由学科馆员收集反馈意见，馆长根据反馈意见最后决定是否订购。随着数据库导航系统的出现，为本学科建立学科导航系统也成为学科馆员的职责之一。

5.参考咨询服务

提供参考咨询服务一直是图书馆服务的一个重要组成部分。学科馆员既提供图书馆咨询台服务，又提供对本学科教师和研究生的一对一的学科咨询服务。本学科的教师和研究生可以直接以电子邮件、电话等方式联系他们的学科馆员，咨询各种问题并得到解答。由于学科馆员的人数有限加之本科生对信息需求的不同，他们对本科生的服务通常是以班级为主。

（二）国内学科馆员的职责

学科馆员的发展分为两个阶段，即基于传统图书馆的第一代学科馆员制度阶段和基于数字图书馆的第二代学科馆员阶段，笔者对两个阶段学科馆员的职责进行了较为深入的分析和总结。

1.基于传统图书馆的第一代学科馆员制度阶段

第一代学科馆员制度主要基于传统图书馆的组织机制与用户需求，依托印刷型文献资源和手工服务方式，致力于建立图书馆与研究机构之间的学科联络与主动服务机制，初步实现学科服务与主动服务两大目标，其核心职责是学科联络和专业参考帮助，具体可分为以下几个方面：

学科需求联络，即建立图书馆并主动了解用户需求的交流机制，实现信息从学科用户向学科馆员的流动。

馆藏建设，包括了解本馆及合作单位馆藏学科资源，协助制定资源建设策略与规划，根据学科用户的意见制定采购订单，负责学科资源的著录、分类与管理以及资源建设质量的评价与监控。

公共关系与营销，指学科馆员作为图书馆的发言人和资源、服务的推销员，主动向科研人员提供图书馆资源、服务以及相关政策与策略等信息，促进信息从学科馆员向学科用户的流动。

用户服务与用户教育，主要包括提供一线读者服务工作、参考咨询服务、编写资源利用与服务指南、负责用户信息利用的指导与培训等。

2. 基于数字图书馆的第二代学科馆员阶段

第二代学科馆员制度是面向数字化、网络化信息环境，以数字图书馆为依托，从而充分体现出"以用户为中心"的服务理念，通过数字图书馆系统与研究机构知识管理平台的无缝集成，使学科馆员更多地参与科研活动，将信息服务融入个人信息环境之中，并根据用户需求指导信息组织，实现信息服务与资源的统一。在保留和发展了第一代学科馆员职责的同时，第二代学科馆员增加了许多新的职责，主要有以下几种：

（1）科学信息作者与发布者

作为具有学科背景的信息管理专家，学科馆员将从单一的信息推荐者变为兼有多重身份的信息生产者与信息发布者。其一，学科馆员作为二次文献的作者与发布者，负责本学科领域文献资源的分析、评价、导航、推荐工作、编写文摘、书目、书评、导航目录、数据库评价报告等，并利用网络进行发布。其二，学科馆员作为一次文献的作者与发布者，研究学科进展、发展态势，并建立专题网站发布自己的研究成果，这种形式随着 blog 交流方式的兴起而迅速发展起来。例如，Greg Notess 创建了一个搜索引擎专题网站，发布他在搜索引擎方面的研究成果，Search Engine Showdown 已经成为当前搜索引擎领域研究人员最重要的参考网站。

（2）信息资源管理者

首先，学科馆员是馆藏印本资源、电子资源和分布式网络资源的管理者，负责这些信息的采集、组织、保存、访问权限管理、信息迁移服务与永久性保存服务等工作。其次，学科馆员是研究机构知识资产的管理者，参与机构数据库的建设与维护，负责研究机构知识资产信息的标准化组织、永久性保存以及学术成果网络发布、交流、开放存取等工作。最后，学科馆员负责学术交流过程中产生的增值信息管理，包括来自科研人员与学科馆员的交互信息，来自虚拟学术社区的讨论组信息等。通过对研究机构知识资产以及学术交流过程中信息的管理，学科馆员能够真正融入科研活动中，有机会获取科研成果形成过程中的相关信息以及科研成果公开发布后的演变信息，以便构建复合数字对象实现对信息的深层次揭示与管理。

（3）知识管理员

作为知识管理员，学科馆员的职责包括两方面：一是知识组织服务，即利用数据挖掘等技术对相关信息进行主题聚类、分析、评价、过滤，从而发现用户最需要的信息内容。二是竞争情报研究，即根据研究机构的发展需要，由学科馆员综合学科信息、竞争组织信息、机构知识信息等，利用文献计量学等方法进行统计分析与评述、发现学科发展趋势、竞争对手动向以及本机构的优势、劣势等，为科研决策提供情报支持。

（4）研究人员

作为信息管理专家，学科馆员负责信息组织方法、管理政策、交流机制等方面的研究，跟踪学科进展，研究学科信息发展态势，指导用户获取、理解、使用信息资源，提供相关咨询服务，发挥网络馆员的作用。作为信息技术专家，学科馆员与对口学科研究人员、学习型组织成员、IT 技术专家等协同工作，参与数字图书馆技术研究，设计开发信息管理工具，实现数字图书馆系统和用户信息环境的无缝集成。作为特定学科专家，学科馆员已然成为机构科研团队的一员，参与对口学科的研究工作。

（5）虚拟交流的组织者

作为虚拟交流空间的创建、组织与协调者，学科馆员需要提供空间服务，负责虚拟交流活动的组织以及对交流中产生信息的管理，负责合作式信息挖掘与推荐、负责在线咨询以及专家咨询代理等职责。

另外，学科馆还应具有以下新的职责：

①专业用户研究

学科馆员的服务对象以特定学科领域的专家学者为主，他们的研究工作内容专深，如果不通过深入地分析和钻研很难掌握他们的信息需求特点。为此，学科馆员要围绕服务对象展开广泛的研究。例如，某个重点服务对象所从事的工作内容、研究方向、关注热点，所从事研究所处的研究阶段，有哪些现实的和潜在的信息需求等。学科馆员的这些研究不能像一般的图书馆馆员一样坐等读者上门，而必须走出图书馆亲自参与到服务对象的研究工作之中，以同行的身份与之进行交流、沟通，真正成为他们生活中的朋友和工作中的伙伴。只有如此，才能从多个侧面了解他们，准确地把握他们的兴趣爱好以及对某个问题的个人观点，而这些信息都可能帮助学科馆员确定自己的服务方向和重点。

②学科文献信息研究

学科馆员以学科专业的文献信息为重点研究内容。这种研究是建立在图书馆整体工作之上的，要以全体图书馆人员的工作为基础。学科馆员并不是像现在有人说的要自己编制专业书目、建立网络信息导航系统，而是要充分利用图书馆各部门的工作成果，如图书馆目录、专题书目、工具书、数据库、网络资源导航系统等展开对学科专业文献信息的研究，对已经掌握的信息源进行认真的分析，并做出客观的评价。学科馆员要善于挖掘信息，善于从别人没有注意的地方发现有用的信息，还要积极撰写专业文献信息综述，尤其要通过文献信息研究，提出自己对学科信息的独到见解，进行知识创新，为专业研究人员利用文献信息提供参考和帮助。

③学科发展研究

学科馆员要通过对专业文献信息的分析和研究，洞悉专业学科的发展现状，准确把握该学科研究的热点、难点问题；同时应积极提出专业学科发展方向的见解，在专业人员选择研究方向、确定研究课题时可以给他们提供有力的帮助。对跟踪服务的研究课题，要研究其所处的研究阶段、课题的关键技术以及该领域的最新成果，能够将最新成果应用于研究课题之中，使课题的研究少走弯路、节省时间，必要时还要及时地对当前某些方面的无效研究提出终止的建议，以避免重复劳动。对于学科发展服务，学科馆员还要跟踪相关领域的前沿动态，给课题的研究提供尽可能多的参考和借鉴。

④参与教学科研的实际工作

学科馆员要为科研和教学提供高质量的信息服务，还必须亲自参与到教学科研活动之中。学科馆员要凭借自己的知识结构优势在教学科研活动中占据一席之地，只有如此，才能真正融入教学和科研活动之中，准确把握教学和科研中的信息需求，充分发挥自己的作用，体现出自己在教学和科研工作中的价值。更为重要的是，学科馆员要加强与科研管理部门的合作，如有条件还要参与科研管理。通过参与科研管理了解本学科专业在研课题的总体情况，使自己的研究和服务更有针对性，并为立项新课题提供选题和方向。同时，通过参与科研管理的便利条件，密切与科研人员的联系，使自己真正融入科研的氛围以体会到科研的感觉，进入科研的角色。只有这样，才能提高自己的能力和水平，促进信息服务水平的提高。

三、学科馆员与参考馆员的比较

参考馆员，简单地说就是从事参考咨询服务工作的图书馆馆员，是了解、熟悉乃至精通某学科、专业、文献类型以及相关检索工具等知识，并为读者（用户）提供相关服务的、为图书馆的其他业务工作提供咨询建议的、能体现职业特点的图书馆馆员。"参考馆员制"是图书馆设立的，以图书馆为中心，以服务图书馆用户为目的，通过参考馆员的服务来满足用户需求的参考咨询服务模式。该制度的建立由来已久，它是随着参考咨询服务工作的开展而产生和发展的。

　　学科馆员是指高校图书馆委派的、专门与某一院系或学科进行对口联系，主动为用户提供有针对性文献信息服务的图书馆馆员。"学科馆员制"是以学科为对象而建立的高级专业人员对口服务模式。这种"服务模式以学科为对象，依托具有某一学科专业背景、熟悉图书馆馆藏结构和资源利用手段，具有敏锐的信息意识、较强的信息组织加工及获取文献信息能力的图书馆高级工程师专门服务人员，与某一学科建立对口服务"。

　　可以说学科馆员是在参考馆员的基础上发展而来的，两者的本质是一致的，只是随着信息技术的发展和服务理念的转变，两者在某些方面有了一些不同，主要体现在以下几点上：

（一）服务目标

　　参考馆员的服务目标是普及培训和指导工作，对用户开展利用资源的培训，举办检索技能讲座，及时通告图书馆最新服务方式和手段，提供多种形式的信息咨询服务；沟通协调用户与图书馆的关系，了解用户对图书馆发展的意见和建议，帮助用户参与图书馆的建设和发展。而学科馆员的服务目标是加强图书馆与院系学术单位的合作；促使更多的用户了解并利用信息资源；探讨一种能加强图书馆指导作用的协作模式；通过文献信息服务参与和支持院系及学校的发展计划；提供一个交流渠道与师生讨论图书馆的问题以及读者所关心的问题。

（二）服务作用

　　参考馆员制度的建立，提高了高校图书馆各种馆藏文献的利用率，提高了文献服务水平，对高校图书馆的发展起到了巨大的推动作用。而学科馆员的作用主要体现在促进图书馆资源利用与资源建设两个方面。通过学科馆员参与对口学院的学科建设、课题研究，促进图书馆信息资源和人力资源的充分利用，同时也促进图书馆的资源建设；不仅包括印本资源、数字资源，还包括网上虚拟资源、人力资源等建设。学科馆员制度的建立对图书馆开展层次服务，提高图书馆的服务水平与服务能力，提升图书馆形象具有重要的促进作用。

（三）服务内容

　　参考馆员服务主要以解答读者常规性问题、辅导使用资源为主。参考馆员服务基本上是一种被动型服务，他们向用户提供一般性的信息服务，服务范围广阔，没有学科专业限制，能满足用户全方位、多层次的信息需求，主要解决用户在使用图书馆过程中遇到的具体问题，属于大众性、综合性、社会性的服务类型。而学科馆员则更多地涉及某个学科的发展，以向用户提供学科信息、协助用户完成课题为主要任务。他们的服务内容更侧重于与用户交流，提供和帮助用户发现更多的专业资源和信息导航，深入用户的科研或教学活动过程中，为用户的研究和工作提供具有较强针对性的信息资源。

（四）服务对象

参考馆员是为图书馆的所有读者提供帮助，服务对象具有随机性和不确定性，服务范围广泛。传统的图书馆参考馆员主要为到馆用户服务，指引他们查找所需的文献资源，帮助他们解决在利用图书馆的过程中遇到的各类问题。在现代信息技术条件下，网络的应用使参考咨询服务的对象从本馆、本地扩大到整个社会乃至全球，参考馆员所服务的用户群越来越庞杂。而学科馆员则更多地面向科研一线人员，服务对象更具体、更明确。学科馆员通常根据自身某一学科的专业背景，为从图书馆用户中细分出来的、集中在专门领域的学科用户提供全方位、多角度的信息服务。

（五）服务形式

参考馆员服务是"以图书馆为中心"的信息服务形式，这是一种基于图书馆的体系机构，响应用户请求而提供的服务，参考馆员只能被动地接收用户提出的需求信息，无法实现主动的推送服务。而学科馆员服务是"以用户为中心"的信息服务形式。学科馆员需要走出图书馆，与相关的院系师生和主管科研的院系领导、学术带头人建立经常性的联系，定期了解他们的教学和科研进展情况、学术开展情况以及对文献信息的需求情况。学科馆员不但可以主动获取用户的需求信息，还可以主动将图书馆的资源、服务及相关政策信息推送给用户。

（六）素质要求

在本质上，参考馆员和学科馆员都是以特定用户的信息需求为中心，而学科馆员不仅要具备参考馆员的各种素质，还必须对本学科的情况有较全面的了解，具备在这一学科领域深入研究的能力。相关学科知识背景使得学科馆员对于馆藏学科文献的敏感度相对较高，从而他们能够更有针对性地对学科专业文献信息进行收集整理、分析研究，发挥协助教学科研的主观能动性，为用户提供高水平、深层次、参考利用价值高的信息服务。这种信息服务往往能够真正带给用户个性化的服务和较高的满意度，被誉为"深度研究咨询"或是"扩展性信息咨询"。

（七）角色定位

从用户的角度来看，参考馆员是图书馆用户的求助者，他能解答读者在使用图书馆过程中遇到的各种问题，能为用户提供全方位、多层次的服务；从图书馆的角度来看，参考馆员是图书馆资源与服务的宣传者，是维系图书馆与用户的纽带。而学科馆员则是一个由图书馆派出的上门服务的使者，他在积极宣传图书馆的资源与服务的同时，也把相应的信息和服务送到用户手中。学科馆员所具有的学科背景，有助于其为相关院系的读者群提供有效的资讯服务。从图书馆的角度来看，学科馆员则是一个与用户密切联系的情报员，他们收集各种用户情报，使图书馆能更好地了解用户的需求，从而提供最佳的资讯服务。

第二节　学科化服务产生的背景

学科化服务是现代高等教育可持续发展的产物，也是社会环境变化对图书馆综合影响的结果。

一、服务环境的变化

高校图书馆所处的服务环境发生了巨大变化，目前的图书馆面临着两方面的压力：一方面，传统的图书馆已不再是信息资源的唯一拥有者和提供者；另一方面，现代网络环境下科技自主创新下的信息需求发生重大迁移，文献信息服务格局也正在发生根本转变。随着出版商直接面向最终用户提供信息服务，以及商业性信息经纪人的崛起，削弱了图书馆原有的核心竞争力，如何提升服务能力成为图书馆的当务之急。网络出版改变了传统学术交流模式，以用户为中心成为新型学术交流的核心特征，非正式交流变得越来越重要。用户希望图书馆馆员能创新服务模式，在学术交流组织、管理等方面发挥重要作用。在此形势下，图书馆的核心能力不再是自己的资源能力，而是基于用户需要和用户过程的深层次服务能力；图书馆的信息保障能力应建立在满足用户需求的基础上，而不是人均拥有文献的数量；信息系统开发应站在用户的角度，提升用户利用信息的能力；服务组织需要将图书馆工作深入为用户服务的全过程中。

二、网络技术的发展

网络环境下，传统的信息资源不均衡和信息获取得到极大改善，信息检索和获取变得日益方便和简单，用户与搜索引擎的关系越来越密切。用户普遍认为，网上无所不有，用户无所不有，用户希望他们所需的信息直接到桌面、到现场，用户希望能足不出户，可以在办公室、实验室、家中、出差途中，随时随地地获取和利用所需要的信息，所需的信息可以直接到桌面，而不用到物理的图书馆或登录图书馆的网站，希望他们的需求能得到及时、专业的帮助。面对海量的信息，他们关注的是如何从复杂的信息环境中获取解决问题所需的信息内容，他们需要能直接带入以解决问题的方式，直接得到帮助他们解决问题的专题情报服务，为此，网络环境下的图书馆服务工作须重新定位。

三、用户信息需求与阅读行为的改变

网络化、数字化信息技术的迅猛发展，使得用户信息需求和阅读行为发生了巨大改变。

随着阅读进入"休闲时代"，"浅阅读"已成为大多数年轻人习惯的一种方式。网络阅读主流化成为一种趋势，用户学习、科研等行为化。另外，图书馆面临着来自信息服务商大规模扩张带来的巨大挑战。作为一种社会功能，图书馆可能会一直存在下去，但作为一种组织机构形态，却未必。新信息环境的形成，使图书馆行业与其他信息服务行业的界线日渐模糊，这既给图书馆带来了广阔的发展空间，也给图书馆带来巨大的冲击。在用户的信息获取方式、使用习惯都产生了根本性变化的今天，简单的文献获取已经不能满足科研人员的需求，用户需要更个性化、深层次的服务。

获取和使用数字化信息已经成为用户在教学科研中的基本要求和习惯，庞大的信息资源和繁忙的科研任务，使用户在利用这些资源的同时遇到了一些难以解决的困难，随着科学的发展，跨国家、跨地区、跨学科领域的交流合作也变得越来越重要。用户希望图书馆能够在学科信息资源的选择、组织、过滤、整理、评价等方面发挥更大的作用，希望图书馆工作人员能够提供有益的、高质的、高效的信息检索以及获取、分析等服务，并可以在培养用户自我服务能力方面有所作为。人们期待新型的信息服务应该是一种面向知识内容和解决方案的服务，是一种用户目标驱动的服务。它所提供的知识层次的信息资源应面向实际需要的、有针对性的和有效的。它提供的内容信息应该是按照知识概念体系组织的，在这个知识概念体系的框架内，各类信息可以跨越不同的知识库，按知识概念和学科门类在信息资源之间建立起某种关联，从而建立起超越地域限制和具有可扩展性的巨大的"知识网络"，以满足用户实现在更宽广的范围内，在更具专业化与个性化的水准上获取知识的需求。因此，用户对信息的需求从一般性文献信息服务转变为学科化、知识化的服务，以解决他们在教学、科研活动中遇到的实际问题。在此背景下，需要高校图书馆改变以往的服务模式，建立一种适合用户需求，以用户需求驱动的、动态的、个性化的、有利于高校图书馆发展的服务模式。

四、图书馆发展的内在要求

图书馆是一个生长着的有机体，相应的图书馆服务也应该随着图书馆的发展以及用户需求的变化而不断提升和创新。就高校来看，学科和专业建设已成为学校建设的重要环节。学科性需求成为用户需求的最显著特征。为了更好地促进自身发展，高校图书馆必须以用户需求为导向，调动和合理配置相关资源，为用户提供"面向学科"的信息和知识服务。反过来，用户利用图书馆服务使得问题得以解决，就会更加支持图书馆的发展，并且会随着需求的深入给图书馆提出更高的要求，这又会进一步促进图书馆的发展，从而使图书馆的可持续发展获得不竭的动力支持。

五、图书馆学理论的推动

图书馆发展的每次飞跃，都离不开图书馆学理论的创新。高校图书馆为用户提供学科化服务，既是图书馆工作经验的总结，更是广大馆员结合图书馆实践进行理论创新的结果。就高校图书馆学科化服务来看，图书馆学理论的创新主要表现在以下几个方面：一是学科化服务概念的提出；二是学科化服务机制、模式、策略等的探索；三是个性化、主动服务理念的驱动。随着图书馆学理论的不断创新，学科化服务必定更加深入地开展下去。

六、用户学科化需求的驱动

满足用户的需求，是图书馆各项工作的目的，这对对图书馆服务能力的提升具有重要的推动作用。随着信息环境和用户需求模式的变化，要求图书馆必须破除传统习惯的束缚，树立以用户为中心的理念。对于高校图书馆来说，就是要从用户需求的个性化、学科化、知识化和智能化出发，将服务与用户的教学和科研融为一体，提供面向问题解决的学科化信息服务。用户的学科化需求，给高校图书馆的服务能力和服务手段提出了更高的要求，也为高校图书馆开展学科化服务的理论探索和实践创新提供了新的动力。

由此可见，以上社会环境的影响，是高校图书馆学科化服务产生的根本原因和直接动力。

第三节　高校图书馆学科化服务的内涵、特性及价值意义

一、高校图书馆学科化服务的内涵

对于学科化服务的定义，目前比较常见的有两种。一是所谓学科化服务，就是按照科学研究（如学科、专业、项目）而不再是按照文献工作流程来组织科技信息工作，使

信息服务学科化而不是阵地化，使服务内容知识化而不是简单的文献检索与传递，从而提高信息服务对用户需求和用户任务的支持力度。二是，学科化信息服务是一种基于馆藏物理资源和网络虚拟资源，以用户需求为目标驱动的，面向科研过程，融入用户决策过程并帮助用户找到或形成问题解决方案的增值信息服务：学科化信息服务不同于注重信息资源的获取和传递、仅提供具体信息、数据或文献的传统服务。它基于用户的需求，用户需要什么就提供什么；它关注的焦点是要深入用户需求的内容之中，面向用户问题提供解决方案。

可以看出，尽管两种论述的角度不同，但实质是一致的。只不过第一种说法强调的是文献组织方式的学科化，而第二种注重说法的是图书馆馆员开展工作的方式及开展工作的重心而已。通过这两种定义，我们可以这样理解学科化服务：在现代环境下，学科化服务是一种以用户为中心，以用户需求为驱动力，以一定的学科资源（包括印刷型和数字形资源）为基础，应用一定的技术手段，主要通过学科馆员进行的系统面向用户的信息服务。学科化服务是一种新的服务模式和新的服务机制，其内容是指学科馆员运用图书情报学基本理论、基本技能和对口专业的基础知识，利用馆藏文献资源、电子资源和网络资源等，为科研教学人员提供专业信息服务，主要包括宣传推广资源与服务、资源保障与信息需求分析、个性化信息服务、学科情报研究等。它是实现读者服务工作向学科服务的专门化，实现文献提供向学科知识服务的转变，其最终目标是提高信息服务对用户需求和用户任务的支持力度。

二、高校图书馆学科化服务的特色

较之传统的文献信息服务，高校图书馆学科化服务强调的是知识的提供及根据用户需求的变化不间断地提供知识服务，强调的是动态的知识提供过程，其具有以下特性：

（一）学术性

学科化服务主要解决学科教学和科研过程中遇到的研究性问题，其服务对象主要是科研人员或准科研人员（如大学教师、研究机构的研究人员、研究生等）。学科馆员提供的服务是一种研究性服务，他们不能仅仅像一般的参考咨询那样直接为读者提供其需要的最终信息，如一篇论文、一个数据、一件事实等，而是十分看重为用户提供具有预见性的参考和帮助。这些工作必须经过学科馆员对信息进行组织、选择、分析、综合等加工后才能完成。在这个过程中，学科馆员要充分运用自己的专业知识，对所掌握的信息进行研究，进而提出自己的见解，其结果是一种明显的知识创新。因此，学科馆员的工作内容与教学、科研人员的工作相互交叉和渗透，带有明显的学术研究性质。学科馆员不一定只是针对某一项研究课题或教学过程中的某一个需要进行研究，其研究内容要对所属的学科专业具有普遍的指导意义。

（二）知识性

服务是图书馆永恒不变的宗旨，而知识性服务则是图书馆高水平学科化服务的升华，尤其是基于学科的知识化服务，它是围绕大学的学科设置，特别是重点、特色学科的建设而开展的学科知识深化服务，指通过使用图书馆构建的各类专业数据库及其网站，主动推送知识，同时依据图书馆学科馆员对所负责院系学科的教研人员的跟踪、定题及个性化需求服务的扩展，提供对比、评价、分析、综合得出的有参考价值的知识扩展信息，帮助教学科研人员实现学科知识的发现、学科知识的创新和学科知识的获取。

（三）个性化

学科化服务需要紧贴用户需求，提供针对性的信息服务，即深入各院系，与各学科专家、学者、教师紧密联系，及时掌握其个性化需求，并通过电子邮件、网页表单、电话、QQ 等实时在线服务方式，建立咨询对象的个人信息库，对所咨询对象的科研个性和需求进行分析，把握对象用户的科研定位，随时调整服务的角度、内容与方式，利用现代化的网络、通信设施，充分收集对象用户感兴趣的最新信息，制作成便捷的服务产品，并主动快速地推送到用户手中。

（四）主动性

学科化服务是一种外向型的服务工作。学科馆员应走出图书馆，与教师、科研人员结成合作伙伴，亲自参与到他们的教学科研活动中，在参与中准确地把握教学科研活动信息需求的方向和特点，主动为科研和教学活动提供相关的专业信息。学科馆员与服务对象之间的关系，不再是明确的主客体关系，而是相互协作、相互促进的关系。他们的工作相互融合、渗透，成为一个连续的有机整体。在某个具体的研究中，学科馆员和其他科研人员一样都是研究人员，他们不存在服务与被服务的关系，只是在工作中分工不同，各自有不同的侧重点。

三、高校图书馆学科化服务的价值意义

学科化服务是图书馆发展到一定阶段的必然产物，是一种面向用户的创新型主动式信息服务和个性化的集成信息服务，也是管理上的一种创新行为。高校图书馆通过学科馆员的工作更好地融入教学、科研以及行政管理的各项活动之中，加速了信息资源的传递与交流，成为一种深受用户欢迎、具有广阔发展前景的新型的信息服务模式。从学科馆员的管理实践来看，一流的图书馆必须有一流的信息服务，一流信息服务必须有完善的学科馆员机制来保障。建立学科馆员制度、提供学科化服务，是高校图书馆业务发展的一种趋势，是高校图书馆服务工作适应信息化、用户需要深化服务和创新服务的必然选择，具有极其重要的价值意义。

（一）学科化服务是高校图书馆社会价值的体现

图书馆价值一般是指图书馆的社会价值，即图书馆为满足用户信息需求而做的种种努力和贡献。高校图书馆的社会价值是在了解并分析用户信息需求的行为模式，进而评估自身的实力并有针对性地提出、实施服务方案的过程中得到实现和深化的。

学科化服务对于高校图书馆而言是一种更具主动性的服务模式。如果说以往的图书馆服务将图书馆社会价值的实现拘泥于物理空间或者小范围内的虚拟空间的话，学科服务则让图书馆跨越时空限制，在利用自身资源和服务优势构建起来的无形信息网络中实现自身的价值，而且这一过程带有很强的"主动出击"色彩，让图书馆社会价值在纵向和横向两个维度同时发展、延伸。对于高校图书馆而言，在信息技术壁垒、网络信息泛化的时代，以一种更为专业、主动而深入的精神证明自身的社会价值就成为必然的选择，而高校图书馆的社会价值也在诸如分析、整理、推送、融入等步骤中逐渐得到彰显和深化。

高校图书馆在学科化服务中实现自身的社会价值的过程，其实也是一个提高图书馆的存在感的过程，而"存在感"的提升对于身处网络信息环境下的高校图书馆而言更显得迫在眉睫。环境的巨变不但改变了用户的信息行为，也淡化了图书馆的存在感。而学科化服务正是对这种时代巨变的一种灵敏感应：高校图书馆要提高自身的存在感和存在价值，要打破传统服务的时空界限，主动将图书馆的资源和服务带到主体（用户）的身边，在用户周围建立起无形的图书馆网络。要想在泛在的互联网资源背景下脱颖而出，高校图书馆需要利用自身的学科优势，提供专业的信息检索知识，提炼、整合并分化图书馆的信息资源，以更为专业化、学科化和特色化、个性化的信息资源和服务在大一统的网络环境下赢得用户的肯定和支持。这种资源整理的过程其实也包括用户一直在使用的网络免费资源。不同的是，图书馆对这些泛化的网络资源也进行了专业化的整合、归类，以专业化、学术化、学科化的资源和服务对抗泛化、大一统的网络资源，成为图书馆提高自身价值的重要思路。学科化服务正是迎合了一定时代发展的趋势。

（二）学科化服务是高校图书馆自我价值的实现

图书馆价值除了指一般意义上的图书馆社会价值，还包括图书馆作为价值主体时通过从外界"获取"一定的资源和能满足自身可持续发展的自我价值，即此时图书馆处于价值主体的地位。而作为一个有机整体，图书馆是一类特殊的价值主体，具备一定的整体理性思维能力，对其自身的发展前景、现实需求具备一定的理性思考能力和主观愿望，通过对自身发展状况、所处地位和所需资源等的评估和规划，从外界（价值客体）获取相应的资源和能量，进而满足自身的发展需求，如高校图书馆通过参加培训从而提高馆员的专业素养、通过评估用户需求丰富馆藏规模、更新图书馆软硬件设备，通过预算申请更多的政府拨款等，都属于通过这种"获取"的方式来"满足"图书馆自身的发展需求和愿望。但图书馆并非单纯为了满足自己的主观愿望而实现"自我价值"，自我价值的满足必然是为了更好地实现自身的社会价值，以系统有效的体制、资金和资源的保障作为发展的后盾。

细观开展学科化服务的各单位，不难发现，在开展学科化服务以前，高校图书馆将自身的"状态"调整到了最佳之后才推出诸多的服务项目，而这里所说的"图书馆的状态"就包括图书馆组织结构的调整、图书馆学科馆员的专业培训、图书馆学科资源的购买与组建、相关软硬件设备的引进等。在这些准备工作的基础上，再开始细化学科服务的项目内容。除了这些准备工作，还包括对学科服务工作开展的情况进行测量评估，并设立一定的激励机制，对优秀的学科服务项目及相应的学科馆员予以一定的奖励，肯定其工作价值等。各种努力都是为了更好地满足用户的信息需求，以高效的方式服务于学科发展和学术研究，进而体现高校图书馆的社会价值。因此，学科化服务中所开展的诸多前期准备工作和后备的评估、激励机制等都是高校图书馆自我价值的实现，这一过程与高校图书馆社会价值的实现并不冲突，它们是一个相互支撑和相互促进的过程，或者说高校图书馆自我价值的实现本身就是高校图书馆社会价值的一个组成部分，是高校图书馆实现社会价值的一个重要组成要素。

（三）为学科建设所提供的最具有针对性的信息服务

学科建设必须有完备的信息资源支持，否则学科建设就成为空中楼阁，提高教学质量与科研水平就成了一句空话。当然，尽管高校图书馆原有的信息资源与服务在一定程度上也能够为教学科研提供基本的信息服务，但由于这些资源与服务普遍都是面向全校师生的，而没有对专业区别对待，从而使得专业人员特别是教师、研究生的深层次服务得不到满足。如非学科服务的信息资源建设与服务由于服务的内容范围广、针对的服务对象范围广，在有限的人力与资金的条件下，就学科而言信息资源建设可能比较薄弱，也不可能专门针对高端用户提供对口的专业信息服务，故只有开展学科化服务，才可能为他们提供针对性的信息服务。

（四）学科化服务是网络时代开展知识服务的有效途径

网络时代信息量迅猛增长，传统服务中以文献为单元进行检索与获取，产生的冗余信息极大地降低了用户的使用效率；与此同时，以知识为单元的信息检索与传递却使用户获得了前所未有的满足，它不仅表现在用户减少了信息过滤的时间，更表现在用户可以直接获取知识。毫无疑问，知识服务将是网络时代信息服务的发展趋势，而开展学科化服务正是提供针对性知识服务的有效途径，如目前高校图书馆开展有学科导航服务、学科知识门户建设等。

（五）完善高校图书馆服务的较为理想的模式

不可否认，高校图书馆在为用户提供服务的过程中难免存在不尽如人意的地方，如有些用户的信息需求得不到满足，而有些服务却很少被用户利用等。这种结果固然由多方面的原因所造成，但一个不容忽视的因素是图书馆与用户缺乏必要的联系，由此导致高校图书馆的信息资源建设与用户需求部分脱节，高校图书馆提供的服务与用户所需的服务不完全吻合。因此，要改变这种状况，就必须加强与用户的沟通，而开展学科化服务的一个前提就是学科馆员必须了解、熟悉学科用户，并经常与用户保持联系，满足用户的各类信息需求。因此，学科化服务是沟通用户并不断改进资源建设、完善高校图书馆服务的较为理想的模式。

第四节　高校图书馆学科化服务的发展历程

学科化服务即学科馆员服务。学科馆员是一种新的角色，是高校图书馆为开展深层次信息服务，尤其是学科咨询服务而采取的措施。学科馆员是在高校图书馆内既有图书情报专业学科背景，又非常熟悉某学科的各类型文献资源，能够有针对性地为特定的教学和研究目标提供信息服务的复合型人才。发达国家图书馆的学科馆员建设起步较早，发展也较快，已经建立了一套完善的学科馆员机制，并在教学科研和服务社会中发挥着巨大作用。

一、国外学科馆员服务的发展历程

（一）英国学科馆员服务的发展

英国学科馆员制度的建立是图书馆建设发展需要的结果伦敦大学图书馆是英国最早引入学科馆员的图书馆。伦敦大学图书馆的学科馆员担任专业学科领域的馆藏内容记录、指导订购馆藏、规划自己负责领域的馆藏等工作，通过整体规划馆藏，提高了为教学科研服务的能力，在伦敦大学图书馆的发展中发挥了重要的作用。1964 年，高等教育帕里协会根据伦敦大学学科馆员的建设经验，建议所有的英国大学图书馆都雇用学科馆员，以推动英国学科馆员的建设和发展。

在英国学科馆员建设和发展过程中，也遇到了组织结构问题。在最初的学科馆员建设的组织结构中，学科馆员往往是一个部门的管理者。作为管理者，经验丰富的学科馆员很少有时间从事研究工作，这对学科馆员的服务效果产生了一定的影响。直到 20 世纪 80 年代，英国的图书馆界意识到这个问题，并及时进行了调整。目前，英国的学科馆员采用雇佣制，图书馆根据馆藏、服务和分支机构的需要设立专门的学科馆员岗位，服务于教学科研并发挥着重要的作用。

（二）德国学科馆员的发展

20 世纪 50 年代，德国的大学图书馆就要求学科馆员必须具有博士学位，接受两年图书馆培训，并通过国家的资格认证考试。图书馆的学科馆员承担着特定责任，掌握一定的专业知识，能迅速有效地利用各种编目工具，并且熟知图书馆政策和所负责领域现有的馆藏情况，理解所负责领域与其他领域的关系。学科馆员在德国的教学科研，甚至学术界具有很高的地位，教学科研人员非常信任图书馆的学科馆员，并将他们看作是与自己一样的研究人员，将学科馆员所在的图书馆看作是一个研究型机构。

二、我国高校图书馆学科化服务的发展历程

我国高校图书馆学科化服务（学科馆员服务）的发展经历了多年，可分为三个阶段。

（一）学科化服务的起步阶段（1998—2002 年）

此阶段主要是引入国外学科馆员服务的经验，以及开始学科馆员的宣传。1998 年，清华大学率先设立学科馆员制度，安排了 14 名学科馆员，对口与 12 个院系的"图情教授"建立了联系，开了我国学科馆员实践的先河。1999 年，东南大学进行学科馆员试点（2000 年正式实施）。2000 年，西安交通大学图书馆在机械工程学院、材料科学与工程学院、电气工程学院、电子与信息工程学院、能源与动力工程学院试行学科馆员制度。2001 年 4 月，北京大学图书馆开始实行学科馆员制度，10 名学科馆员隶属咨询部。同年 6 月，武汉大学开始按学科设立学科馆员岗位。到 2002 年，实施学科馆员制度的高校开始增多。江苏大学图书馆 2001 年就在机械工程学院、材料科学与工程学院、汽车与交通工程学院系开始试行学科馆员制度，2002 年全面推行学科馆员制度。南开大学图书馆于 2002 年 9 月建立学科馆员制度，旨在从学科专业的角度为师生提供信息领航。

经过实地考察和相关文献的查证，开始着手组建学科馆员组，第一批6位学科馆员是在全馆范围内进行选拔，学科馆员组隶属于信息咨询部。北京师范大学图书馆于2002年年底开始引进学科馆员制度，聘任兼职学科馆员5人、兼职咨询馆员5人。

（二）学科化服务的推广阶段（2003—2005）

该阶段主要是由试点到推广的时期。2003年12月，正值上海交通大学图书馆"第十届优质服务月"，图书馆正式推出了酝酿已久的学科咨询馆员制度，采用"学科咨询馆员—图情咨询教授"服务模式。2004年6月，正式确定学科馆员岗位。针对211大学的调查，截至2005年12月，据网上不完全统计，全国共有40所院校设立了学科馆员或学科联络员，在100所211重点大学中有25所，占25%；地区分布为华北地区8所、华东地区9所、西南地区3所、华中地区3所、华南地区1所、西北地区1所。此外，中国科学院国家科学图书馆2004年试行学科馆员制度，从资源建设部、信息服务部门选出10名馆员为兼职学科馆员，主要是联络和培训，说明学科馆员已影响到了专业图书馆。

（三）学科化服务的发展阶段（2006至今）

2006年，清华大学图书馆将学科馆员进一步扩大至部分专业馆，并在上届图情教授任期已满时做了聘任调整，新聘任了图书馆教师顾问和学生顾问，图书馆教师顾问从大学学科和文献资源的角度设置，职责可概括为资源建设、建议与反馈、指导学科服务、担任查新专家顾问，其中尤其偏重于在资源建设等方向性问题上发挥顾问作用。所聘任的22名教师顾问中，既有院系领导，也有普通教师。图书馆学生顾问由校学生会、研究生会推荐部分学生代表，与图书馆共同商定组成。学生顾问与图书馆负责人共同组成图书馆学生顾问委员会。一批高校图书馆纷纷设立学科馆员，如中国人民大学、华中师范大学、海南大学、河南大学、西北师范大学、云南师范大学、新疆财经大学、重庆工商大学等。

第二章 创新高校图书馆知识服务建设

第一节 知识服务的理论基础

一、相关概念的界定

（一）知识服务

知识服务是信息服务业发展的新方向，是图书情报工作的新生长点，也是现代图书馆核心竞争力的体现。它不同于以文献资料为中心的传统信息服务方式，而是基于用户需求、融入馆员智慧、以信息资源建设为保障并对信息资源进行深层开发利用的创新性服务方式。

当前，学术界对于知识服务的概念并没有形成统一的认识，对于知识服务定义的问题一度引起国内图情领域学者的激烈讨论。现有的关于知识服务的代表性观点主要是从融入用户问题情境强调问题解决、基于知识管理强调显隐性知识的转化、从宏观与微观（广义与狭义）层面三个角度来分别探讨知识服务的概念，尽管切入点不同，但综合三类不同的观点同样可以发现知识服务具有如下三点本质特征：

第一，从服务基础层面来看，知识服务是面向知识内容，以对信息资源的获取、分析、组织为基础，通过对知识内容进行深层次挖掘和集成创新形成知识产品；

第二，从服务方式层面来看，知识服务以用户知识需求目标为驱动，面向用户、融入用户解决问题全过程，以动态化、连续性的组织方式满足用户需求，为用户提供问题的解决方案；

第三，从服务目标层面来看，知识服务以实现增值服务为目标，即要求借助馆员智慧"生产"出的知识产品能为用户创造价值，能通过提高用户知识应用能力实现价值，帮助用户彻底解决其自身解决不了的问题。

综合不同层面的观点，知识服务应分为广义和狭义两个层面。广义的知识服务是指一切为用户提供所需知识的服务，这包括提供普通知识服务和提供专业知识服务等；狭义的知识服务则认为它是针对用户专业需求，以问题的解决为目标，对相关知识进行收集、筛选、研究分析并支持应用的一种较深层次的智力服务。

本书将知识服务定义为，基于用户在知识获取、知识利用、知识创新等方面的需求，利用一切资源（包括物理馆藏和虚拟馆藏、显性信息资源和隐性信息资源、硬件设施、人力资源等）为用户提供不同层次信息服务的过程，它主要包括两方面的内容：一方面，基于信息资源流通提供满足一切用户知识获取需求的普通化知识服务；另一方面，以具备专业化知识的学科馆员人才队伍为保障，以用户知识创新需求目标为驱动，以交互方式贯穿于用户决策全过程，基于信息组织和信息挖掘等技术手段组织分布式、动态化信息资源，通过为用户提供创新性知识产品或问题解决方案来实现知识创新和增值目标的个性化、专业化知识服务。

概括来讲，本书所探讨的知识服务是一种广义上的知识服务概念，图书馆面向用户提供的一切服务内容均属于知识服务范畴，但根据用户知识需求类型的不同，会提供不同质量和不同层次水平的服务。

（二）高校图书馆服务

知识经济时代，"大众创业、万众创新"作为带动中国经济发展的新引擎推动了市场经济的迅猛发展，"互联网＋"作为一种新的经济形态借助信息网络促进了传统行业的改革和产业融合升级，企业的科研、生产、经营需要知识的支持，政府的公共服务职能的发挥需要知识的支持，个体用户的自我完善与发展需要知识的支持，并且在中国特色社会主义文化强国建设过程中，信息化、学习和教育终身化已成为发展的主旋律。高端信息技术的发展推动了图书馆服务基础发生根本性变化，广泛而深入的知识需求对高校图书馆提出了更高要求，双重驱动要求高校图书馆敞开大门融入，为提供信息保障和科技创新支持，高校图书馆服务问题逐渐受到重视，相关概念应运而生。

我国图书情报领域学者将高校图书馆服务定义为：高校图书馆根据自身资源及服务能力的客观现实，在满足校内主要服务对象（教师与学生）信息需求及科研需要的基础上，积极参与工作，为满足信息需求面向一切用户开放馆藏信息资源，通过有偿或无偿的多种服务方式和渠道接纳读者，为其提供力所能及的信息服务，不断推动发展进步的过程。

（三）高校图书馆知识服务

高校图书馆知识服务既是对高校图书馆知识服务业务范围的横向扩展，也是对高校图书馆服务层次的纵向延伸，是突破时间和空间限制，合理分配和充分共享教育信息资源的重要服务方式，是高校图书馆摆脱传统信息服务观念束缚、打破传统信息服务模式限制，寻求图书馆创新服务方式、实现转型发展和提升图书馆核心竞争力的重要举措。

综合上述，知识服务和高校图书馆服务的概念，笔者在本书中将高校图书馆知识服务定义为：高校图书馆在服务于学校教学科研之余，面向公众、企事业单位及其他组织等用户尽可能地开放一切馆藏资源及硬件设施，在分析用户信息需求的基础上增加服务中的智力因素，从而根据不同层次用户的信息需求提供系统、全面、有效的问题解决方案的过程。由于高校图书馆知识服务是针对不同层次、不同类型的用户开展的服务形式，因此，具有服务内容个性化、服务层次立体化、智慧水平递进化的特征，使得整个服务过程便捷高效。

（四）高校图书馆知识服务模式

单从"服务模式"来说，由于"服务"涉及广泛化的对象、复杂化的内容、多元化的需求，决定了针对服务不会有一种标准化的形式。换言之，服务模式应该是能根据不同对象群体的不同种类需求而随时灵活变换的服务形式。高校图书馆知识服务作为高速发展的知识经济时代的发展产物，其模式应该具备能适应知识经济发展要求，符合高校图书馆创新发展和转型升级需要，满足各类用户知识需求的特点。因此，探索高校图书馆的知识服务模式应以适应发展需要、充分把握用户需求为基础，转变高校图书馆的传统服务观念，树立推动知识经济进步和高校图书馆转型发展为目标的模式构建理念，坚持以人为本的指导思想，以满足用户知识需求为前提、以帮助用户方便获取知识为原则，从高校图书馆的信息资源结构、服务组织体系、运行营销机制等方面构建与用户需求相匹配的多种模式。

根据上文本书对高校图书馆知识服务的定义，本书所讨论的服务模式按用户所需知识需求的显隐性程度大小、知识服务过程中馆员所倾注的智力因素大小、知识产品信息化程度的高低分为文献提供等基础性知识服务模式、信息参考咨询等过渡性知识服务模式和知识增值服务等创新性知识服务模式三个层次。

二、相关理论基础

科学理论作为对相应实践领域的总结，并非架空的臆想，其存在将对我们进行科学研究以及实践探索进行指引，并为具体工作的开展提供理论支持。本书用于支持高校图书馆知识服务模式研究的理论基础主要有全纳教育理论、需求驱动理论、知识生命周期理论、市场营销理论和长尾理论。

（一）全纳教育理论

全纳教育是基于全民教育和终身教育两大教育发展思想，提出的一种全新教育理念和持续性教育过程，是特殊教育领域对传统教育思想的重大创新。全纳教育是一个不断变化的进程，其宗旨是向所有人提供高质量的教育，并尊重学生和社区的多样性以及不同的需求、能力、特点和学习预期，消除一切形式的歧视。全纳教育思想着重强调了教育服务的多元化与公平性，其核心理念可概括为以下三个方面：坚持教育公平，反对歧视、尊重差异，反对排斥、鼓励参与，反对孤立。

如今，全纳教育思想为思考教育公平问题提供了一个新的视角，已被教育领域普遍接受，并且开始超越特殊教育领域向整个教育界及其他各类文化事业领域拓展延伸。因此，将全纳教育思想引入高校图书馆知识服务中也是顺理成章的事情。

本书将以全纳教育理论为目标指向和情境，用以指导高校图书馆全纳教育需求，减少对用户的排斥，促进用户积极参与图书馆的知识服务活动，使高校图书馆知识服务工作与图书馆自身的创新和转型发展在"公平与均等，多元化共享"价值取向上形成共生关系，增强高校图书馆发挥知识服务职能与公众对高校图书馆提出的知识服务需求之间的互动关系，从而为高校图书馆知识服务工作的推进提供新的思路，为知识时代高校图书馆的变革提供动力。

（二）需求驱动理论

在产业经济学研究中，为协调产业发展与市场需求之间的关系提出了需求驱动理论，该理论认为经济的进步和产业的发展依赖于市场用户需求的驱动，在产业发展过程中若缺乏有效的市场需求驱动将难以维持其自身的良好发展势头。市场需求是产业发展运作全过程的驱动源，是制约产业发展的主导因素，生产过程中应随时了解市场客户不断变化的需求目标，并以此驱动生产，建立产业发展与市场需求间的动态平衡机制，从而达到低投入、高产出的目标。

高校图书馆开展知识服务既受到用户信息需求的约束，也受到用户不断增长的文化信息需求的驱动。将需求作为驱动力，即强调用户对高校图书馆知识服务的需求是高校图书馆开展知识服务的内在动力，公众、科研机构、企事业单位等用户对知识信息资源的多样化需求将促使高校图书馆动态调整自身知识服务方式、动态优化配置馆藏、硬件、人力等一切资源结构完善服务体系，从而在满足当前用户的信息需求的同时不断激发新的需求。

本书将以需求驱动理论为导向，紧紧围绕用户信息需求特点及其趋势，在分析用户不同层次信息需求的基础上，不断地进行自身知识服务结构的调整，加强馆内软硬件设施建设，构建涵盖不同知识服务层次的一站式立体化服务模式，从而满足不同类型信息消费群体的知识需求。

（三）知识生命周期理论

知识生命周期理论源于生命周期的概念，将生命周期理论引介到知识管理领域后引申出知识生命周期的概念，即认为知识是随着实践的发展应运而生的，会经历加工、存储、应用的过程，再投入生产接受实践的考验，从而发挥其自身的价值。由此，知识生命周期理论是研究关于知识被发明创造、获取利用、组织整合、推广传播、改造应用、创造价值，然后随着其创造价值的能力的逐渐降低而最终被遗忘的整个过程的学问。整个生命周期可以通俗地划分为知识产生、获取、整合、传播、应用、创新、老化七个阶段。

知识服务的开展是源于知识且以知识的运动为基础展开的，知识贯穿知识服务全过程，基于此，本书中将运用知识生命周期理论指导高校图书馆知识服务层次模型的构建，从而为高校图书馆构建完整的知识服务体系提供理论支撑。

（四）市场营销理论

市场营销理论是商品经济高度发展和市场竞争的产物，是以消费者需求为目标导向的经营哲学理念。市场营销理论的实质是企业立足于自身优势，以市场和消费者为中心，把满足消费者的需求作为企业活动的准则，根据市场细分、目标市场定位制定相应的营销策略，从而拓展市场，形成经济效益。经济全球化趋势的增强也丰富了市场营销理念的理论内涵，现代市场营销理论认为企业要实现自身的长期生存和经济的全面协调可持续发展，必须以利益为中心，更加强调企业自身的营销活动要统筹兼顾自身利益、消费者利益以及社会利益三者之间的动态平衡，任何一方都不能失之偏颇。

随着市场经济的发展，我国市场营销理论的实践应用已从营利组织领域转向公益事业服务部门及其他非营利组织拓展蔓延。在知识经济时代背景下，中国蓬勃发展的信息服务市场、各层次用户知识消费趋势以及各类信息服务设施环境都为开展知识服务市场营销打下了坚实的基础，高校图书馆同样可以将市场营销理念作为工作开展的指导思想，充分发挥自身资源优势、人才优势和基础设施优势，用市场的视角和营销的观点开放经营，提高高校图书馆自身的核心竞争能力。本书中，将把市场营销理论的内部营销策略、产品策略等引入高校图书馆知识服务模式运行过程中，为模式的运行提供运行机制的保障。

（五）长尾理论

只要存储和流通的渠道足够大，市场需求度低、畅销度低的非主流产品共同占据的市场份额（长尾）可以同需求旺盛的畅销产品（头部）所占据的市场份额抗衡，甚至超过其市场占有率，通俗地说就是众多小市场汇聚成可以同主流市场相匹敌的市场能量。意大利经济学家帕累托的帕累托定律（亦即"二八定律"）认为，80% 的财富掌握在

20% 的人手中，而剩下的 20% 的财富为 80% 的人共有，用长尾理论示意图来解释二八定律，即二八定律更关注"头部"。由此可见，二八定律与长尾理论是曲线上相互联系的两个部分，前者关注传统经济时代背景下以"关键少数"为常态的头部，后者追求以互联网经济为基础、以"丰饶"为常态的尾部，二者是一个统一整体。

第二节　高校图书馆知识服务现状与需求分析

一、国内高校图书馆知识服务宏观问题分析

我国自提出高校图书馆服务命题后，以北京大学图书馆、清华大学图书馆为首的部分高校图书馆为顺应发展、满足人们日益增长的知识信息需求，积极开展知识服务实践，开启了高校图书馆服务的"破冰之旅"。

当前我国高校图书馆知识服务存在以下五个方面的问题：

（一）开放规模不够

相较于国外高校图书馆的知识服务实践，我国高校图书馆的知识服务的发展程度整体偏低，同时存在不同地域、不同类型、不同办学层次的高校图书馆知识服务发展参差不齐的现状。从整体情况来看，我国高校图书馆知识服务比例低且存在地域差异，相对而言，经济发达地区的高校图书馆具有较强的服务意识，开展知识服务的比例也相对较高。

（二）开放范围狭窄

当前提供知识服务的高校图书馆大部分仅处于面向所在区域用户提供服务的层面，很少面向全国范围的公众提供服务。高校图书馆一般会明确指出仅对具有特殊信息需求的用户（如合作企事业单位用户、团体用户、科研机构用户）或其他小范围用户有选择性地提供服务，而拒绝普通市民、农民工等弱势群体享受知识共享带来的便利，没有实现真正意义上的服务。

（三）服务内容单一

在服务内容方面，各高校图书馆之间的服务内容差异很大，大部分高校图书馆开展的知识服务形式主要是基于现有的馆藏资源图书借阅、文献传递、馆际互借、限制性的信息检索等知识获取层次的传统信息服务，甚至仅向用户提供室内阅览和文献复制服务，能基于知识咨询、知识组织、知识整合、知识创新开展深层次知识服务的图书馆少之又少，服务内容缺乏多元化。

（四）服务针对性差

分析能提供知识服务高校图书馆的服务制度发现，所有高校图书馆在面向用户开展知识服务时均属于"被动型"服务，一般不会基于对用户的知识需求的调查分析主动推荐服务，只是为用户提供图书、文献原文或者所需文献的线索而没用提供基于知识整合的知识服务，服务没有针对性。如此看来，当前的知识服务并不能有效地帮助公众解决工作、学习、生活中所产生的信息需求，很少能通过分析服务对象的个性化信息需求重难点来收集、组织、分析、加工有关信息活跃于不同领域范围的政府等事业单位的决策活动和企业的科研活动中。

（五）技术手段落后

受高校图书馆管理机制及开放体制的制约，大多数高校图书馆在开展知识服务时主要采用传统的信息服务手段，并没有很好地借助网络技术、信息技术、新媒体等现代传播技术向用户开放网络文献数据库检索服务（如所有高校图书馆的校外访问功能的服务对象仅是住在校外或短期外出需要访问馆藏电子资源的本校教职工或在读研究生）或通过建设特色资源数据库、构建信息资源共享平台等手段为用户提供专题知识订阅、知识推送等智力型知识服务项目。

二、高校图书馆知识服务实践现状调研

为了解当前我国高校图书馆提供知识服务的基本情况，本书设计并开展了如下调查研究。

（一）调查目的

高校图书馆在开展知识服务过程中所提供的服务内容和服务方式直接关系着高校图书馆服务的开放程度及面向公众提供知识服务的质量和深度。对此，本书将根据当前高校图书馆知识服务中存在的服务形式传统且内容单一、服务针对性差的问题，以客观的评价视角，从横向角度了解各种服务在高校图书馆的开展情况，以期在调研高校图书馆知识服务的服务方式、服务内容体系及程度的基础上，分析总结其中存在的问题与不足。

（二）调查对象与方法

我国"211工程"重点建设高等学校相较于其他普通高校拥有先进的教学科研条件，教学水平高、科研经费足、办学效益好、学术积淀浓厚、人才优势明显，此类高校图书馆往往具有面向开展知识服务的优势及实力，对这些高校图书馆开展知识服务现状的调查可以从一定程度上反映当前我国高校图书馆的信息服务水平。

（三）调查项目设定

本次调查的项目主要是以高校图书馆面向用户开展的传统型信息服务项目、智力型服务项目为基础，并在调查过程中根据各高校图书馆开展的特色服务、个性化服务、专利服务等与知识服务相关的各项内容进行增补，从而尽可能全面地掌握当前高校图书馆知识服务的全貌。

（四）调查结果与分析

本书调查的高校图书馆均不同程度地面向用户开展了力所能及的知识服务，具体服务项目调研结果如下所述：

1. 传统型信息服务项目开展状况

印度著名图书馆学家阮冈纳赞提出的图书馆学五定律指出"书是为了用的，每个读者有其书，每本书有其读者"，即强调图书馆应与读者建立有效的互动关系，发挥自身馆藏资源优势，加强图书流动性，满足用户对文献资源的需求，传统型信息服务项目的主要目标就是满足用户在文献资源获取过程中的知识信息需求。高校图书馆网站上以不同形式的导航、服务制度显示的传统型信息服务项目主要包括文献借阅、室内阅览、馆际互借、文献传递、参考咨询服务、专题培训等。

（1）文献借阅

文献借阅服务是当前高校图书馆进行知识服务中最简单直接、可行性最强的服务形式，通常是为满足个体用户对大众文艺类、生活休闲类、养生保健类、科学普及类图书的需求和机关企事业单位等团体用户对经管类、科技类、决策辅助类图书资源的需求，通过办理临时借阅证的途径为其提供开架获取实体文献资源的服务。在所有基础性知识服务项目中，文献借阅服务所占比例最高，由于这种形式的服务对馆员要求低且容易开展实施，是当前高校图书馆面对校外到馆用户开展基础层次知识服务的最基本形式。

（2）馆内阅览

高校图书馆为避免因为用户的涌入而造成不能很好地服务于本校师生教学科研需求的矛盾发生，为保障本校师生的文献信息需求同时满足社会用户日益增长的知识信息需求，部分高校图书馆仅对用户提供到馆临时阅览服务，此种类型的服务形式通常辅以文献复制服务以达到满足用户获取文献资源的要求。当前高校图书馆能够凭借其文献资源优势，积极应对用户的文献信息需求。

（3）馆际互借

由于图书馆馆舍、经费的限制及各图书馆信息资源建设目标的不同，任何一个图书馆都不可能完全满足读者的一切文献需求。对此，高校图书馆基于馆际资源共享对与本馆有馆际互借协议的公共图书馆或其他高校图书馆读者开展的提供本馆图书借阅的返还式知识获取服务形式。但由于我国国家层面缺乏关于高校图书馆知识服务方面的法律保障，高校图书馆本身知识服务管理机制的不健全，能够开展馆际互借服务的高校图书馆对服务对象也有明确的限制，如调查中能为用户提供馆际互借服务的五所高校的服务对象也仅限于与本校签订文献传递协议的教育、科研、企业单位等的校外团体读者，并没有实现服务对象的全纳。

（4）文献传递

文献传递是指在现代信息技术的支撑下，突破传统馆际互借服务的局限，联合图书馆联盟、商业性信息服务商、出版社、学术研究团体、文献情报机构等机构通过文献复制或电子邮件传递的方式将用户所需文献信息直接或间接地传递给用户的一种非返还式知识获取服务形式。文献传递能有效解决远程用户的信息需求，有利于促进图书馆实现服务泛在化，当前高校图书馆并没有充分利用信息技术手段的优势，深入开展数字化公共信息服务。

（5）参考咨询

图书馆的参考咨询服务是图书馆常规业务中的一项重要工作，是图书馆馆员与读者间进行互动交流的平台和辅助开展知识服务的重要工具，其主要功能是对用户在文献利用、知识获取和情报方面的问题提供帮助，以协助检索、答疑释难等方式为用户提供事实、数据和文献线索。高校图书馆为用户提供参考咨询服务的高校也相对较多，但受高校图书馆有限的人力资源限制，面向的参考咨询服务一般都是以提供常见问题解答（FAQ）、论坛、电子邮件咨询、电话咨询、实时在线咨询及基于微信、微博等新媒体的参考咨询形式为主的自助型虚拟咨询服务，参考咨询服务的内容主要是帮助用户解答关于使用图书馆文献资源查找、图书馆规章制度等方面的一般性问题，并没有基于用户需求驱动，提供深层次、个性化、泛在化服务。

（6）专题培训

面向用户的专题培训是高校图书馆在做好校内教师及各层次学生的信息素质教育工作基础上，为促进进步和经济发展、为积极发挥信息化教育阵地作用和信息中心的功能，通过视频公开课或精品课等网络课程的形式为个体用户提供自助培训或联合政府部门、企事业单位等团体用户开展专题培训的形式面向用户提供的继续教育服务，主要目的是增强用户对各类型信息资源的了解，增强用户的信息获取能力，提高各种信息资源利用率，提高用户情报分析能力。

2. 智力型服务项目开展状况

基于知识组织和知识创新的智力型服务项目是知识服务的主要服务形式，该类型服务主要是凭借图书馆馆员的专业技能对知识和信息进行情报分析，强调在参与科研和决策过程中倾注更多的智力因素，以创造更大的价值为目标，而不仅仅是像传统型信息服务那样以提供知识信息为主，这种类型的知识服务属于狭义概念层面的知识服务。

（1）专题／定题检索

定题检索又称为定题情报提供，它是一种为满足用户教学及科研需要，针对用户所委托的课题定期或不定期地对某一特定主题进行计算机跟踪检索的服务方式，通常将检索结果进行筛选、组织、分析、整合，结合用户需求以题录、书目、索引、综述、全文等形式提供给用户。专题／定题检索通常是以嵌入科研过程形式开展有针对性、时效性要求文献跟踪服务，因为科研过程本身就是受动态平衡机制调节的，要为用户提供准确而全面的情报就要求馆员具有相关的专业知识，因而高校图书馆所提供的专题／定题检索服务也是针对与本校强势专业相关的科研院所等机构，受众范围很窄。如东北林业大学凭借其在林木遗传育种、动物遗传育种与繁殖、森林保护学三个特色专业，与校友相关农业科技企业建立密切联系，并通过建立用户档案的形式定期、及时地更新科研动态、主动收集文献信息需求并及时给予反馈。

（2）查收查引和科技查新

查收查引又称作论文收录及被引用检索，它是指根据用户申请，在国内外权威数据库中检索其本人论文被收录和被引用的情况从而证明其科研能力和科研水平而开展的知识咨询服务。科技查新是为避免科研课题重复立项、客观准确地判定科研成果新颖性，为科技人员进行开发提供丰富而可靠的信息而设立的服务形式，拥有科技查新资质的机构通常依据查新委托人提供的项目科学技术要点中的技术创新点，通过联机检索和手工检索方式，对其检出的文献进行综合分析，并就查证检查对象的新颖性做出结论的全过程。

（3）研究咨询

研究咨询服务既是对传统参考咨询服务的拓展，又是对专题／定题检索服务的延伸，是针对科研团体用户专业性要求比较高的科研项目，图书馆馆员跟踪项目进展，根据课题需要按阶段及时对检索到的文献信息进行整合加工并形成文献分析报告的知识服务形式，研究咨询服务通常是贯穿科研过程始终的递进式服务。在所有调查的高校图书馆中，仅有北京大学图书馆、内蒙古大学图书馆、同济大学图书馆、兰州大学图书馆、中国石油大学（华东）图书馆和新疆大学图书馆六所面向团体用户提供研究咨询服务。

（4）决策支持服务

决策支持服务又被称为政治决策支持或战略咨询，其是决策咨询机构利用综合性知识对用户的各种发展战略、政策规划及建设性方案提供可行性论证，对政府的重大经济、科技、决策等行为提供舆情分析、技术性预测、科学论证的知识服务形式。决策支持服务的对象以党政机关、事业单位为主，他们对决策支持服务的需求目标表现出深层次化和强个性化特点，在显性知识的获取上要求全面、准确、精简，在隐性知识的获取上则要求创新性、前瞻性和预测性，高校图书馆所具有的决策支持服务人员素质高、可参考信息资源丰富度高、高校本身认可度高的"三高"优势是咨询机构无法媲美的。

（5）竞争情报分析

竞争情报分析的主要服务对象是企业，主要根据科研项目及创新需要，在文献加工的基础上综合运用预测模型和情报分析方法，在情报规划、采集、加工、服务和评估反馈等专业竞争情报生命周期的五个阶段为用户提出有理有据、有分析有评价、有预测有判断的预测性决策意见或情报信息产品的深层次知识服务形式，它包括科技情报分析和竞争情报分析两个方面，其目的是提升企业自身的市场核心竞争力，促进企业可持续性发展。在调查的36所高校中，只有同济大学图书馆面向社会企业提供基于文献计量的产业绩效评估和专题情报信息调研。

3. 特色信息产品及学科信息门户开展状况

（1）特色信息产品

数字化馆藏资源建设是当前图书情报领域研究的热点，高校图书馆在特色信息产品建设上，一方面，综合彰显本校特色的学科建设、教学科研、科技创新成果等信息资源自行构建机构知识库；另一方面，集本校学科优势和所处城市的自然、人文特色于一体，联合政府部门或其他相关科研机构共同开发专题特色库。面向用户免费提供基于自建信息产品的信息互动、知识共享服务亦是图书馆服务意识和水平的体现。本节中所指的特色信息产品主要包括高校图书馆自建的特色数据库，如合肥工业大学图书馆联合院系开发的《汽车工程特色数据库》《李鸿章特色数据库》《徽州建筑文化特色库》《陈独秀特色数据库》《徽商特色数据库》；武汉大学图书馆联合中科院武汉文献情报中心、长江水利委员会长江档案馆共建的《长江资源库》《中国水利工程数据库》等；四川大学图书馆承建的《皮革特色数据库》《巴蜀文化特色库》等。

（2）学科信息门户

学科信息门户是学科导航的高级形态和具体化形式，是高校图书馆为充分发挥学校的资源优势、技术优势和人才优势，结合学校学科专业特色和地方特色经济产业，广泛收集整合与特色专业相关的中外文文献信息、网络视听资源、高新技术、本校科研成果及其他相关信息资源，为相关行业提供具有鲜明专业特色的科技文献服务、促进产学研间的相互转化而提供的知识共享服务。调查中笔者欣喜地看到一些高校具有示范意义的成功案例，武汉理工大学图书馆充分发挥本校在材料学、船舶与海洋结构物设计制造、轮机工程三个专业的绝对优势，按技术推介、行业动态、专业资源库的模式汇集专业信息资源并分别构建了专业信息门户平台，有效实现了本地数字信息资源与网络信息资源的整合、开发和服务，从而充分发挥区域文献信息中心的功能，为相关行业从业者提供学习借鉴的平台；同济大学图书馆基于其在国内处于顶尖地位的优势特色学科——车辆工程专业，整合汽车市场资讯、汽车专业中外文图书、汽车科技信息、中外文专业期刊、国内外专利等模块构建汽车行业信息服务平台，为国内汽车行业用户提供最全、最新的资源共享及个性化定制服务。

4.专利分析或代理服务开展状况

高校图书馆开展的专利分析/代理服务主要是以辅助企业申请专利或者派具有专利代理人资格的馆员提供专利代理服务的专业化服务形式。总之，国内高校图书馆的服务理念已开始从封闭转向开放共享，大部分高校图书馆正在积极开展知识服务，并且服务方式不断丰富，服务技术手段正在实现由传统化向现代化的过渡。就整体情况来看，我国的高校图书馆知识服务尚未形成一种常态化的开放运行机制；提供的服务类型多、内容丰富，但整体上仍以文献资源获取为主，处于较低层次水平；没有高校图书馆能建立知识服务共享平台从而为面向提供综合性、深层次、个性化、泛在化知识服务提供支撑和保障。

三、高校图书馆知识服务的用户需求分析

有效的高校图书馆知识服务模式的构建，不仅要对图书馆自身的知识信息服务现状和水平有清楚的认识，更重要的是要在充分了解各层次用户信息需求特点的基础上，把握各层次用户的信息偏好和资源需求特点，在对自身现有服务内容进行细化与补充的基础上创新服务方式，构建全纳视视野的高校图书馆服务。高校图书馆的信息资源、硬件设施、服务人才队伍三方面的优势是吸引用户到馆寻求知识服务的重要因素，高校图书馆秉承共享的发展理念敞开对外服务的大门亦是大势所趋、人心所向。

随着时代的进步，用户的知识需求确实呈现出膨胀态势，但凭借其自身及公共图书馆的力量并不能解决其自身的信息需求；另外，用户对高校图书馆面向开放服务提出殷切希望，透过节节的调查数据也能得到用户明确的知识需求。

第三节　创新理念下高校图书馆知识服务模式构建

通过上文对高校图书馆面向开展知识服务的理论分析、当前高校图书馆知识服务现状及用户知识服务需求的调查分析可见，公众对高校图书馆开放服务寄予厚望，高校图书馆也在积极开展开放服务实践，高校图书馆知识服务将是图书馆实现资源能力到服务能力转型变革的重要依托，是处于转型期的高校图书馆提高服务水平、扩大自身影响力采用的一种模式，是当今高校图书馆最具发展潜力的知识服务模式之一。本节将在上述研究的基础上构建高校图书馆知识服务模式，并从明确服务目标、理清系统构成、优化运行模式、探索保障对策四个方面具体地加以分析说明。

一、高校图书馆知识服务的目标

在知识环境下，以全纳教育为情境，以高校图书馆为立足点，以提高用户信息素质、解决用户问题、促进知识创新为目标导向，转变图书馆传统服务观念，全纳各层次用户。在智能化信息技术手段支撑下，创新组织管理和运营机制，整合信息资源和人力资源，开展多层次、专业化、创新性、个性化知识服务。

二、高校图书馆知识服务模式的构成要素

图情领域学者普遍认为，系统的图书馆知识服务模式涉及人、资源、环境三个方面，包括知识服务用户、知识服务平台、知识服务提供者、信息资源库及知识库五个重要的构成要素，本节以此为雏形，将高校图书馆知识服务模式的构成要素归结为知识服务用户、开放共享门户平台、泛在化资源平台、新媒体交互微平台、知识服务智囊团、实体馆创客空间六个部分。

（一）知识服务用户

高校图书馆信息化程度的提高将使高校图书馆面对的读者类型更加多元，政府用户、科研机构用户、企业用户、文教领域用户、社区用户等都将成为高校图书馆的知识受众。信息化程度的不断提高，使政府部门在决策时会面临更多的新问题、新情况，决策前有洞察全局和把握信息走势的信息需求，决策后又需要掌握信息动态和调整发展战略，整个决策过程会有寻求决策方法支持、信息预测辅助等周密翔实的决策知识需求；企业在信息方面将面临更加严峻的信息竞争，企业自身获取信息能力不足的短板直接导致企业

面临信息满足率低、市场信息掌握率低的窘境，这就会有隐性情报挖掘、竞争情报分析方面的信息需求；科研机构及文教领域用户通常兼具教学和研究的双重身份，具有专业化、渗透化的学科知识需求；社区用户是数量大、组成复杂的服务对象群体，其信息需求一般对应于知识获取层次的知识服务。

在整个知识服务系统中，各层次用户既是知识服务的接受者又是知识服务发展的推动者，甚至会兼具知识服务的提供者身份，他们的知识需求、对知识服务的反馈与评价对知识服务系统的完善和知识服务模式的动态调整起到了重要作用。

（二）知识服务智囊团

知识服务智囊团是高校图书馆知识服务模式体系中的核心组成部分，是开展知识服务的主体，其主要包括专门面向用户提供知识服务的图书馆馆员及受聘于图书馆的各专业领域的学科带头人、专家、学者。在图书馆由资源能力向服务能力转型变革过程中，学科馆员参与知识服务的各个环节，从单纯的知识提供者转变为信息资源的建设者，特色知识库建设者和推动者，个性化、多元化和学科化服务提供者，主导完成信息资源建设工作、参考咨询与交互服务、专题培训与用户教育、知识服务共享平台维护等。服务过程中，馆员在了解用户需求、消化用户提问的基础上，有针对性地检索和组织专业知识，有效开发和挖掘自身隐性知识，以显性知识与隐性知识交叉融合的形式创造新的知识产品。当面对政府决策咨询、企业竞争情报分析等前瞻性强、专业要求高的更深层次知识服务需求时则联合相关领域专家学者，组建多元化专家服务团队，从而以更加灵活有序的工作模式提供学术价值高、前瞻性强的增值型服务。

（三）开放共享门户平台

开放共享门户平台是知识服务系统中联系人与资源的媒介，是一个由用户信息需求驱动的集成化、数字化服务平台。知识服务模式的各组成要素均在该平台得以展现，该平台是知识服务模式的外在表现形式。用户既可以借助此平台获得自助式的知识获取服务又可以实现与馆员沟通，馆员则主要基于此平台实现知识管理与提供知识服务。

针对用户的开放共享门户平台包括市民学习空间系统、科研辅助知识服务系统、知识创新支持服务系统三个子部分，分别对应于基于知识获取的自助服务模式、基于知识组织的科研辅助服务模式、基于知识创新的决策支持服务模式三条服务主线。

（四）泛在化资源平台

泛在化资源平台是高校图书馆开展知识服务的基础要素，该平台以实现信息资源共享"5A"目标（任何用户都可以在任何时间、任何地点，获取任何图书馆的任何信息资源）为目的归宿，该平台也是市民学习空间的雏形。

泛在化资源平台包括文献资源库、机构知识库、外部资源库三个组成部分。其中，文献资源库是按学科分类组织的方式管理的信息资源，包括实体馆藏资源库和虚拟馆藏资源库两个子库，主要包含以文献、数据等为表现形式的海量显性知识资源。外部资源库主要是图书馆的同盟馆提供的馆际互借服务，以（CALIS 中国高等教育文献保障系统管理中心）、（CASHL 中国高校人文科学文献中心）、国家科技图书文献中心（NSTL）、全国图书馆参考咨询联盟等机构提供的文献传递服务。机构知识库主要解决本校特色资源在数字环境下如何保存、传播和利用的问题，是实现资源开放获取和保障资源得到有效利用的数字知识资产库，其主要包括以下五个子库：

1. 教研成果库

以本校师生发表的学术研究成果、学位文论、研究报告、专利文献等教学、科研成果为主的数据库。

2. 特色资源库

依托优势学科，结合本馆特色馆藏汇集某一领域相关资料构建的具有学科特色、专题特色、地方特色的数据库。

3. 咨询档案库

保存有学科馆员在解决校内外用户咨询提问过程中所使用到的元数据资料、知识服务智囊团融合自身隐性知识与显性知识形成的创造性问题解决方案等。

4. 学科知识库

以学科课程体系和学科培养计划为主线汇集与学科教学相关的文献型资源、数字化资源、网页资源，以具体知识单元为存储单位，以知识处理为基础的应用型数据系统。

5.MOOC 课程库

这里的 MOOC 课程库是一个集成型的开放式网络课程平台。一方面包含本校精品课程、信息素质教育等教学视频资源；另一方面整合各大 MOOC 平台的开放获取资源，涉及休闲旅游、饮食养生、金融理财等公众喜闻乐见的视频资源。

（五）新媒体交互微平台

新媒体交互微平台是借助 QQ、微信、微博等新媒体工具构建的以 QQ 群为主线，以微信、学科博客和微博为两翼的"一主两翼"式协同交互平台，是图书馆开展科研辅助服务和决策支持服务过程中与用户交流互动的桥梁。图书馆借助 QQ 群的组织功能优势，基于不同群体用户的个性化信息需求，按用户类别分别建群，如"决策支持群""企业咨询群""教学辅助群""阅读参考群"等，构建"大网络，小模块，专业化"服务格局。

QQ 群联合微信实现服务的交互，QQ 群实现大众化信息发布、针对某一 QQ 子群嵌入科研辅助服务，微信则实现小众化个性信息推送服务、自助查询服务、实时沟通服务等，二者结合可以促进知识信息的流动、增值。学科博客发挥学术和共享两大突出特色和优势，一方面实现前沿学术动态的聚合，另一方面提供馆员与用户进行知识和思想碰撞交流的桥梁。利用微博工具无可比拟的裂变式传播优势，以主题微博的形式搭建结构化的学科微博体系，主动为用户推送信息，实现更深层次的知识推送服务。

（六）实体馆创客空间

实体馆创客空间是具有时代特色的知识服务系统组成部分。高校图书馆要提供知识服务不能仅仅定位于信息中心，更应开放空间资源、设施设备资源、技术资源、智力资源等拓展公共服务空间承担"启迪民智，普及教育，推动创新"的教育职能。创客空间作为信息化技术孕育形成的创意与交流社交平台，与图书馆具有趋于一致的价值，即知识、学习、分享、创新，这为图书馆发挥教育职能提供了可能。实体馆创客空间亦即高校图书馆面向读者开放多媒体制作、创意展示、信息咨询、语言交流、开放学习、影音欣赏等创客功能区域，为用户提供创新学习的条件与设施，满足用户多元化学习需求，激发其创造活力，促进知识的转化。创客空间与图书馆的融合有利于深层挖掘高校图书馆价值、拓展公共服务空间，也有利于图书馆应对瞬息万变的需求，提升自身生存能力。

三、高校图书馆知识服务层次结构模型

结合知识生命周期理论考量知识服务的层次分类，知识生命周期的七个知识运动过程阶段中知识的获取阶段是开展任何水平、任何形式知识服务必须经历的阶段，知识的整合、组织、应用和创新则会在知识获取的基础上根据不同层次用户的需求衍生出不同水平的知识服务形式，由于不同用户知识水平、工作性质等方面存在较大的差异，这就要求高校图书馆在面向用户开展知识服务时必须充分考虑不同类型、不同水平用户需求，提高服务针对性。据此，笔者将高校图书馆知识服务划分为基于知识获取的基础性知识服务、基于知识组织的过渡性知识服务和基于知识创新的创新性知识服务三个层次，其实理想化的高校图书馆知识服务层次模型。

（一）基于知识获取的基础性知识服务

高校图书馆知识服务层次模型的第一层是基于知识获取和知识整合过程为用户提供基础性服务的层次，它也是整个知识服务过程的基础。不同的用户群体具有不同层次的知识信息需求，所有的信息需求都要以图书馆馆藏资源为基础。因此，在这一层次，高校图书馆主要提供以组织、整合馆藏资源（包括实体馆藏和虚拟馆藏）为基础的文献借阅、文献传递、馆际互借等服务，该层次的服务是其他两个层次知识服务得以顺利开展

的前提，同时也是高校图书馆知识服务得以顺利开展的最基本条件。

（二）基于知识组织的过渡性知识服务

过渡层是高校图书馆知识服务层次模型的中间层次，是高校图书馆知识服务由基础层次向创新层次发展的纽带，在整个知识服务体系中起到承上启下的作用，是最能体现高校图书馆知识服务质量的服务层次。与基础层次知识服务的本质区别是过渡层服务的开展不仅着眼于知识的共享，而且更加注重知识的对比、分析、归纳和利用，服务内容覆盖了高校图书馆所能提供的知识服务内容的大多数，如定题检索、研究咨询、专题培训、学科服务、特色数据库建设、信息共享门户建设、查收查引、科技查新等，服务对象广泛且在满足不同层次用户服务需求上有较大的延伸空间。

（三）基于知识创新的创新性知识服务

基于知识创新的知识服务层次，对应于狭义角度的知识服务概念，是被学术界普遍认同的知识服务类型，它不仅是在过渡层知识服务基础上加入知识的创新过程，更重要的是强调在知识获取、知识整合、知识组织的基础上融入图书馆馆员自身的专业知识、专业技能等智慧因素，融入用户问题情境和决策过程，基于用户信息需求动态、连续地组织和实施服务，生成具有增值价值的信息产品，探究性地帮助用户解决凭借其自身能力所不能解决的问题。这一层次的知识服务内容主要包括决策支持服务、专题情报调研分析服务、嵌入式科研跟踪辅助服务。

将知识生命周期中的各知识运动过程对应于不同层次用户由浅及深、由表及里的波浪式前进和螺旋式上升的认识发展过程和信息需求水平，更加有利于辅助高校图书馆在新信息环境中明确知识服务的功能定位。笔者认为，高校图书馆面向用户开展有效的知识服务应基于高校图书馆知识服务的现状和用户实际的信息需求，以提出的知识服务层次模型为基本服务框架，不断强化开展基础层次知识服务的意识、不断提高过渡层次知识服务的质量、不断拓展延伸创新层次知识服务的功能。

四、高校图书馆知识服务模式分析

高校图书馆知识服务模式应是根据其各个基本构成要素的内在联系、服务的多元化特点以及服务侧重点和运行规则的不同，形成动态化、集成化运行系统。本书的重点是高校图书馆知识服务模式及各要素间的构成关系。

（一）市民学习空间模式

市民学习空间模式对应于知识生命周期的知识获取阶段，是一种集成化的用户自助知识服务模式，是图书馆基础性知识服务层次的服务模式。该模式是用户主动单向获取资源的服务形式，主要是依靠图书馆的泛在化资源平台实现服务资源的网络化、数字化。该模式的运行实施要求用户了解图书馆知识服务系统并具有一定的信息检索能力，适用于用户问题直接、明确且通过简单分析即可找到问题解决方案的情况。用户借助市民学习空间可以直接在文献资源库中获取所需物理馆藏或虚拟馆藏文献资料，对于本馆没有收藏的信息资源，外部资源库又以馆际互借和文献传递的方式为用户提供获取资源的保障；可以在机构知识库中检索所需学科知识数据、特色资源数据及多媒体课程等信息资源，对于一些常见的图书馆参考咨询问题可以在咨询档案库找到答案，通过自助服务不断获取知识，知识积累的过程又潜移默化地提高其综合能力，帮助其实现知识的创新和增值。

服务目标分析：凭借市民学习空间打造"7×24"泛在服务模式，以便捷的服务、高效的服务过程、低廉的服务成本，保障所有用户能在任何时间、任何地点获得任何想获得的信息资源，满足各种层次用户的一般知识需求。

服务流程分析：该服务模式的实现以用户为主体，主要服务流程为提出问题—分析问题—信息检索—知识获取/知识传递。

服务责任分析：在市民学习空间模式中，图书馆馆员职责集中于系统后台的运行维护，主要职责是泛在化资源平台的资源建设工作，及时优化和更新文献资源库、机构知识库，定期与外部资源库进行数据交换，确保满足用户当前及未来可预计的使用需求。

（二）科研辅助服务模式

科研辅助服务模式对应于知识生命周期的知识整合、知识组织等阶段，是指高校图书馆针对所在区域教研（科研）机构、文化教育机构、企业等校外用户的科研创新全过程存在的技术咨询服务缺乏、信息交流不畅及其他科技创新能力不足的现实问题，围绕从课题立项到课题结束的科研全过程提供全方位的科技信息知识服务模式。该模式是图书馆过渡性知识服务层次的服务模式。

新媒体交互平台是科研辅助服务模式运行中馆员与用户交互的媒介，主要以在线即时参考咨询、异步式参考咨询、专家式参考咨询"三位一体"的层次化参考咨询方式提供双向交互，以保障用户通过新媒体交互平台提交服务申请或表达获取具体问题解决方案等核心知识内容的意愿，馆员具体分析用户需求，明确服务全过程，在用户需求驱动下，以文献资源库、机构知识库为依托，按知识检索、知识获取、知识组织、知识集成的一体化服务过程将用户研究领域及相关研究领域的专业知识汇总集成，从中提炼出对用户的研究、开发与创新有用的"知识精品"供其使用。

服务目标分析：坚持以用户为中心的指导思想，以满足用户对知识的需求为前提，细化用户层次和咨询问题类型，以个性化、层次化的服务形式，多样化的服务手段，反馈用户咨询的问题、推送知识化的服务内容，辅助用户科研。

服务流程分析：该模式的运行以用户问题为驱动，以馆员服务为主导，主要服务流程为用户申请服务—用户需求分析—知识检索—知识组织—知识整合—知识传递—用户反馈及评价。

服务责任分析：科研辅助服务模式的运行基于科研辅助知识服务系统，馆员负责系统的优化与维护。具体工作还有以下两个方面：第一，馆员基于新媒体交互平台与用户进行交流互动，接受并分析用户需求，明确服务目标；第二，馆员针对用户需求运用图书馆馆藏显性知识和自身隐性知识提供有价值的服务，以协同参考或嵌入科研的方式满足用户知识需求。

（三）创新支持服务模式

创新支持服务模式对应于知识生命周期的知识创新阶段，是一种主要依据政府用户、企业用户等连续的信息活动而提供的前瞻、专业、创新的知识服务模式，该模式是以服务于政府决策咨询、企业竞争情报分析为主的高级知识服务形式，属于图书馆创新性知识服务层次的服务模式。因政府及企业所需要的决策性、竞争性知识服务专业要求高、涉及国家公共利益及企业运营的整体利益，所以对服务人员的素质要求较高，整个服务的完成需要复合式专业型人才的参与。即便是高校图书馆，复合型素质人才也是相对缺乏的，这就需要学校相关院系学科带头人、专家、学者等团队力量的加盟。

图书馆面向开展创新支持服务模式，可以参考咨询公司进行知识服务所采用的团队组织方式：针对特定的任务组织专门的人力、物力开展服务工作。创新支持服务模式的团队组织通常具有两个特点：一方面，组织机制柔性化，即图书馆根据政府或企业的创新服务需要随时组建不同规模的临时服务团队，因服务团队建设与用户需求联动，且二者基于新媒体交互平台的交互过程是贯穿服务过程始终的，因此能保证帮助用户及时、有效地解决问题；另一方面，广泛的专家参与，由于创新支持服务专业性和复杂性的双重特点，服务过程中会随时动态引入专家完善团队知识结构，保证整个服务过程是专业知识和科学方法有机融合、协同促进的过程。

服务流程分析：在服务政府方面，保障政府决策的科学性和准确性，为政府官员提供决策支持；满足政府公共服务的需要提供知识交流服务，发挥高校图书馆的智库职能。在服务企业方面，为满足企业获取竞争优势、抢占市场、规避风险的需要提供竞争情报服务；满足企业技术创新和管理创新所需要的动态知识服务。

服务流程分析：该模式的运行更注重用户与知识服务智囊团间的即时沟通，主要服务流程为：用户申请服务—用户需求分析—智囊团队组建—知识检索—知识组织—知识创新—知识传递—用户反馈及评价，整个服务过程中穿插用户—馆员间的交流互动过程：交流—反馈—交流—反馈。

服务责任分析：创新支持服务模式的运行基于知识创新支持服务系统，馆员在科研辅助知识服务的基础上探索学科前沿知识，更重要的是与相关领域专家团队通力合作，更系统、更深层次地挖掘隐性知识、创造新知识。

第四节　高校图书馆创新知识服务的对策研究

一、知识资源是知识服务的基础

注重图书馆馆藏知识资源建设，增加馆藏知识存量。图书馆馆藏知识资源是否丰富，是决定图书馆能否为用户提供令人满意的知识服务的基本因素。做好馆藏知识文献建设工作是为用户提供知识性工作与服务活动的基石。提高知识资源的总存量是提升其开展知识性服务活动能力的基础工作，高校图书馆的馆藏知识资源存量主要通过馆藏纸质文献与电子文献资源的总量体现出来。图书馆馆藏知识资源存量是指图书馆在某一个时间段内对馆藏纸质文献资源与电子文献资源以及服务人员掌握的显性与隐性知识资源等多种知识资源的占有总量。图书馆服务部门在增加图书馆馆藏知识资源存量的同时，也要多与相关组织机构进行教学科研等方面的合作交流，促进本校专家学者等用户与校外同行之间进行知识交流，扩大图书馆知识流量。图书馆知识流量是指在某一段时间内流入或流出图书馆的知识资源总量。图书馆的知识流量具有动态性、时空特性以及吸收性的特征。

纸质馆藏与数据库资源是图书馆所拥有的知识存量的主要表现形式，要想全面增加高校的知识总存量就必须从注重纸质资源的购买与数据库引进或自建两个方面着手。并且在购进纸质资源与引进或自建数据库的过程中，资源建设部的负责人应当使纸质资源与电子资源在数量与结构上能够良好地搭配。相关数据表明，近年来我国高校图书馆在2014年度馆藏文献资源购买费用的平均数约为481万元。提高图书馆馆藏知识资源存量具有多种途径：一方面，高校图书馆可以积极购进相关学科优秀专家学者研究成果的纸质文献资源以及国内外优秀学术数据库；另一方面，利用先进科学技术（网络技术、知识挖掘技术、知识组织技术等）与方法对本校师生的科学研究成果进行收集、存储，建立本校特色知识库。另外，一线工作人员还可以对能够开放采集的网上资源实施解析组织，建立特色库。整体来说，易于编码显性处理的信息相对容易被分析、组织、处理，而隐性的知识信息不易做显性处理。对结构化、半结构化数据信息进行收集、分析以及挖掘处理，从中挖掘出对用户有用的知识单元，做集成化处理，建构的知识库内容多以显性知识为主。非结构化的数据信息内容往往以隐性知识为主，相对难以编码处理成较细分的知识单元，对于非结构化数据信息的处理，可以借助可视化技术建设视频知识库（名师精品课程、学者讲座、行业专家交流）。例如，现如今 MOOC 在国内高校深受用户青睐，图书馆也可以通过制作知识视频的形式来存储较难以显性化处理的知识信息资源，并且可视化技术对隐性知识的转移具有重大意义。

二、科学技术方法是知识服务的保障

先进的科学技术方法为高校图书馆知识服务提供了技术保障，高校图书馆应及时引进相关先进技术手段，改善知识服务设施水平，如电脑设备的换代、检索系统的更新等，进入 21 世纪以来，信息技术、互联网技术以及知识组织技术，获得突飞猛进的发展。例如，RFID 技术、语义网、物联网、大数据、自然语言处理技术、智能技术等都为图书馆事业的发展与研究提供了便利。在信息技术与网络技术的支持下，知识的交流传播与转化效率都得以大幅度提升；语义网技术与自然语言处理技术以及智能技术也日益改进着搜索引擎等检索系统的检索效率。早期的文献参考服务之所以能够从当面问答到虚拟解答再到协作解答再到实施知识性咨询工作服务，在这一发展过程中信息技术与互联网技术所起到的作用特别大。科学技术的发展进步使图书馆服务打破时空限制，使用户不必走进图书馆即可享受图书馆知识服务。

随着知识控制理论与方法的逐步改进，对知识进行控制的实现形式已经从以文献形式为单元转变为以相对零碎的数据与知识元为处理单元。徐如镜指出，知识的控制单位长期以文献为主，但用户对知识信息的需求往往以知识元为单位。对知识进行控制的单位如果能够从文献转变为知识元，大量文献中的知识元将被挖掘出来，不同学科文献中的知识元之间的关联性可以增强，有利于推进知识创新、应用以及知识价值的实现；人类对知识的习得内化能力与知识总量之间存在一定差距，并且这种差距在日益扩大；随着科学知识专业化程度的不断提高，知识会发生分裂，跨学科的知识传递将会变得更加困难；某一专业领域的知识可能对其他学科领域具有价值，跨学科的知识之间存在着某种关联。

搜索引擎检索技术的飞速进步日益改变着用户的知识信息行为，并日益提高用户获取知识信息的效率。

搜索引擎的检索技术在四个方面将取得重大发展。首先，语音识别的准确率将大大提升；其次，将继续提高用户检索记录的关联程度，以使搜索引擎系统充分理解用户的知识信息需求，从而呈现令用户满意的检索结果；再次，将实现基于用户所处位置的搜索功能；最后，搜索引擎将自动记录用户的检索浏览痕迹，分析用户的检索行为，为用户提供信息推荐服务。

三、人才是知识服务的核心

（一）引进优秀专业人才

人力资本是组织内部成员的优秀素质及能力的总和。高校图书馆的人力资本更大程度上指图书馆服务人员的人力资本。高校图书馆的人力资本除了服务人员的数量，还包括服务人员的综合素质与能力，如服务人员的计算机操作技能与服务态度等。高校的管理人员应从不同方面实现举措以保证一线工作人员的工作素养与智力水平。一般而言，主要从工作人员的受教育程度、专业层次以及心理素养等方面谋求提升工作人员实施工作活动的效果。图书馆馆员的知识结构一般由五部分组成：图书馆学专业基本理论、相关专业基本知识、语言文字知识、技术性知识、职业素养知识。专业层面的基本心理论知识对全体工作人员而言是必须熟练掌握的。一线工作人员必须熟练牢记该类专业性知识，才能更好地开展日常工作，为用户提供良好服务；同时还必须掌握图书馆工作的技术方法，如图书分类、编目、藏书组织与建设、文献复制等。除了专业层面的基础性知识，一线服务人员仍需要具备一些与一线工作紧密相关的其他类别的知识，如法语、日语等语言知识，力争拥有比较全面的知识与技能。对一线工作人员而言，除了需要具备基本的理论知识及技能，还需要掌握一些技术性知识与技能。技术性知识主要指与操作计算机与网络以及系统相关的基本技术与技能知识，主要包括在线检索技术、自动标引技术、视听设备操作技术、缩微技术等；职业素养知识主要指馆员具备的服务态度以及知识信息素养，主要是一种内在品质。高校图书馆在引进优秀人才时，应注意处理好引进人才的学历结构以及知识结构的协调搭配关系。既要引进深层次专业人才，又要引进知识面宽广的复合型人才。

在高校图书馆的发展建设过程中，应逐渐提高馆长等领导人员以及普通馆员的学历/学位层次与职称结构。总地来说，我国高校图书馆服务人员的学历结构与职称结构，正在向高学历化的方向发展。

（二）定期对职工进行培训

在知识经济时代，图书馆服务人员应改变传统保守的服务观念，努力优化图书馆馆藏文献知识资源以及服务人员的知识结构。在图书馆传统服务时代，馆员往往是坐在台前，等用户进馆来咨询问题，馆员是书库看书人、馆藏文献知识资源的管理者。如今知识经济高度发达，图书馆服务人员应当成为知识信息利用专家而不仅仅是看书人，服务人员应该进行角色转变，充分利用自身的专业知识和专业技能对图书馆馆藏知识资源进行挖掘分析，进而创造出新知识用以解决用户实际问题；服务人员应当成为图书馆馆藏知识资源的分析和组织者，馆员应该对大量的馆藏文献信息资源进行筛选、简化、剔除优化工作，如根据一次文献不断生产二次文献、三次文献等；图书馆服务人员应尽最大能力对拥有的知识资源进行组织管理，主动向用户提供知识，推进知识共享；尽量从繁多的网址中选取优质可靠的参考信息源，以"书签"或链接的方式保存在本机构知识库中，为用户提供便捷的网络资源导航服务。

一线工作人员个人实施知识性工作与服务活动的能力是组建图书馆工作整体知识性服务活动能力的基础，一线工作人员开展工作与服务能力的强弱直接决定着向服务对象传达其渴求及期望的知识所包含效用。从长远来看，为了使图书馆能够以高效率为用户提供知识服务，就必须建立有效制度，采取有效措施长期持续性地巩固提高服务人员的工作能力与服务技能，如定期为服务人员举办服务技能培训活动、选派服务人员进行学历深造等。除了图书馆的主动安排，馆员个人也应当积极参加相关的学术研讨会，学习补充新知识；在日常工作之余，形成终身学习的良好习惯，进行知识积累，增强自我的知识存量。例如，上海交通大学图书馆经常为服务人员进行专业培训，由全校各科研团队推选出一名成员作为信息专员，经过系列培训，提升接受培训人员相关专业的信息检索、鉴别、分析、整合等各方面的能力。经过七年努力，图书馆培养的信息专员已经基本覆盖全校近200个科研团队。

四、用户教育是知识服务的根本

用户作为图书馆开展知识性服务活动的对象，用户的状态（知识结构、科研课题、教育程度、心理活动、兴趣爱好、专业专长等）深刻影响着图书馆知识服务的效果。图书馆实施知识性服务工作不仅是简单地向服务对象传递其所渴求的知识，也不是简单地协助服务对象处理其现实难题，最根本的是培养服务对象的信息意识，提高服务对象个人采集、分析、重造及运用知识的综合实力，让服务对象能够自食其力地实施知识活动。

（一）培养用户知识意识

知识信息意识是指当认知者萌生某种知识渴求及需要时对那些能够或有可能满足其期望的信息所具有的感知力。知识意识直接影响用户的知识需求强度，如果用户的知识意识仅停留在随机感性认识阶段，知识需求强度就相对较低，只有当知识意识上升到理性认识阶段时，需求强度才相对较强。如果用户的知识意识较强，当用户意识到产生某种知识需求时就会激发强烈的知识获取动机，进而投入较多精力去获取所需知识。知识信息意识对用户而言主要表现在以下方面：首先表现为需求方面的意识，用户在日常学习、研究、实践过程中难免遇到困难或疑惑问题，此时就会自我意识到需要获取相应的知识信息来解决疑难问题，进而产生获取知识信息的行为；其次表现为获取方面的意识，当用户受到外界刺激产生某种知识信息需求时，就会产生通过自身行为努力去获得所需知识信息的心理冲动，这种心理冲动就是获取意识；最后表现为辨伪意识，如今网络时代使得知识信息资源的生产、获取极其便利，但网络知识信息资源的质量参差不齐，此时就要求用户对获取的知识信息进行正确性及权威性方面的鉴别，否则就很有可能做出错误的决策或者难以解决实践中出现的问题。

（二）培养用户知识信息能力

增强用户的知识信息能力主要包括用户学习新知识的能力、对知识进行更新的能力以及吸收新知识的能力三个方面。知识信息能力是指认知者对某类知识集合的辨别、剖析、判断、创新和利用上的综合实力。具体来说，认知者的知识信息能力表现在其对知识材料进行采集、解剖、整合组织、内化、创新等几个方面。对于同一类知识信息资源的利用，由于各类用户的知识信息能力强弱不同，所获取知识信息的数量、质量以及利用效果也会千差万别。高校图书馆在为用户开展知识服务的过程中，应当根据用户的知识需求类型、学历层次以及专业方向为用户进行知识资源获取与利用方面的技能培训教育，包括对知识信息进行分析、整合、创新以及内化吸收的思想理论方法，使用户能够独立自主地利用高校图书馆提供的馆藏资源与技术条件，自觉学习新知识，提升自我知识信息能力。

学习是认知者通过吸取新知识并深化理解内化以期改进行为效果的过程。认知者的学习能力主要指认知者将采集到的知识材料实施解码、分析、创新以及内化利用等方面的能力。材料中的效用信息通过认知者的吸收内化得以在其内部不断积累并逐渐升值，在认知者的自觉努力下创造出新的知识。身处一线岗位的工作人员需要充分认识到自觉学习的重要性，并努力塑造稳定的学习习惯，利用业余时间进行持续性自学，进行知识积累改进动手技能。

随着用户内部知识的逐渐老化，其拥有的某些知识因失去使用价值而被新知识所取代。从知识创新主体方面来说，知识创造者主要通过脑力劳动进行知识创新；从知识接受者方面来说，主要是通过进修学习、培训、专题及自学等途径进行知识创新。知识经济的迅速发展使知识更新周期大大缩短。知识自产生之时起就步入逐渐老化的过程，在老化过程中，知识渐渐丧失价值或使用价值，这就要求个体要想适应激烈的竞争和满足发展自我的需要就必须对旧知识进行更新，及时补充新知识，相对于旧知识而言，新知识更具有活力。Cohen&Levintha 最早提出了知识吸收能力。知识吸收能力是用户在日常学习生活中识别、转化和利用外部知识信息的能力。用户的学习效果通过其知识吸收能力表现出来，如老师讲课，对学生都是平等对待，学生的考试成绩却差异很大，这就与学生的知识吸收能力密切相关。

第三章　高校图书馆人力资源管理创新研究

第一节　高校图书馆人力资源管理概述

随着通信技术和计算机技术的迅猛发展，高校图书馆的工作内容和服务方式发生了重大变化。与之相应，用户对图书馆工作人员的综合服务能力也提出了更高的要求。显然，图书馆传统的工作方式和技术已无法满足网络环境下用户对文献信息的需求。高校图书馆要想适应高等教育的蓬勃发展，保持自身持续发展的活力和竞争力，就必须开展图书馆人力资源的建设和管理，打造和拥有一支高层次、高素质的专业管理人员和专业技术人员队伍。

在高校图书馆的发展中，人的作用是最积极、最活跃、最具能动性的，人力资源是可开发并能够带来提高效益的资源，是一种能够带来剩余价值的资本。而现实中，我国图书馆的职业声望、社会地位、物质待遇等相对较低，缺乏吸引高素质、高层次人才的物质条件。尤其是对人力资源的重视不够，认为人是一种为实现组织目标而不得不付出的成本，缺乏使用人才、留住人才的用人机制。另外，我国图书馆学专业高层次人才培养的规模也远不及图书馆对人才的现实需求。这些不利因素严重影响了我国高校图书馆事业的发展。为此，高校图书馆首先应当树立正确的人力资源价值观，积极采用相应的管理措施，提高图书馆的社会地位，引进图书馆发展急需的人才；其次应当立足本馆实际，加大在岗人员职业生涯规划、设计和开发的力度，充分挖掘和激发现有人员的工作潜能。

何谓"资源"，人们为了某一目标所能开发利用的都是资源。比如，人的体力劳动和脑力劳动都是用来生产有用于人的资源的原动力；从这种观点出发，人可以称为资源。人以外的资源称为物的资源。人是最宝贵最能动最富有活力的资源，物的资源需要人去控制、开发和利用。

从这个意义上来说，高校图书馆的管理，实质上就是对"人"这一资源的管理。

一、人力资源的含义

人力资源和其他所有资源相比，唯一的区别就在于这种资源是人，并且是必须考虑的具有"特殊财产"的资源。这种资源拥有其他资源所没有的素质，其余资源需要人去使用、去支配。

人力资源是指能够推动整个经济和社会发展的具有智力劳动和体力劳动能力的人口的总称。人力资源的概念是指一个机构内具有劳动能力者的总和。高校图书馆人力资源就是指各高校馆内所有具备劳动能力的馆员的总称。

二、人力资源的管理

人力资源管理是依据组织和个人发展的需要，建立高效的机制和合理的流程，采用先进的技术和科学的方法对组织中的人力这一特殊资源进行有效开发、合理利用与科学管理的过程。

在现代图书馆管理中，人力资源管理同样是高校图书馆管理的重要内容，图书馆管理中更强调每个劳动者及其总和——人力资源的作用。

图书馆的技术是人员掌握的，图书馆的设备是由人来使用的，图书馆的服务是由人来提供的，用户的满意度是由人来控制的，图书馆的形象也是由人的服务形象构成的。所以，对高校图书馆人力资源的管理已经提到一个越来越重要的地位。

三、高校图书馆人力资源的管理创新

创新就是建立一种新的生产函数，即实现生产要素和生产条件的一种从来没有过的新组合，并引入生产体系。图书馆人力资源管理创新，是指把新的管理要素或要素组合列入图书馆管理系统，使之具有新的功能。当前，图书馆界普遍认同这一观点：在图书馆服务所发挥作用的诸要素中，图书馆建筑占 5%，信息资源占 20%，图书馆馆员占75%。这一观点突出了人力资源要素在图书馆管理系统中的重要地位，把人的作用看作图书馆中最积极、最活跃、最具能动性的管理要素。高校图书馆的主要服务职能是向广大师生读者源源不断地提供动态对应的知识信息和服务，保证高校教学、科研的正常运作。为此，高校图书馆必须提高自己的综合服务水平，提升可持续发展的竞争能力，而这种能力的达成则正是图书馆内所有具有劳动能力者共同努力的结果。所以，我国高校图书馆唯有科学组合劳动力要素，实行人力资源管理创新，才能增强自身的活力，增强新的服务功能。

四、高校图书馆人力资源管理与人事管理的区别

人力资源管理是在人事管理的基础上发展起来的，从人事管理到人力资源管理既是一次思想上的创新，也是一场实践的革命。它们无论在形式上，还是在本质上，都有着根本的不同。

（一）管理观念不同

人事管理视人力为成本，人力资源管理视人力为资源。在人事管理中，管理者对人的看法局限于人是一种为实现目标而不得不付出的成本。而人力资源管理将人视为可开发并能够带来收益的资源，是一种能够带来剩余价值的资本。

（二）管理重心不同

人事管理以事为中心，人力资源管理以人为中心。由于人事管理视人力为成本，因此在使用时以节约为目标。而人力资源管理将管理重心放在以个人与组织的共同实现与发展为目标的人力资源开发上，开发中以提高员工素质与能力、提高工作绩效为目标。

（三）管理模式不同

人事管理多为被动管理，人力资源管理多为主动管理。人事管理常常疲于劳资纠纷的事务处理中，人力资源管理通过开发人的能力激发人的活力、提高人的工作绩效。人事管理中的绩效评价目的在于发现员工绩效的现状，并以此作为奖惩、提升的依据，因而员工有抵触心理、惧怕绩效评价。人力资源管理中绩效评价的目的在于获得员工绩效现状的信息，找出差距，绩效优秀的员工将得到物质或精神鼓励，而绩效较差的员工将得到培训机会，为未来的职业生涯发展打下基础，绩效考评成为管理者与员工主动交流的有力手段。

（四）管理方法不同

以往人事管理是孤立的静态管理，着重拥有、轻视使用。就流动性而言，是进不易出更难。人力资源管理则注重对人的动态管理，把人才的选聘、淘汰和再选聘经常化、制度化，以增强员工的危机感，激发其学习进取的自觉性。

在高校图书馆中，人事管理是指对人事关系的管理，更多的是强调在微观层次上的录用、选拔、培训、考核、奖励等。管理过程中强调"听从安排""重事轻人"，把机构内的人才看成是机构的财产，忽视和否定人的需求和个性，极大地影响了图书馆馆员的积极性和创造性的发挥。人力资源管理把图书馆馆员视作一种重要的资源和财富，视为可开发并能够带来收益的资本，重在以个人与组织的共同实现与发展为目标的人力资本

开发。开发中运用现代管理方法，以提高员工素质与能力、提高工作绩效为目标，对图书馆馆员进行合理的挖掘、培训、组织、调配，做到充分挖掘人才、培养人才及合理使用人才。同时对人的思想、心理和行为进行合理的诱导、控制和协调，充分发挥馆员在图书馆改革和建设中的主观能动性。

五、高校图书馆人力资源管理创新的特征

人力资源管理作为一种先进的管理活动，已逐渐被高校图书馆所认同和采用，成为高校图书馆管理的重要内容。在高校图书馆创新管理中，人力资源管理有着不同于其他管理的新特征。

（一）人本性

人力资源管理以人为中心，视人为第一、为根本，把人、人力看作可开发并能够带来收益的资源，看作一种能够带来剩余价值的资本。加大人力的开发投资，可激发人力的潜能，获得比投入多得多的利益。

（二）开发性

人力资源管理把对人的开发、管理作为核心。从开发的角度展开工作，不仅包括人力资源的智力开发，还包括思想文化、道德觉悟的提升；从管理的角度来看，既包括对人力资源的预测和规划，也包括对人力资源的组织和培训。

（三）系统性

人力资源管理是一项系统工程，要求将馆内所有现有人员及外部一切可供利用的人力作为一个统一的系统加以规划，对组织中的各种岗位职务进行分析、规划设计，制定与职业目标相适应的选拔、培养、调配、激励等政策，以发挥人的创造力，提升图书馆组织的综合竞争力。

（四）灵活性

人力资源管理突破了以往人事管理中的行政命令式管理方法，采用人性化的、灵活的管理方式。尊重员工，使员工与管理者、员工与员工之间建立起良好的人际关系，主张员工参与组织决策。

（五）科学性

人力资源管理强调对员工考核的科学性，有员工个人的评价、管理者的评价，有客观试题的考核和专家的考核等，实行考核与工资、奖金、职务晋升等挂钩，以增加公开、公正、公平测试的透明度。

第二节　高校图书馆人力资源管理创新的重要性

人力资源管理的目标是为实现组织目标服务的，也是为组织在市场竞争中得以生存和发展服务的。因此，它本身的目标便是对组织所需人力资源做到"招得进，留得住，用得好，升得快"。即把组织所需人力资源吸引到组织中来，将他们保留在组织之内，有效地使他们在工作中发挥才能，并通过适当的激励措施，如公正合理的晋升制度，使他们对前途充满希望，充分调动积极性，以此来达成组织的最终目标，为组织服务。除此之外，人力资源管理还应以协助组织发展其竞争优势，提高组织效率和协助组织树立良好形象。高校图书馆人力资源管理的目标则是帮助高校图书馆建立合理的人力资源结构，将知识经济时代高校图书馆发展所需要的人才引进、培训、组织和调配，以达到提升高校图书馆的服务层次、服务水平和服务能力，提高高校图书馆的凝聚力和核心竞争力的目的，最终使高校图书馆适应时代的发展，达到高校图书馆自身事业的发展。

一、人力资源管理创新是高校图书馆适应时代变化发展的需要

高校图书馆是为高校教学科研服务的场所，是高校教学、科研的信息支撑平台，其服务对象是高校师生。在信息时代高校师生对信息的需求无论从质量上还是从时效上都比以前明显有了大幅度的提升，同时也出现了一些知识和信息需求的多样化、个性化、专门化现象；针对这些需求，高校图书馆只有开展多种形式的知识和信息资源服务，尽力满足用户的需求，才能实现图书馆事业的发展，才能真正起到一个学校的文献信息保障体系的作用。这就需要管理者不再固守原有的管理思想，而是接受新的人力资源管理理念，如"以人为中心"的管理理念。

"以人为中心"的管理理念可以从两个方面进行理解。一方面从图书馆的用户角度谈：要求高校图书馆以用户为根本，以用户为中心，研究用户的知识结构、知识信息的需求动向和他们需求的针对性、特色性，全面了解用户的需求，并对此做出快速积极的反应。从被动式服务转为主动式服务，通过和师生及时地沟通，了解师生的需求，将资源服务工作落到实处。"以用户为中心"的服务宗旨的实现，真正达了到提供高质量信息服务的目的。在新的时代形势下，面对多样化的知识和信息资源提供者的挑战，只有抓住了用户，高校图书馆的存在和发展才能继续进行下去。另一方面，"以人为中心"的管理理念则要求高校图书馆在对自己内部工作人员的管理上以员工为中心，要给员工

提供一个可以自由发挥的空间，激发员工的潜能，使员工的积极性和创造性不被压制，减少员工的流失，这对于数字图书馆的高水平建设和高质量咨询服务的开展有着至关重要的作用。无论从哪个方面来讲高校图书馆想要适应时代的发展管理者必须更新人力资源管理理念。

二、人力资源管理创新是高校图书馆留住人才的有效手段

将现代人力资源管理的各种先进理论和方法应用到高校图书馆的管理当中去，对高校图书馆的人力资源进行有效开发和管理，是图书馆在新的知识经济时代留住高学历、高层次人才的有效手段。随着知识经济和网络时代的到来，现代高校图书馆对文献资源的管理已经从传统的以手工为主的管理手段转变到以自动化、数字化、网络化等现代技术为主的管理手段上，图书馆馆员作为知识和智力的载体，在图书馆的生存和发展中成为首要因素，高素质、高层次的创新型知识人才和专家成为图书馆发展最重要的资源。因此，图书馆事业的发展，必须依靠广大图书馆馆员的积极参与和发挥他们的聪明智慧，这就要求图书馆管理层必须充分地调动他们的积极性。

现代人力资源管理理论在知识经济的浪潮下创新发展的一个核心也正是强调对"人"的重视，强调"人"的主体地位在组织发展中的重要作用，强调"以人为中心"的业绩激励型柔性管理。高校图书馆进行人力资源的管理创新，以人为中心，把馆员作为图书馆的主体，把人力资源作为图书馆制定发展战略和发展规划的依据；关心馆员个人的发展，把馆员个人的发展和图书馆的发展紧密结合起来，根据馆员个人的专长、能力和知识结构，提供相应的工作岗位，为其设计合理的职业生涯规划，并为馆员的学习和教育培训等提高自身发展的措施提供各种帮助。这是在当前高校图书馆不能很好地解决工作人员获得良好的经济收益的前提下，留住人才的一个有效措施。

三、人力资源管理创新是高校图书馆业务工作发展和创新的需要

在知识经济时代，高校图书馆的业务工作发生了很大的变化，尤其是在网络计算机技术的支持下迅速发展起来的数字图书馆，使得高校图书馆的日常工作也有了非常巨大的变化。就目前高校图书馆的工作而言，采访、分类、编目、信息咨询、自动化管理等业务工作学术性、技术性和专业性都比较强，需要受过高等教育的专业技术人员来从事。而这些人员一般都具有较强的成就需求、尊重需求及求知的需求，图书馆的管理者应该充分重视他们的作用，在管理中尊重他们的价值，尽量满足他们的个性需求，激励他们的积极性，充分发挥他们的创造性，切实把对他们的重视和有效发挥他们的作用放在重

要的位置上。随着图书馆的服务功能和服务模式逐步转向以专门知识和信息资源的加工和提供服务上，图书馆的专业人才、专门人才和知识专家将承担起图书馆发展规划的参与者、网络信息资源的组织者及知识的创造者的职能。为了使他们适应这些职能要求，图书馆管理者更应当有意识地为他们提供和创造机会，使他们通过继续教育、职业培训、在职教育等多种途径来提高自己，掌握从事图书馆创新发展的各种知识和技能，从而使他们成为合格的知识和信息服务工作者。高校图书馆在人力资源管理模式上的创新研究将有利于充分调动图书馆馆员的积极性、主动性和创造性，只有这样才能更有效地促进图书馆事业的持续稳定发展。

四、人力资源管理创新是增强高校图书馆核心竞争力的需要

图书馆核心竞争力是以知识、技术为基础的综合能力，是图书馆赖以生存和稳定发展的根基，是图书馆所具有并可为图书馆带来竞争优势的特定能力的有机组合。核心竞争力是图书馆发展的决定性因素，是其他竞争对手难以超越和模仿的特殊能力，是一个图书馆存在的理由和取得社会认可的前提。

有学者提出图书馆的核心竞争力主要来源于三个方面：图书馆可提供的文献信息资源、服务水平和专业人力资源。对于高校图书馆来说符合学校学科建设的丰富独特的文献信息资源是基本保障，针对师生快速便捷的各种服务是其显现优势的基础，而知识结构合理、知识更新迅速、创新能力超强的专业队伍则是其保障之保障，基础之基础，三者缺一不可。而其中最关键的因素是人，是具有专业特长的人所组成的具有创造力的团队，是团队所具有的学习能力，是将学习所获得的知识用于工作实践，并使高校图书馆保持与时俱进的能力。可以看出人力资源是高校图书馆的核心资源，是高校图书馆创造更好的信息、知识产品，提供更优质的知识服务的行为主体和活力源泉。那么高校图书馆必须通过人力资源获取竞争优势。这就要求高校图书馆对人力资源进行科学的开发和管理，即高校图书馆只有打破以前的人事管理模式，进行人力资源管理创新研究，经过科学的分析组成分工协作的高效工作团队，这样才能使人力资源切实转变成推进高校图书馆发展的动力源泉，实现高校图书馆本身核心竞争力的提高。

五、人力资源管理创新是使图书馆其他资源合理利用的需要

文献信息、资金、设备、人员和技术等都是高校图书馆的资源，在这些资源要素当中，人力资源是首要的能动性生产要素，其他资源特别是文献信息资源能否得到用户充分利用、发挥其价值，以及高校图书馆的整体效益能否得到提高等，最终都取决于人力资源

的开发与利用程度。特别是在如今知识经济时代，数字图书馆的发展迅猛，一些相关的软硬件设备层出不穷，如果没有相关的技术人员支持，那数字图书馆是不可能正常运转的。一个高校图书馆的馆藏都是有自己的特色的，一般都是与学校的历史沿革和学科建设密切相关的，如何利用好馆藏的文献信息资料，如何使之发挥出应用的作用，都是需要有学科背景的高层次专业人员操作的。所以只有人力资源和其他资源充分结合，才能提高图书馆知识的利用率，从而产生极大的社会效益。

第三节　高校图书馆人力资源管理存在的主要问题及归因

一、高校图书馆人力资源管理存在的主要问题

近年来，计算机技术和网络技术带来了高校图书馆界的一次革命——由传统图书馆到数字图书馆的巨大变革，这使高校图书馆的工作内涵和外延都发生了巨大的变化。同时随着知识经济时代的到来和市场经济的不断发展，人力资源以及人力资源管理的现代理念也开始被引入到许多高校图书馆的管理工作中，管理者也开始认识到高校图书馆事业的发展和腾飞关键在人才，包括人才的培养、人才的引进、人才的配置和激励等。所以管理者普遍在管理中也引进了竞争机制、考核激励机制和淘汰机制，高校图书馆的人力资源建设工作取得了很大的进步。但是由于历史的原因和事业单位长期以来存在的体制弊端以及落后的管理思维习惯，导致目前高校图书馆的人力资源形势依然十分严峻，主要表现在以下几方面：

（一）人力资源的引进机制不合理

目前国内的一些高校图书馆，领导层对图书馆的人力资源引进和配置缺乏系统科学的规划，从而出现了人员引进的盲目随意性和人员配置上的学非所用、干非所长的情况。人员引进不合理问题可以说是一个历史遗留问题，突出表现在两个方面：一方面，由于主管部门和相关业务关系部门的外在压力，高校图书馆一度成为解决学校教职工子女就业和引进人才的配偶就业的场所，实行岗位聘任后，又接纳了部分校内其他部门岗位分流人员，反映了人们对高校图书馆人才的引进非常不重视的现象。可以看出在许多人的眼里高校图书馆是一个不需要多少专业知识的部门，每天的工作就是简单的借、还书的重复劳动。所以才会在解决教职工子女就业和安排引进人才家属时第一个想到图书馆。从这种戏称中我们也看出对于高校图书馆的人才引进机制还没有科学化、合理化、规范

化。这些引进到图书馆的人才家属和其他单位分流到图书馆的工作人员参差不齐，学历背景情况复杂，很难保证他们的知识背景和学历层次都符合图书馆工作的需要。在以前传统图书馆占主导地位的时代不需要太多的专业知识，只要具有良好的服务意识，还可以基本完成图书馆的借还服务。但是在目前数字图书馆蓬勃发展的今天，传统图书馆的服务已经不能满足广大师生的需要，而数字资源的推送、学科专题的咨询等专业化、人性化和智能化的服务越来越要求图书馆工作人员的各方面综合素质。而上面所谈到的工作人员引进的盲目性就极大地阻碍了高校图书馆整体工作的开展和工作效益的发挥。

人力资源引进机制不合理就造成了人员结构的失调。据调查目前高校图书馆人员结构不合理的主要问题是知识结构不合理和男女比例失调。在高校图书馆内部一般存在低学历人员多、高学历人员少，文科多、理科少，其他专业多、图书情报专业少等现象。这种人才职级结构不合理的现象直接影响着高校图书馆的高层次工作的开展，如参考咨询、网络信息资源检索、学科导航、特色数据库的建设等，导致读者服务工作难以适应时代对高校图书馆的要求。另外在我国高校图书馆男女比例失调的情况也很严重，男女比例在 1∶4 左右。这些男女比例失调现象给高校图书馆的工作造成了一定程度的影响，如一些需要体力的劳动比如说机器的维护、图书期刊的高强度倒架等由男员工完成要比女员工完成效率高一些。还有个别高校图书馆由于女员工产假集中，导致工作不好协调等情况，这些说明在人员的引进时还是要适当注意男女比例的协调问题。

（二）人力资源的配置机制不合理

一方面部分国内高校图书馆目前的岗位配置情况不合理，没有科学合理的岗位设置，缺乏富有挑战性和创新性的岗位。在数字图书馆迅猛发展的今天，部分高校图书馆还不能跟上时代的节奏，背离时代发展方向，固守原来传统图书馆的工作模式，使岗位设置不符合现代数字图书馆的发展要求。

在岗位设置上没有考虑数字图书馆工作的需要，没有考虑复合型图书馆事业发展的需要，没有考虑专业型、创新型人才的需要，是目前高校图书馆人力资源管理上需要改进的地方。传统图书馆的馆藏以印刷版图书为主，一般的岗位设置是图书的采访、登报、分类、编目、卡片加工管理、典藏、流通、阅览等，而且这一切对工作人员的要求不高，主要都是以手上操作为主。但是现在馆藏结构是复合型馆藏，是印刷版文献和电子文献的结合，在一些文献资源的处理上要求提高，要求掌握计算机网络技术。原来固有的岗位设置也已经不能满足图书馆工作的需要了，需要设置一些新型岗位，如学科馆员、咨询馆员、数字资源建设馆员等等。面对知识经济的挑战，合理调整岗位结构已经是势在必行了。例如美国图书馆馆员的岗位层次一直以来分为五种：办事员、助理图书馆馆员、副图书馆馆员、图书馆馆员和高级图书馆馆员。

但是针对近年来图书馆聘用大量非图书馆学专业背景的工作人员的现实，美国图书馆协会（ALA）组建专门工作组，提出了集图书馆学和其他相关专业为一体的岗位职级分类表，加入了参考馆员、功能专家、公共服务、主题专家等岗位。这是美国先进的人力资源管理经验，值得我们学习。

另一方面在高校图书馆内部在人力资源的岗位配置上也有着一些不合理的地方。很多高校图书馆的领导还没有完全适应知识经济时代的发展，图书馆部分岗位的任务和职责没有完全和时代挂钩，以以前传统图书馆的老眼光看待问题，导致对岗位要求把握不准，出现了一些人力资源配置不合理的情况。这种人力资源岗位配置不合理的情况突出表现在：部分专业性、业务性强的工作是由没有该专业背景、不熟悉该专业情况、不具备该技术能力的人员担任；而部分专业人员在不能发挥自己专业特长的岗位长期从事知识要求低、技术含量低、简单重复性的工作。这些情况都是人员配置不科学、不合理的表现。这种岗位配置失调的情况后果是很严重的，不仅造成了岗位任务不能高效准确地完成，同时也在很大程度上造成了专业人才的浪费。有各种复杂要求、需要各种专业能力的工作由不具备该项能力和素质的人员担当势必造成工作的失误，使工作无法顺利完成。而高层次、高素质人才如果长期从事一些简单重复的工作，势必引起他们对工作的厌倦感，导致人力资源的浪费和人才的流失。

（三）考核机制和薪酬激励机制不完善

目前相当一部分高校图书馆还保持着原来固有的"大锅饭"分配方式，没有合理的考核机制和薪酬激励机制。首先，很多高校图书馆没有重视考核机制，没有建立科学合理的、完善的考核机制。没有合理的考核就无法对馆员的工作进行定性定量分析，无法体现出按劳分配、按贡献分配；也无法使馆员对自己的工作有一个准确的定位，无法使自己清楚地明白自己的差距，无法更好地实现自己的目标。

其次，就一般高校图书馆目前的情况来看，专业人才岗位收入和普通工作人员的岗位收入几乎没有什么差别，很多需要高新技术的岗位（例如计算机系统维护、网络维护、专业信息导航等）都需要由专业人才承担，但这些专业人才的工资待遇和其他待遇都没有得到适当的体现，与在普通岗位的工作人员几乎没有区别，这样就与其他单位同等专业技术岗位相比收入和待遇偏低，又没有合适的发展空间和科研条件，这样就严重打击了专业人才的积极性和创造性。

（四）人才使用机制和培训机制不完善

高校图书馆的人才使用机制和人才的后续培训机制不完善，造成了高校图书馆的人力资源管理情况不符合知识经济时代要求，不能满足图书馆事业发展的需要。高校图书馆在人才使用机制和培训机制不科学、不合理和不完善的地方主要表现在以下一些方面。

1. 没有量才而用

在高校图书馆系统中由于一些固有的事业单位的弊端，部分存在"关系""门路"等问题，所以出现过一些大材小用或者小材大用的现象，这些对图书馆事业的发展是非常不利的。前者会造成人才的浪费，一些高学历、高层次的人才没有可以发挥自己特长的地方，抱负得不到施展、价值得不到体现，所以就极易造成人才的流失。而后者则会造成高校图书馆工作上的损失，使工作目标不能有效实现。

2. 工作内容没有创新性和丰富化

很多高校图书馆还沿袭传统图书馆的工作模式，很多工作由于其工作模式固定、工作内容简单而造成了工作枯燥、呆板，使工作人员感觉乏味。而管理者也没有充分考虑员工的身心要求，结合信息时代的需要和数字图书馆的发展，设计一些有创新性的工作，或者使工作内容丰富化，以提高员工的满意度。

3. "大锅饭"的分配模式

由于高校图书馆是事业单位，所以"大锅饭"的分配模式比较常见，不能体现多劳多得，大家干多干少都一样，这样极大地挫伤了一部分人员的积极性，造成了劳动生产率的低下。

4. 不重视员工培训

目前所说的员工培训是指为改变员工的价值观、工作态度和工作行为，使他们能在自己现在和未来的工作岗位上为达到组织要求而进行的一切有计划、有组织的努力。而目前高校图书馆所普遍存在的问题是不重视员工的培训，不仅仅是工作技能上的培训缺乏，在职业道德、个人素养等等方面的系统培训也比较缺乏。

5. 存在培训对象不合理现象

在高校图书馆由于种种原因的存在，致使一部分管理者把培训的机会当作了送人情的礼品，所以使有些能力不够、接受能力比较弱的人参加了各类培训但是缺乏实际应用能力，而使得部分能力较强、水平较高、有工作需要的人反而没有参加培训，这样就造成了资源浪费、工作目标无法实现。

概括地说，高校图书馆的管理层往往存在着忽视人力资源的现象：重视现代技术设备等硬件设备的添置更新，忽略对高新层次工作人员的引进，重视对物质经费的投入，不重视人力资本的投入。另外，现在许多高校图书馆虽然开始重视人才的引进，但缺乏对人才的合理使用和后期培养。

以上不合理的用人机制和培训机制使高校图书馆陷入了人力资源匮乏的境地，在建设数字图书馆或者提供高新层次服务上显得力不从心，不能适应时代发展的需求。

（五）人才流失现象严重

由于目前高校图书馆管理层人力资源管理观念的淡薄，国内许多高校图书馆缺乏系统科学的人力资源管理制度，加之市场经济大潮对人们思想的不断冲击，近几年来高校图书馆的许多高层次、高素质、有能力的人才由于在图书馆找不到自身价值的发挥空间而纷纷跳槽，还有的人才因为自身的观念和图书馆的管理体制在许多方面出现不相融合的现象而提出调离。这些问题的存在使高校图书馆的人力资源现况不容乐观，可以说部分国内高校图书馆的人才调配出现了失控，高层次、高学历、高素质的人才流失严重。

二、高校图书馆人力资源存在问题的原因分析

（一）人力资源管理观念不强

从全国高校图书馆的整体情况来看，现代人力资源管理的新理念还没有完全建立起来，许多高校图书馆对人员的管理基本上还停留在传统人事管理上，表现为对人力资源管理的新理念缺乏了解、对人力资源管理的重要性缺乏认识。图书馆事业的发展主要还定位在资金投入上，以为资金的短缺是图书馆的瓶颈，还没有意识到图书馆发展的真正危机和瓶颈是高素质、现代化的知识创新型人才的短缺。所以，在实际的管理工作中，不少高校图书馆例如多"211"院校的图书馆抓住这几年"211"专项资金支持的机会，大力进行硬件设备的更新和文献资源建设，这本无可厚非，也是必须去做的，但是在"211"项目的规划上很少考虑人力资源的开发建设问题，图书馆发展工作的重心主要还集中在"事"和"物"上，还没有转到以"人"为中心的发展观上，所以对人才开发的意识不足，人才危机意识淡薄。特别是许多图书馆的主要领导人，缺乏现代化的人力资源开发和管理理念，还停留在传统的人事管理上，观念滞后于时代发展的需要，已经成为高校图书馆事业发展的主要障碍之一。

（二）人力资源管理制度不健全

由于许多高校图书馆在人力资源的管理方面缺乏人力资源管理有效的长期规划，未能形成良好的竞争机制和健全的人员管理机制，在岗位设置和人员调配等方面随意性较大，这就导致了岗位设置和人员结构不匹配，人力资源配置不合理，不能很好地体现能级对应的原则，使得一些能力与素质较为出色的人长期从事低层次或者与个人特长不相符的工作，既挫伤了员工的工作积极性，又制约了人的主观能动性的发挥，造成一定程

度的人力资源浪费。另外员工收入与员工的实际工作业绩挂钩的激励机制还没有真正发挥作用，分配中的平均主义思想还未根除；缺乏规范系统的人力资源引进、培养、稳定和岗位业绩、职责考核等方面详细的操作制度，激励与约束还没有在管理中发挥作用，这样在管理中就不能很好地激发工作人员的潜能，使员工很难对图书馆产生归属感。由于缺乏系统的培训和教育机制，还导致了工作人员的知识结构老化，难以适应新时期图书馆事业发展的需要。

（三）外部环境的冲击

人总是生存在一定环境中，环境的优劣对人的影响是很大的。随着市场经济的发展，人们的传统观念在不断地更新，形成了新的价值观念，如主体性观念、公平竞争的观念、经济效益的观念等，这些对仍处于传统模式下的高校图书馆造成了很大的冲击。在市场经济条件下，人才市场日益活跃，社会择业范围不断拓宽，人们的择业观念和价值观念发生了很大的变化。对物质利益追求的重视，诱导人们自发专注于物质利益的满足，经济意识的觉醒和趋利心态，也使人们纷纷挤向高收入行业。而和其他行业和职业相比较，在图书馆工作收入菲薄，而且没有其他可以创收的机会，工资待遇低下不能满足人们的经济价值追求。并且传统图书馆概念在人们头脑中根深蒂固，馆员的工作，被认为是可有可无的、无足挂齿的。这些偏见的存在使得馆员难以对自己的职业产生成就感和光荣感，馆员的专业才能得不到发挥，归属感与成就感得不到统一与满足，心理也会失衡。所以在强大的外部环境的冲击下，许多有能力、高学历的人才和热门专业人才一有机会便纷纷跳槽，从而造成图书馆人才流失现象严重。

（四）缺乏高层次人才的工作环境和发展空间

在知识经济时代，建设新型的数字化图书馆和研究型图书馆等知识型图书馆的过程中，高层次的创造型人才对图书馆的发展至关重要。然而当前我国高校图书馆总体上高层次人才匮乏和流失的现象十分严重，其中一个主要原因就是缺乏高层次人才发展的空间和工作的环境。到目前为止，我国许多高校图书馆还是以传统的作业流程设置部门、配置人员，图书馆工作还是以图书资料的登报、分类、编目、借阅、流通为主要内容，还没有转向以知识的深层加工和专门知识的定向服务、信息资源的传递为主的新时代图书馆发展需求上来。在这种环境下，高层次人才难有用武之地，看不到自身的价值，束缚了他们进行创新工作的激情，局限了他们的发展空间，为了找到自身的价值，不使自身的知识老化，使许多高层次的人才不得不转向其他工作岗位。

第四节　高校图书馆人力资源管理创新对策

一、高校图书馆人才的选聘

招聘工作是整个人力资源管理工作的基础环节之一，招聘工作直接关系组织中人力资源的形成，如果招聘不到合适的员工，以后的工作都会受到影响。招聘的成功取决于多种因素：外部因素、组织和职务的要求、应聘者个人等。

（一）营造图书馆人才引进的外部环境

人总是受环境变化的影响的，所以营造良好的内外部环境对于图书馆改变传统人事管理，实现人力资源管理创新是非常重要的。首先要创造良好的人力资源开发和管理的外部大环境。高校图书馆作为高等院校的一个服务部门，它要实行的许多重大的策略和措施必然会受到学校相关部门的制约和影响。所以，一方面要把高校图书馆在知识经济时代采用现代人力资源开发和管理方式以及高校图书馆的业务创新对学校教学科研的重要意义，与学校相关部门进行沟通，争取学校对图书馆人事管理改革的支持。另一方面要争取学校加大对人力资源开发与管理的资金（人力资本）投入，使他们明白对人力资源进行系统的开发管理，不断提高工作人员的素质和知识层次对高校图书馆事业发展的重要意义。只有营造了良好的外部环境才能为高校图书馆吸收高素质人才打下良好的基础。

（二）合理规划人员结构

高校图书馆管理者必须考虑的人员结构是体力结构和智力结构的有机组合体。所谓体力结构是指高校图书馆人员本身的自然力与生产工具的构成形式。所谓智力结构，是指高校图书馆工作人员在智力要素上的构成情况，目前所要着重考虑的是年龄结构、专业结构、知识结构、职称结构、智能结构、素质结构等。高校图书馆人员结构又是由个体结构与群体结构组成的，其中个体结构是群体结构的基础。个体结构是指高校图书馆工作人员个体所具备的观念、思想、知识、道德修养、能力、体质等的综合体。群体结构也称人才结构，群体结构的组成要素主要包括年龄结构、知识结构、专业结构、专业技术结构等。

在进行招聘前管理者首先要对自己图书馆现有的人员结构情况进行全面了解，做一个综合分析，然后根据已有的人员结构情况和近期图书馆的目标来制订招聘计划，对招聘目标有一个明确的要求。在招聘时要注意个体结构和群体结构的综合考虑。一般地，对于个体结构来讲，不可能在一个人身上集中所有的优点，所以怎样合理组织图书馆的人员结构，形成一个优化的图书馆群体结构，是管理者的重要工作。据调查，目前高校图书馆人员结构不合理的主要问题是知识结构不合理和男女比例失调。这些都是需要借助人员选聘解决和调控的问题。

另外由于图书馆的业务建设具有继承性的特点，这一特点决定了高校图书馆人力资源开发尤其是高层次人才的开发同样要有继承性特征。因此，高校图书馆人力资源开发管理中，不仅要着眼于眼前培养、引进和稳定高层次人才和业务带头人，还要着眼于长远目标进行规划、建设专业人才梯队。随着数字图书馆的发展和专项咨询服务的开展，图书馆应制定一系列近期发展目标，包括建立学科馆员制度、建设特色数据库等。这些目标的实现需要一部分有学科背景的专业人才和一部分计算机网络人才。

二、高校图书馆人才的使用

（一）优化用人环境

在人力资源特别是人才的使用、考核评估和薪酬对待上，要打破论资排辈、职称终身制和许多方面的"大锅饭"管理方式，按照绩效优先，兼顾公平和公正的原则，建立一套科学的竞争机制、考核激励机制和淘汰机制，使人才得到合理的配置和使用，使他们的价值得到最大限度的发挥。要做到这一点，高校图书馆的管理者就要了解每一位员工的特点，帮助他们找到个人发展和图书馆发展目标协调一致的结合点。为了合理地使用人才，使他们的能力与岗位相适应，专业知识和实际工作相适应，就必须优化用人环境，尤其是营造与优化高层次人才的使用环境，为他们才能的充分发挥创造条件。

1.学科馆员制度的建立

"学科馆员"制度，就是高校图书馆挑选若干既熟悉本馆所拥有的各种信息资源、具有较强的文献信息检索和知识组织能力，又具有某学科领域丰富专业知识和学科知识评价能力的图书馆馆员分别担负起专门为学校某学科读者用户提供深层次知识和信息服务的"学科馆员"的工作，这是区别于传统的参考咨询工作的一种新制度。

在传统的参考服务中，往往是读者需要什么，图书馆馆员就帮着找什么，服务内容简单，因此就使许多馆员感觉到自己多年学之所长的知识难以发挥作用。因此，便出现了有的馆员要么不安心于图书馆工作，要么满足于应付日常普通的管理工作，缺少更新自己专业知识的动力。建立学科馆员制度，就是要让学科馆员定期下院系，向院系的师生介绍图书馆关于本学科的新资源、提供的新服务：要深入各学科了解教学科研对专业文献信息的需求，有针对性地对学科专业文献信息进行搜集整理和分析研究，以及进行相关创新知识的整合，主动为各学科读者和课题研究人员提供高水平、深层次的信息服务。

从服务技能和服务层次上来说，都对学科馆员提出了很高的要求。学科馆员要从院系师生的目标出发，进行相关学科知识的收集与捕获管理，利用各种搜索工具，针对相应学科外部知识进行跟踪、搜索、检索和获取，对学科内部知识尤其是隐含知识进行跟踪和捕获；利用各种分类工具对学科知识充分整合，经过分类整合将杂乱无章、难以利用的知识整合为具有利用价值的知识。这就要求学科馆员在自身专业知识的基础上，利用信息技术、数据库技术和人工智能技术，从重点学科纷杂的信息流中发现新的知识点及知识间的联系，按学科知识体系组织到数据库中，并通过计算机存取、检索算法进行智能匹配，使相关学科用户能方便地检索有关数据与知识；利用专家系统、专门分析工具、决策支持系统等支持重点学科用户对知识的分析和运用，利用知识管理系统将知识的应用有机融合在日常工作过程中，并将所产生的重点学科研究新知识迅速组织到相关重点学科知识管理体系中。

工作要求的提高、工作内容的丰富化，不仅不仅给那些既有某方面学科专业知识，又有文献信息服务技能的馆员创造了发挥自己特长、施展才华的空间和机会，也能够激励"学科馆员"不断学习文献信息服务的各种技能，努力完善、更新自己的专业知识，加强专业领域学术研究，从而达到员工综合素质提高和自我价值实现的目的，最终也促进了高校图书馆人才队伍的稳定。

2.科研课题的参与和科研项目的承担

随着知识经济的发展，高校图书馆作为文献信息资源的集散地，越来越显示出它在信息采集、信息加工、信息存储、信息发布、信息处理以及信息整合方面的优势。作为高校图书馆的工作人员有着获取信息资源的很多优势条件，尤其是"学科馆员"，他们本身具有相关专业的学科背景，再加上在为科研课题服务的同时一直在跟踪相关课题所涉及学科知识的前沿信息，所以使得他们也具备参与到科研课题中的实力。这批学科馆员的参与，不但使他们自己的价值得到了体现，而且使课题的资料搜集、分类和整合的效率得到了明显的提高，达到了学科馆员和课题组成员的双赢。目前在国内已经有部分图情人员以这种形式获得了成功。鼓励"学科馆员"在为科研课题进行信息咨询服务的同时，参与到一些重大的科研活动中，可以不断增强图书馆在学校教学科研中的信息文献和创新知识服务的支撑作用，最终使图书馆真正成为学校教学和科研知识参考服务的中心。

管理者合理组合高校图书馆内部的人力资源，争取参加一些与高校图书馆建设相关的科研项目，也会给图书馆馆员创造一个良好的个人发展空间。在数字图书馆迅速发展的今天，图书馆界也出现了很多新的课题，如国家专项基金支持项目——中国数字图书馆标准规范建设，中国高等教育文献保障体系的各类子项目等等。管理者应该充分调动图书馆馆员的积极性和创造性，积极争取参加到各类项目中，一方面可以给本馆职工提供一个实现自己价值的空间，最主要的是通过这种科研项目的参与可以使高校图书馆的综合服务水平和服务能力提高，使高校图书馆的整体竞争力提高。

（二）图书馆馆员职业生涯的设计与管理

1. 职业生涯设计与管理的概念

职业生涯是指一个人一生中的所有与工作职业相联系的行为与活动，以及相关的态度、价值观、愿望等的连续性经历的过程。

职业生涯设计与管理包括个人的职业生涯设计、管理与组织的职业生涯设计、管理两个方面。个人的职业生涯设计与管理是指个人为了达到一定的职业目标，实现自我价值，对自己一生职业发展道路的设想和规划，以及个人对职业生涯的设计及规划的执行、评估、反馈的综合管理过程，主要体现在个人制订职业生涯发展计划和对实现这些目标的时间、步骤的合理安排、规划与管理等方面。因此，它不仅要求本人对该项计划满意，还需要该项计划对本人的发展与成功有潜在的帮助。组织的职业生涯设计与管理指的是组织为了自身战略发展的需要，以员工为中心，以员工的全面发展为出发点，根据员工的实际状况，协助员工规划其职业生涯的发展，由管理人员与员工共同设计出员工的职业生涯通道，为员工提供既适合个人发展、又反映组织目标和文化的教育、培训、轮岗、晋升的发展机会。组织对员工的职业生涯开发与管理是一个满足员工和组织内人力资源需要的互动过程。组织的职业生涯设计与管理的具体内容主要体现在建立职业阶梯、提供合适的岗位并针对组织成员各自的才能与个性制定定向培养模式、培养计划，以适应个体工作岗位的需要。

2. 高校图书馆馆员职业生涯设计与管理的作用

职业生涯设计与管理对图书馆馆员个体和高校图书馆来说都是非常有利的事情。针对图书馆馆员个体来说，首先可以帮助图书馆馆员实现自己个体的职业生涯发展目标。通过职业生涯设计与管理可以使馆员充分地了解自己职业技能情况、认识自我，并且对自己的职业发展正确定位，规划好自己的职业发展方向，这样他们就可能为了目标的实现不断激发自己的潜能，得到更大的成功。其次可以激励馆员不断提高个人综合素质。在知识经济社会，高校图书馆的工作内涵也在不断升级换代，对图书馆馆员的要求越来越向高素质综合型人才发展。对馆员实行有效的职业生涯设计与管理，可以更好地激励他们不断充实自己的知识组合，建立全新的知识构架，发展各方面综合能力，不断提高个人综合素质，最终适应社会发展的要求。对图书馆馆员来讲还可以提高个体的工作生活质量。职业生涯的设计与管理由于基于员工的兴趣、能力、技能、家庭而确定其岗位、目标和通道，因此可以最大限度地调动其积极性、最大限度地开发其潜能、最大限度地发挥其才能，从而可以最大限度地提高其工作生活质量。对馆员实行有效的职业生涯设计与管理，可以充分考虑高校图书馆与图书馆职工的需要与可能，考虑环境变化的可能影响，有机地把轮岗、晋升、培训、考评、补偿结合起来，因此对员工在组织内发展的考虑更加系统和全面，可以使馆员最大限度地创造效益，从而可以获得更多的满足感和成就感，获得更多的报酬，提高工作生活质量。

职业生涯设计与管理对高校图书馆本身同样也是非常有利的，最重要的作用是有助于实现高校图书馆人力资源配置的计划性、合理性。当一名新员工入馆之初，就由图书馆与个人共同制订基于个人兴趣和能力特点的职业生涯计划。先给每一位馆员配备与个人能力相匹配的工作岗位，在工作中不断开发馆员的能力，注重对馆员的培训，然后根据个人的实际情况和图书馆的需要适时调整其最终的职业发展方向。由此可以看出馆员职业生涯与设计是一个动态的不断调整的过程。在馆员职业生涯设计与管理的过程中，充分考虑到环境、组织、个人和家庭环境的变化，图书馆组织目标、组织结构、组织政策的变化，让高校图书馆的人力资源配置保持合理性，达到馆员个体发展目标与高校图书馆的发展战略相吻合的目的。通过这样的职业生涯设计管理有利于减少图书馆人才流失现象。因为通过职业生涯的科学设计与管理，安排出符合馆员发展的生涯道路，为馆员营造良好的氛围，让他们施展才能，给予他们广阔的发展空间，尊重并信任他们，让他们的正当的发展需要得到满足，在条件成熟的时候让他们担当起一定的社会角色。在当今高校图书馆界依靠自己的力量还不能从根本上解决图书馆馆员的报酬和待遇问题的前提下，这无疑是留住人才的一个有效措施。

3.图书馆馆员职业生涯的设计与管理

（1）馆员个体职业生涯设计与管理

①正确的自我分析

正确的自我分析主要包括对个人因素分析和环境因素分析两部分。

个人因素分析主要是：一是分析个人的价值取向，自我确定生活目标及人生道路；二是分析自己的知识结构及职业技能水平；三是分析自己的个人特质，包括性格、气质、智力等；四是分析自己的兴趣爱好，包括专长和职业倾向。环境因素的分析，对于馆员来说主要是分析组织环境和技术环境对个人职业发展的影响。组织环境包括员工所在的高校图书馆的组织文化、规模、组织结构、工作氛围、人际关系及相关的规章制度等等。技术环境主要是指现代技术与管理的发展对图书馆事业发展的影响等等。

②确定个体职业生涯发展的目标

通过的正确、科学的自我分析，馆员可以确立个人的职业生涯目标及职业活动。馆员职业目标的确定必须和组织（高校图书馆）的职业生涯计划、目标保持一致。这里应特别指出的是：第一，组织（高校图书馆）对个人的设计应提供一定的指导；第二，组织（高校图书馆）的目标应是按科学发展观制定的。

③选择合适的职业生涯发展道路

在职业生涯目标确定以后，馆员应该采取符合在高校图书馆领域发展的路线，其目的是便于科学地安排自己的学习和工作，避免盲目性，使其沿着职业生涯路线走向预定的目标方向发展并获得成功。在不同时期，馆员对职业生涯发展道路的选择可能会有所变化。

④制订和实施相应的计划与措施

计划与措施主要是个体职业生涯发展目标、道路的执行系统和操作系统。馆员要根据自己的具体情况，针对不同的岗位要求提出针对性强的具体要求，制定出可行的计划与措施，并要进行深化、系统化，进行分解和实施。

（2）组织（高校图书馆）对馆员职业生涯的设计与管理

①职业生涯准备阶段（进入组织阶段）

这一阶段组织（高校图书馆）的主要任务是帮助个人进行职业准备，组织做好招聘、挑选和配置工作。主要任务是根据人力资源的需要发布职业岗位需求信息并进行有目的的招聘和组织上岗培训，考察、评定并帮助新员工选择好适宜的工作岗位，帮助馆员确定志向、明确发展目标。

②职业生涯早期阶段（早期职业阶段）

这是一个新员工和组织（高校图书馆）之间相互发现、相互接纳、职业匹配和职业生涯定位的阶段。在这一时期，馆员要学习工作技能，提高工作能力，根据自身的条件和工作岗位，适当调整职业目标，组织（高校图书馆）也要根据馆员个人的表现，基本确定该馆员今后的发展方向。

③职业生涯中期阶段（中期职业阶段）

这是员工职业生涯中时间跨度最长、最为重要的一时期。在这一时期，组织（高校图书馆）对他们的职业设计的重点就是要通过多种方式，帮助馆员解决职业生命周期变化中的诸多问题，激励他们继续奋进，可针对不同馆员的实际情况，开通各种职业生涯发展通路。

④职业生涯后期阶段（后期职业阶段）

这一阶段组织（高校图书馆）的职业生涯的设计与管理，主要是帮助馆员继续发挥自己的技能和智慧，帮助他们成为其他馆员的良师益友，传授自己的宝贵经验，以发挥余热，并创造条件让他们发挥多种兴趣和爱好，引导他们更多地参与社会公益活动，并做好退休之前的工作衔接。

三、高校图书馆人才的培训

由于人力资源特别是人才的素质对高校图书馆事业有着非常重要的意义，这就要求特别注重对人力资源特别是人才的培养，加大人力资本投资的力度，促进馆员的知识更新和技能提高，鼓励馆员积极参与学习。通过建立人力资源的教育培训体系并使之制度化，将使高校图书馆的人力资源开发工作走上科学化的轨道，在执行过程中将主要按制度来进行，从而避免因为领导的变动和主要领导的个人偏好不同导致在人力资源教育培训计划上出现大的反复。

（一）图书馆馆员培训的主要内容

1. 职业道德教育

图书馆职业道德教育在图书馆馆员的素质教育中居首位。在对图书馆馆员进行教育培训的过程中，其次首先要使他们树立正确的职业意识，深刻认识图书馆的性质、地位和作用，从而增强责任感。要培养馆员的职业情感和兴趣，养成良好的职业行为，树立敬业、爱业的思想，树立尽职尽责的奉献精神，从而提高为读者服务的水平和质量。

2. 图情知识

图书情报专业知识是高校图书馆本身业务所要求具备的相关专业知识，图书馆馆员要高质量地完成本职工作，就必须系统地掌握图书馆学、情报学、文献学、信息管理等基础理论和专业技能，从而提高服务质量。尤其是文献信息的采集、分类、编目、典藏等相关知识是图书馆工作人员首先需要进行培训的。

3. 语言知识

在知识经济环境下，随着高校图书馆的数字化、网络化，文献资源共享成为现实，知识的交流与传播已跨越了国界。因此，要求图书馆馆员在牢固地掌握汉语知识的同时，还必须掌握至少一门外语。

4. 信息技术知识

馆员应该学习现代化技术在高校图书馆各工作环节的运用，尤其是网络信息资源的开发、管理、服务等技能，以适应图书馆数字化的发展要求。图书馆馆员首先必须掌握信息技术，包括信息获取与信息传递技术、信息存储技术、信息处理分析技术。其次，必须熟练地掌握计算机操作、多媒体技术、网络技术，进行信息的采集、存储、组织和提供利用，开展网络服务。

5. 学科专业知识

针对学科馆员还必须鼓励相关学科专业知识的学习，只有掌握了比较丰厚的学科专业知识才能为用户提供更加有针对性、时效性、全面性和权威性的有价值的信息资源服务。

（二）图书馆馆员培训的主要方法

1. 在职进修

鼓励员工利用工余时间参加各种学历或者学位进修。只要对其所从事的工作或者对高校图书馆的某一方面工作有帮助，图书馆都大力支持。例如，笔者所在院校图书馆在近几年分别有六人参加了计算机技术硕士的学习，有四人参加了管理学硕士的学习，有两人参加了语言学硕士的学习。参加这些学习有助于提高员工的综合素质，增强员工的学习能力和创新能力，对他们所从事的工作有很好的促进作用。

2. 轮岗制度

将馆员交叉派往图书馆内部各个部门或岗位进行学习和工作，不仅可以让馆员全面直观地了解图书馆的各项业务，训练和提高馆员多功能作业、解决实际问题的能力，也有利于培养复合型人才，并提高整体的工作效率。现在笔者所在院校图书馆已经建立制度，新职工要在每个部门工作 1~2 个月，然后按照个人能力和工作需要再安排定岗。这样使新职工系统直观地了解了图书馆的业务流程，也使管理者考察到新职工的业务特长等情况，有助于员工职业生涯设计。

3. 馆内培训

馆内培训指图书馆通过聘请专家、专业能手等形式组织各种形式的职工培训，一般采取专题讲座或者短期培训班的形式，主要内容可以是工作技能、英语、小语种、计算机等。

4. 外出学习

外出学习一般指派人参加专门学会或专业单位举办的专题培训，或者派人到一些先进高校图书馆进行短期考察学习等，还可以采取岗位学习的办法，即到其他学校图书馆部分岗位工作一段时间。

（三）建立学习型图书馆

1. 学习型组织的概念

真正能在未来脱颖而出的组织，是那些能使组织各阶层成员全身心投入，并有能力不断学习的组织，即"学习型组织"。只有当组织及其成员通过系统思考、自我超越、改善心智模式、建立共同愿景和团体学习这五项修炼，才能真正构建起学习型组织。这五项修炼是一个不可分割的有机整体，其中"系统思考"是核心，要求把问题放到系统中去整体思考，它强化其他每一项修炼，并不断地提醒人们：融合整体能力得到大于各部分加总的效率。

2. 将学习型组织理论引入高校图书馆的意义

人力资源是知识经济时代组织发展最为重要的资源，而组织成员的学习能力和学习水平将在很大程度上代表组织的适应力和竞争力，所以把学习型组织理论引入高校图书馆建设具有重要的意义：第一，有助于图书馆馆员适应学习型社会发展的需要。21世纪是学习型社会。终身学习、终身教育已构成学习型社会的基础。建立学习型图书馆即是要适应学习型社会发展的需要，它是实现图书馆馆员终身教育的最佳组织保障。第二，有利于高校图书馆人力资源的开发与管理。高校图书馆人力资源管理的对象是馆员。馆员的成长进步需要学习型高校图书馆培养。高校图书馆有责任给员工提供一个高效的不断学习的环境，使图书馆馆员能随时利用各种机会学习、进修专业知识以达到不断地进步和发展。这样不仅使馆员的个体素质提升，还能使高校图书馆的整体人力资源水平有大幅度的上升。这是一条用最少的成本实现整体提升图书馆人力资源水准的好途径。第三，通过建立学习型高校图书馆有利于图书馆的长远发展。随着知识经济时代的到来，高校图书馆必须思考其组织是否经得起时代的考验，是否能跟上科技进步的脚步，以维持竞争优势。而有效而持续的组织学习是组织成功的前提，唯有积极地培养组织的学习能力，建立一个强而有力的学习型图书馆，才能使高校图书馆更具竞争力，以应对社会环境的变迁与科技进步的考验来求得图书馆的长远发展。让馆员组织成为学习型组织，营造学习共识，激发馆员的学习动机及潜能，使他们为共同的理想而奋斗，可以使图书馆的整体战斗力有所提升。建立学习型高校图书馆有利于图书馆加大馆员学习和培训教育的力度，因此将极大地提高高校图书馆的竞争力和应变力，对高校图书馆的长远发展有着不可估量的作用。

3. 学习型高校图书馆的建立

（1）确立组织与个体的共同目标

一个组织的存在和发展离不开员工的努力工作，相应地，一个员工的发展也离不开合适的组织、集体的存在和发展。所以，组织与员工是相互依存的，它们二者都是为了求得更好的发展，因此二者在共同目标上具有一致性。学习型高校图书馆要在馆员对组织的心理期望与组织对馆员的心理期望之间达成一种"默契"，在组织和馆员之间建立信任与承诺关系，通过深入的交流等方式，鼓励馆员不断地理顺自己的个人目标及对组织的要求，彻底了解所有馆员的个人发展目标及组织目标间的异同处，并参考学校师生对高校图书馆的期望及依据大环境的现实状况，从而共同协调出一个务实且为大家所接受的组织发展目标。

（2）高校图书馆要为馆员营造终身学习的环境氛围

学习是每个人的责任。但是，图书馆在提供一个支持和鼓励学习的环境方面起着关键的作用。学习型组织认为：①学习渗透到人们所做的每一件事情；②学习是一个持续不断的过程；③合作是所有关系的基础；④每个人是成长的、进步的，在这个过程中改变着组织；⑤学习型组织是有创造力的，人们共同创造了这个组织；⑥组织向其自身学习，员工自己教会自己提升效率、提高质量和创新。高校图书馆应该鼓励馆员虚心学习，了解那些抑制馆员学习的因素并想办法消除，有效激励馆员学习，使每个馆员都成为终身学习者。高校图书馆还需要营造宽松、团结协作的有利于实现馆员终身学习的工作氛围，工作环境应尽量整洁、宽敞，消除众人之间的职位差别，以营造和谐的气氛。在现代社会，图书馆的工作属于高智力型，图书馆应该使馆员在人生价值观上达成共识，引导馆员不断进步、成才，把个人的追求结合到图书馆事业发展的长远目标上来，以图书馆为核心，增强每个馆员的责任感，使高校图书馆从原来的重视文物转变为注重人的图书馆，将图书馆精神赋予与高校图书馆生存和发展息息相关的丰富内涵，从而具有强大的凝聚力和感召力，这是高校图书馆界在信息社会、知识经济时代必须完成的使命。

（3）使馆员间建立合作互动的学习共同体

现代组织强调团队的合作精神。组织中个人能力的渐趋渺小和弱化，必将追求团队合作，组织决策的诞生将有赖于"集体英雄主义"的形成。组织核心竞争能力的形成固然有赖于员工个体的创新能力，但组织真正的"比较竞争优势"却来自员工团队的"集体创新"和"集体责任感"。现代高校图书馆中，馆员的工作模式发生了改变，在解决各位技术问题以及提供各种高层次服务的同时出现了团队以及虚拟工作团队。在这个团队中重视的是集体力量的有机组合，不再是个人的能力。所以高校图书馆管理者应当在建设学习型组织时有意识的使各个松散的馆员间建立起基于某种关系的合作互动的学习共同体，在有意识的这样的共同体之间，使馆员互相学习、共同提高、有机结合，为凝练出一支有战斗力、有创新性的团队打好基础。

总之，学习型图书馆的建立可以创建一个以创新、共享和协同发展为共同理念的文化氛围和环境。在这个环境中，知识可以在内部市场和组织共同体中高效率地流动，并实现其最大效用，学习型图书馆将发展成为一种高效率的社会协同系统。在建立学习型图书馆的过程中，馆员的系统思考、超越自我和团队学习等能力将得到培养。在不断学习的组织文化氛围中，馆员通过内在的知识积累为自身潜力的外化——创新奠定了基础，同时也能够发展多方面的能力，进而为馆员的自我更新和自我实现创造了条件。

四、高校图书馆的绩效考评机制

（一）高校图书馆的绩效考评

所谓高校图书馆人员绩效考评是指运用各种方法对图书馆中的各类工作人员进行定性与定量的测量与评价，是高校图书馆人力资源管理的一项基础性措施。其具体内容包括对图书馆工作人员素质和工作绩效测量标准的制定和测评方法的设计与实施。考评包括测量与评定两方面内容，并具有定量和定性双重性。在测量与评定的实际操作中，量化的测量和质量的评定总是联系在一起的。对馆员工作的定量描述，是测量的结果，也成为评定馆员工作情况的基础。在对馆员的工作评定中，首先应有量化的测评基础，没有一个基本的量化考核的基础，定性的考察便无所依据。但要切忌就数论数的取向。

应该对馆员的工作数量有一个质的解释。只有在定量描述基础上并高于定量的分析评定，才真正具有价值，才可能为测评后的人事决策提供客观准确的信息。

要搞好高校图书馆的绩效测评工作，要注意遵循以下几个原则。

1. 客观性与公正性原则

在测评工作中，无论是对馆员工作数量的测量，还是对馆员工作质量的评定，都要建立在馆员实际工作情况的基础之上。遵循客观性原则是测量与评定工作的基础，也是使考绩工作真正收到实效的保证。

2. 定性与定量测评互补与结合的原则

对馆员工作情况的测量与评定二者间不仅具有统一性，还具有互补性。测评过程中馆员工作的数据虽然能够说明一定的问题，但是仍具有局限性。评定可以对这些数量的结构和价值加以解释，从而赋予这些数据以重要的意义；反之，评价也需从数据入手，没有相应的数据资料，分析评价便无从入手。一般情况下，简单的工作较易于进行定量的测量，而层次较高的，尤其是一些具有较高创造性的工作，比如高层次咨询服务、数据库建设、应用平台开发等工作应该更多地给予定性的质量评定，而不是简单地以量说明一切。

3. 注重实绩的原则

在对馆员进行测评的过程中，要注重实绩，即注重考察馆员的工作实际成果。工作实绩是工作人员付出的劳动并为社会所承认的部分，是工作人员工作能力、工作态度以及实际工作的质量和数量的综合体现，因此也是测评中最为重要的内容。遵循注重实绩的原则，可以避免考核测评中虚假的、不真实的现象出现，鼓励和培养馆员务实的工作作风。

4.民主公开的原则

所谓民主公开，是指图书馆管理部门通过有效的方式或程序使馆员参与考核测评的过程，包括征求馆员意见、民主评议、民意测验以及馆员参与考评机构等。要增加考评工作的透明度，做到考评过程和考评结果的公开。

（二）高校图书馆绩效考评要素设计

要使考核真正收到实效，绩效测评要素的设计是一个重要环节。进行测评考核要素的设计应符合以下几个要求。第一要有针对性，在对考核测评要素进行设计时，应该针对图书馆各部门的实际情况，结合各部门的工作职责，以及工作职责对馆员素质所提出的要求进行考核，以使考核结果符合本部门的情况，有利于推动本部门工作的开展。第二要素的设计要内涵明确、表达清晰。所谓内涵明确是指每个要素都应有明确的含义，表达清晰是指考核测评要素的文字表述应具有直观性，使人一目了然，应避免由于表述过于概括、含混而使测评者不知所云。只有做到内涵明确，才能保证外延合理，使图书馆管理者对考核测评的要素有较为统一的认识，使不同人员的评估结果具有可比性。第三要素设计要遵循少而精的原则。所谓少而精是指测评要素的设计应尽量简单，以能够获取测评中必要的信息为目的，选取最有代表性和最有特征的要素，切忌烦琐。第四要素设计要遵循逻辑合理的原则。在设计测评要素时要将某一类测评指标归纳在一起，这样有利于管理者在测评中对不同测评指标的比较。

测评要素在我国公共部门人员考评中主要包括德、能、勤、绩四个方面。我们也可以把这种方式应用到高校图书馆的馆员考评当中。所谓德是指政治思想与道德品质。首先应该做到遵纪守法；其次，要具有良好的道德修养，做到爱岗敬业、甘心奉献。所谓能是指胜任现职的水平与实际能力。能力考核的内容要根据馆员所承担工作的实际情况确定。能力一般包括图书情报专业知识、英语水平、计算机水平、学科背景水平、语言表达能力、文字写作能力、革新创造能力以及身体素质状况等。所谓勤是指工作中的勤奋与敬业精神，主要考察馆员的工作态度、责任心和服务精神。所谓绩是指工作的实际绩效，包括馆员完成工作的数量、质量和效率，以及工作成果的经济价值和社会效益。馆员的工作绩效是个人工作能力、工作态度的综合反映，因此应该成为考评中最重要的内容。

五、高校图书馆的竞争机制和激励机制

（一）竞争机制和激励机制建立的必要性

建立竞争机制是市场经济环境下聘用人员最基本的要求，也是开发人才资源的最佳途径，竞争是人力资源优化的动力。长期以来，高校图书馆的许多工作人员认为自己端的是"铁饭碗"，抱着不求有功但求无过的态度去工作，所以就缺乏创新精神和竞争意识。建立公开竞争、优胜劣汰竞争机制，一方面可以使有真才实学的人才脱颖而出，受到重用；另一方面也使一些能力平庸、不思进取的人员受到鞭策，增强他们的危机感和紧迫感。这样就会对馆员形成一种不进则退的压力，从而促使馆员产生努力工作、奋发学习进取、积极创新的动力，从而极大地提高服务工作的效率。

建立激励机制，可以有效地调动馆员的积极性和创造性。根据组织行为学和管理心理学的有关原理我们知道，激励是引起需要、激发动机、指导行为、实现目标的心理过程。而要建立科学的激励机制首先就要制定科学合理的绩效评估体系。评估体系是激励的基础，具有标准的评估才能进行有针对性的激励，也才会达到激励的效果。传统的评估体系多以资历为标准，严重压抑了员工进行创新的积极性，所以科学合理的评估体系应该是重绩效、轻资历，促使员工将自己所掌握的知识和潜能运用到为组织增效的实际活动中。在建立考核指标体系的过程中要把考核的内容逐项量化，并根据每个要素的得分情况进行汇总评分，把它作为衡量工作人员能力和绩效的重要依据。另外，还应采用团队绩效评估的方法，将个人的绩效纳入所属团队的整体绩效之中，使个人和团队形成利益共同体，从而提高高校图书馆的整体绩效。

（二）激励机制建立的具体方式

图书馆馆员激励机制的实行方法主要有物质利益激励方法、个体精神激励方法、外部因素激励方法。

1.物质利益激励方法

物质需求是人的基本生活需求。物质激励的内容包括工资、奖金和各种公共福利。物质利益激励是一种最基本的激励手段，因为获得更多的物质利益是普通馆员的共同愿望，它决定着馆员基本需要的满足程度。物质利益激励是个体精神激励和外部因素激励的基础。高校图书馆在实施激励机制的过程当中，要恰当地进行物质利益激励。因为这是改善图书馆馆员生活环境和生活质量的基础，也是馆员学习和工作的基础。

2.个体精神激励方法

个体精神激励包括榜样激励、荣誉激励、绩效激励、目标激励和理想激励。

（1）榜样激励

高校图书馆管理者要树立本部门、本单位的榜样和楷模，并对榜样和楷模进行必要的奖励（可以是物质、精神、晋升、培训等方面）。这样可以为馆员增添克服困难、学习新知识、掌握新技能的目标和决心。

（2）荣誉激励

获得荣誉是一种较高层次的需求。这种需求对人的进一步发展具有很强的推动作用。荣誉激励的充分运用，可以满足馆员的自尊需要，可以极大地激发馆员的学习和工作热情。高校图书馆通过这种激励方式，让馆员知道自己是出类拔萃的，同时也能更好地激发其他馆员的学习和工作热情。

（3）绩效激励

高校图书馆应通过科学、合理、公正、公开的绩效考评，让馆员知道自己的绩效考评结果，对绩效好的人员是一种鼓励，对绩效一般或相对较差的人员也是一种鞭策。高校图书馆通过这种绩效的评估，可以对所有馆员产生激励作用，激发馆员学习的动力。但这种激励的前提是绩效考评的公正、公平、公开。

（4）目标激励

恰当的目标对人的行为具有一定导向、调控和激励功能。人的思维和行动都具有一定的目的性，设立一个适当又具体的目标，就可以有效地激发人们的动机，鼓舞和激励人们为之积极地努力奋斗。高校图书馆要根据形势和任务确定一个时期内切实可行的组织目标，并使馆员自觉地为实现这个目标而努力奋斗，使馆员将压力变为动力，最大限度地挖掘其内在潜力。这种做法可以激发馆员的斗志，激励他们更出色地完成学习和工作的任务。

（5）理想激励

如何将馆员自身的追求和理想与图书馆工作联系起来，即馆员自我价值的实现与图书馆的发展和谐统一，是一门科学，也是一门艺术。管理者应该了解馆员的追求与理想，运用各种手段，通过各种途径，有针对性地、逐步地调整馆员的个人目标，并努力将馆员的理想与高校图书馆的目标结合起来，实现高校图书馆和馆员的共同发展。

3. 外部因素激励方法

外部因素激励包括组织激励、制度激励和环境激励。

（1）组织激励

组织激励就是运用图书馆的责任及权利对馆员进行激励，让馆员可以共同参与高校图书馆管理与决策。高校图书馆在组织激励方面，要让馆员参与图书馆管理，这样更容易激励馆员提高学习和工作的积极性和主观能动性，促使馆员更好地实现决策时的工作目标，达到激励的目的。

（2）制度激励

高校图书馆的各项规章制度都为馆员提供了行为规范，提供了社会评价标准。馆员遵守规章制度的情况，与自我肯定、社会舆论等精神需要相联系，因此其激励作用是综合的。例如建立岗位聘任制，就是把竞争机制运用到人力资源的管理中，对人力资源进行合理配置，把恰当的人安排到恰当的岗位上，使其才能得到最大限度的发挥。并且通过绩效考核和岗位责任考核，不断调整聘任岗位人员，使岗位聘任真正落到实处。

（3）环境激励

创造一个公平合理、关系和谐的学习、和工作环境，可以对馆员产生激励作用。这些宏观环境可以保证图书馆馆员之间的公平性，提高图书馆馆员之间的亲和力。另外，良好的环境还可以形成一定的压力和规范，影响馆员的学习和工作情绪，形成一种自发的内在动力，从而达到环境激励的目的。

六、高校图书馆文化对人力资源管理的重要性及建立

（一）企业文化的含义、功能及对人力资源管理的作用

企业文化是由企业领导层提倡、上下共同遵守的文化传统和不断革新的一套行为方式。它体现为企业的价值观、经营理念和行为规范，渗透于企业的各个领域和整个时空。

企业文化的功能主要有以下几点。

1. 企业文化具有导向功能

这是指企业以自己的价值观和崇高目标指引职工向企业生产和经营的既定目标努力奋进，它体现了企业生产经营活动的规律和经验。

2. 企业文化的凝聚功能

企业里的每个群体组织和每个员工都有自己的价值判断标准和行为准则，都有自己物质和精神方面的需求，表现出不同的个性特征，这些个性特征要想凝聚为一个整体，就必须依靠企业文化。

3. 企业文化的激励作用

现代企业文化管理模式把以人为本视为企业的主要价值理念，把人力资源作为企业中最宝贵的资源，非常重视激励问题。企业文化管理模式一方面采用个人激励的手段和方法；另一方面采取群体激励的方法。

4.企业文化的规范协调功能

企业价值观是企业制定各种行为规范和职业道德规范的依据，也是贯彻执行这些规范的精神武器。企业价值观引导和约束人们的行为，使之符合企业整体的价值标准。

企业文化对人力资源管理有着非常重要的作用。建立企业文化是完善人力资源管理的方式，可以帮助企业实现人力资源管理的目标。企业对职工的培养有两方面的内容：一是基本技能技术的训练，即科学技术的灌输；二是对职工进行价值观念和崇高目标的灌输，也就是企业文化的灌输。也就是说，人才的培养内容不仅包括科学技术知识，而且包括企业文化精神的思想内容。企业文化管理模式更加重视思想内容方面的教育和培训，认为企业文化所宣传的、以企业价值观和崇高目标为主要内容的企业精神，对职工起着人格培养的作用。通过这种企业精神的培训，企业精神在职工心中形成共识，引导职工齐心协力，为实现企业的大目标做出贡献。这正是企业的人力资源管理要完成的任务，所以说，建立企业文化可以帮助人力资源管理实现任务和目标。另外，如果没有企业文化营造的文化氛围，没有企业文化统一的企业价值观，人力资源管理就无法满足组织对人力资源的要求，也无法告诉职工什么是企业提倡的、什么是企业反对的，不能提供企业的行为规范和准则，所以进行人力资源管理离不开企业文化的指导和企业文化营造的企业文化氛围。

（二）图书馆文化的内涵

正是因为企业文化和企业人力资源管理这种相互依赖、相互促进的关系，所以要有效进行图书馆的人力资源管理，就必须建立图书馆文化。

图书馆文化虽然本质上是企业文化的一种，但图书馆文化作为特定的管理概念还是有其特殊性的。图书馆文化应该是专指图书馆的精神文化，即以价值观念为核心的图书馆价值体系及由此决定的行为方式。因此，我们把图书馆文化定义为：在一定的社会大环境影响下，经过图书馆领导者的长期倡导和全体员工的积极参与，在实践中逐步形成和培育起来的、日趋稳定的、独特的图书馆整体价值观念、信仰追求、道德规范、行为准则、传统和习惯，以及在此基础上生成的图书馆管理意识、管理指导思想等。图书馆文化既作为一种隐形文化，以无形的力量蕴藏于员工的思想和行动之中，又作为一种氛围笼罩着图书馆，渗透并体现在图书馆的一切管理实践中，图书馆无时无刻不感受到它的存在。

图书馆文化作为一个完整的体系，其内容包括图书馆整体价值观念、图书馆精神、图书馆伦理道德、图书馆风貌与图书馆整体形象。其中，图书馆整体价值观念、图书馆精神是图书馆文化的核心，它引导着图书馆馆员的观念和行为，为图书馆的发展提供强大的凝聚力、创造力和生命力。图书馆伦理道德直接把图书馆价值观念和图书馆精神转化为成文或不成文的规则，以规章制度或者公众舆论表现出来，对图书馆馆员的行为起制约和引导作用。

图书馆风貌和图书馆整体形象，以一种独特的氛围对图书馆馆员起着影响、感染与教化作用。图书馆文化的内容来源于实践，它是在图书馆工作实践中形成的理念、传统、风格与习俗的积淀，但又可以在实践的基础上经过主观培养，得到升华和提高。建设良好的有一定主导意识的图书馆文化，对快速提高图书馆馆员个人综合素质，实现"以人为本"的柔性管理，塑造图书馆良好的信息研究、信息服务形象，提升图书馆的核心竞争力具有非常重要的意义。

（三）图书馆文化建设的重要意义

1.图书馆文化建设能够提升图书馆人力资源水平

首先，创建图书馆文化，进行适当授权，让员工参与部门管理、决策，为员工创造一个比较自由、宽松的工作环境，使他们认识到自己在工作中的地位和作用。通过图书馆文化的建设，关心员工的个人成长和发展，给员工创造学习和发展的环境和机会，使员工认识到图书馆不仅是工作的地方，而且是充分挖掘自己潜能、实现个人价值、培养人才的地方，这样，就能充分激发员工的积极性和创造力，对图书馆整体人力资源水平的提升有很大帮助。其次，通过图书馆文化建设，塑造员工共同的价值观，确立共同遵守的行为规范与准则，将员工个人目标纳入图书馆发展目标之中，使员工能够感觉到图书馆目标的实现意味着个人价值的实现，这样就能最大限度地激励员工为实现图书馆的工作目标而勤奋工作、积极进取，从而也增强图书馆的凝聚力、感召力和向心力。

2.图书馆文化建设能够提高图书馆的服务质量

知识经济时代，图书馆的文献信息资源从单一化、实体化转向多元化、虚拟化，这也对图书馆的服务提出了新的要求。现代读者利用图书馆，除了要求提供准确、快捷、方便的信息服务之外，还要求提供个性化、人性化、深层次的信息服务。他们去图书馆不仅需要获取知识信息，而且需要得到尊重和关爱，他们需要优质、满意的信息服务。图书馆要提供优质、满意的信息服务，除了需要履行服务制度、进行直接的外部监督等硬管理之外，还需要建设图书馆文化，培养共同的价值观和良好的图书馆精神，加强软件管理。

建设图书馆文化，确立共同的理想信念和共同遵循的行为规范。员工只有认同图书馆的服务目标和服务理念，爱岗敬业、乐于奉献、积极进取，才能把提供优质、满意的信息服务变成自觉的行为。建设图书馆文化，塑造员工与时俱进的世界观、人生观和价值观，能不断赋予图书馆馆员工作的动力，有助于提高图书馆服务的质量。

3. 图书馆文化建设可以提升图书馆的核心竞争力

核心竞争力是指企业中积累的知识，特别是关于如何协调不同的生产技能和整合多种技术的知识，并据此获得超越其他竞争对手的独特能力。图书馆的核心竞争力即图书馆准确预测、分析和把握读者需求，并通过对智力、知识、技术、信息产品、管理、文化以及人员进行整合，创造出具有本馆特色服务和增强图书馆在信息市场中竞争实力的能力。建设图书馆文化能够提升和改变图书馆核心竞争力诸要素的素质与功能，并使之形成优势组合。它将科学技术知识、人文社会知识凝结为员工自身的综合素质，又以员工为载体，发挥出信息、知识、科技和智能服务的功能，为图书馆的发展注入启动力和开发力，从而最大限度地发挥图书馆的竞争优势。

4. 图书馆文化建设能为图书馆提供形象力

图书馆在读者及公众中的形象，不仅取决于自身的宣传，更取决于自身的行动。图书馆文化是一种无形的"软文化"，它通过引导、沟通、交流等方式，将图书馆的整体价值观、图书馆精神、图书馆理念、图书馆行为规范逐步渗透到员工的心中，使员工的个人目标与图书馆的整体目标相结合，对图书馆形成一种向心力，从而维护图书馆的形象。图书馆文化不仅对本馆发生作用，而且通过员工不断向社会发散和辐射各种信息，使读者对图书馆的服务、信息、环境、设备、人员等有一个较为完整的认识，有助于在读者中树立良好的图书馆形象，提高读者对图书馆的美誉度和信誉度。实际上，图书馆文化建设的过程，就是图书馆不断塑造自身形象的过程，也是不断为图书馆提供形象力的过程。

（四）高校图书馆文化的建设

1. 图书馆价值观和图书馆精神的确立

图书馆价值观和图书馆精神是高校图书馆文化的核心内容，是图书馆文化中的深层次文化观念，是图书馆和员工追求的最大目标，也是员工形成向心力、凝聚力、战斗力的集中体现。图书馆价值观和图书馆精神为图书馆文化的建设设定基本框架和目标。

价值观是图书馆及全体员工所共同拥有的指导图书馆工作的群体意识，在图书馆文化体系中处于核心地位，对增强图书馆的凝聚力和竞争力至关重要，是图书馆活动的行动准则和指导思想。在塑造科学的价值观的问题上要首先对原有的价值观进行分析，将其合理的、积极的部分加以继承，并结合时代精神赋予新的特点。也就是说图书馆要根据它的性质、类型、社会职能、服务宗旨、奋斗目标等确立科学、正确、与时俱进的价值观。图书馆价值观的确定既要考虑其存在基础和客观依据，还要考虑员工的心理承受能力，又要保持适度的超前性。一个合适的图书馆的价值观应该凝聚全体员工的理想和信念，体现图书馆发展的方向和目标，便于多数人理解和执行，成为鼓励员工努力工作的精神力量。同时，图书馆的价值观中应包含强烈的社会责任感，使社会公众对图书馆产生良好的印象。不同图书馆的价值观可能不尽相同，但一切为了读者、服务奉献、资源共享、以人为本等理念应成为现代图书馆基本价值观的内容。

图书馆精神是图书馆文化的灵魂和支柱，图书馆精神能将图书馆各方面的力量集中到图书馆的发展目标上来，有利于增强图书馆馆员的凝聚力和向心力。图书馆精神确认阶段的任务是明确它的名称、内涵及其外延。对图书馆精神的确认，应在馆领导倡导下，一般采用上下结合、反复筛选概括的办法，经过反复征求意见，用简洁、感染力强、催人奋进的文字把图书馆精神表达出来。敬业、奉献、参与、协作、竞争、创新，已成为网络环境下现代图书馆的主导意志和精神追求，值得图书馆在确立自身图书馆精神时作为参考。

2. 图书馆文化的贯彻

在全体员工中培育图书馆文化核心观念是图书馆文化建设的重要步骤。要想使已经确立的图书馆文化核心内容体现在图书馆的一切管理活动中，贯彻并渗透到员工中并转化为员工的行为，领导者要做艰苦细致的工作。

一般来讲，包括以下几个方面的内容：

（1）领导者要积极倡导、率先垂范

要使员工明白图书馆提倡什么、反对什么，以及以什么样的准则规范员工言行。员工的图书馆价值观和图书馆精神并非与生俱来的，要让员工接受、认同并内化为自己的信念、追求，还需要领导层不断地灌输、宣传和提供，其中有一个潜移默化的过程，在这个过程中，领导者担当的是"布道者""传教士"和忠实执行者的角色，他们要充分发挥示范、表率作用。

（2）创造适应图书馆文化运行机制的条件

要不断深化改革，加强科学管理，加强员工的政治业务培训，造就一支高素质的员工队伍。开展民主管理活动，创造民主和谐的环境。建立合理、有效的激励机制，通过对员工的晋升和奖励使图书馆的价值观得以明示，促使图书馆价值观不断得到强化和巩固。

（3）加强精神灌输及舆论宣传

通过对员工进行灌输教育，办好图书馆宣传刊物，开展图书馆文化理论学习研究，建立学习型图书馆，使图书馆形成浓厚的舆论氛围，使员工在潜移默化中接受图书馆的价值观，并内化为自己的行为。将图书馆精神人格化、具体化，并转化为员工的个体意识。

使弘扬、实践图书馆精神不再是员工的被动、应付行为，而是员工的主动、自觉行为。

（4）发挥先进人物的示范作用

先进人物是图书馆价值观的人格化体现。他们是振奋人心、鼓舞士气的因素，他们的一言一行、一举一动都体现了图书馆的价值观。图书馆可以通过树立先进人物，在员工中宣扬他们的价值观，要求员工向他们学习，以取得建设和强化图书馆文化的效果。

（5）要做好礼节和仪式的安排与设计

图书馆的价值观是无形的和抽象的，往往要通过具体的礼仪才能变为有影响的、可见的、可遵循的东西。因此，要建立并强化图书馆文化，管理者就要对图书馆的各种礼仪进行和谐的安排与设计，让员工从具体的事情和行为方式中对图书馆文化有更深层次的理解。图书馆文化礼仪是指图书馆在长期活动中所形成的交往行为模式、交往规范性礼节和固定的仪式，它规定了在特定文化场合中员工必须遵守的行为规范、语言规范、着装规范。礼仪包括工作惯例礼仪、服务性礼仪和生活惯例礼仪。

（6）树立良好的形象

图书馆形象是指一个图书馆在读者以及社会公众心目中的总体印象，或者说是读者和社会公众对图书馆的整体认识与综合评价。图书馆形象是图书馆文化的外显，是图书馆文化的重要组成部分。首先，以图书馆价值观、职业道德、精神为指导。图书馆形象是图书馆价值观、职业道德、精神的外在表现，而图书馆价值观、职业道德、精神是图书馆形象的精髓和灵魂，对图书馆形象起着决定性作用，良好的图书馆形象既要充分传达图书馆的价值观等内容，又要充分体现图书馆的人文特色和服务宗旨。其次，做好服务。做好服务是树立良好的图书馆形象的基础和关键。

第四章 以人为本理念下高校图书馆的管理创新

第一节 高校图书馆人本管理理念

一、高校图书馆人本管理的理论基础与概念

（一）马克思主义经典作家关于以人为本的思想

"以人为本"这个概念虽然在马克思主义经典著作中从没有直接使用过。但马克思和恩格斯根据人类社会发展的客观规律，提出人民群众是历史的创造者，是推动社会发展的决定性力量。马克思主义的以人为本思想的内容丰富，贯穿于马克思主义的整个辩证唯物观和历史唯物观中。在马克思主义经典原著中，可以发现马克思主义主要是从人自身的全面发展、人作为社会和历史中的因素详细阐述了以人为本思想。

马克思主义人本思想的核心价值追求是人的解放、人的自由而全面发展，这是无产阶级人本价值观，是人类社会进步的终极目标。

历史是人创造的，人是历史的主体。人是群体中的个体，是一定社会形式或交往关系中的个体。所有从事实践活动，处于一定社会关系中的人，都不能脱离一定的群体而存在，人的本质不是单个人所固有的抽象物，在其现实性上，它是一切社会关系的总和。马克思主义人本思想强调尊重人的独立人格、能力差异，尊重人的创造性和个性发展的要求，尊重人的自身价值、社会价值；不断冲破各种束缚人的体制、机制，把人从各种条条框框中解放出来，使人的潜能和能力得到充分发挥，从而实现人的全面自由发展；人是享有权利的主体，又是承担责任的主体，是权利和责任的统一体。

人本观念本质上是一种思维方式。马克思主义者在分析、思考和解决一切实践问题时，既关注人的共性，又重视个性，把人的生存发展寄予终极关怀，关注人的俗世生活世界，并树立起人的自我意识的思维模式。

首先，"人的本质是社会关系的总和"。马克思"人本"思想中的"人"是"现实的人""真正的人"。旧唯物主义把人看作具备自然属性的"自然人"，唯心主义把人理解

为"实体""自我意识"或"唯一者"等，不能真正认识人的本质。

因此，旧唯物主义和唯心主义脱离了人的现实存在和社会发展去把握人，根源是基于抽象的人、思辨的人、不现实的人，背离了人的实践及其形成的社会关系。马克思对人进行重新阐释和研究，从"现实的人"出发去理解人的本质和社会发展，冲破了前人的思维束缚。"我们开始要谈的前提不是任意提出的，不是教条，而是一些只有在臆想中才能撇开的现实前提。这是一些现实的个人，是他们的活动和他们的物质生活条件。"

在实践中的人才被理解为现实的人。"现实的人"是有生命的个人的存在、物质生产实践及特定历史时期的物质生活条件。"现实的人"的提出真正确立了实践的重要地位。因此，只有理解了马克思"人本"思想中"人"的本质，立足于"现实的人"提出，立足于"人民群众"的实践及社会关系，才能确切理解人的本质特性和需求，使人获得更好的生活和发展。

其次，人生存立足于物质文化需求。因视角不同，对人的理解也不同。旧唯物主义和唯心主义不能从实践的视角去理解人，分别把人理解为自然的人和理性的人，不能真正把握人的需要。马克思认为，人的需要和人性是合为一体的。在人的正当需要被满足后，人的本质力量才能不断被创造和实现。

人的需要通过社会的形式表现出来。马克思人本思想认为，物质需要使外界的无机物转化成人自身的有机物，维持和支撑人的生存发展。精神文化对人发展的意义在于不断占有自身的全面本质，使人不断摆脱现实的束缚和限制，寻求自我的发展。

最后，人的解放和自由发展是人的发展内容和方向。马克思首先认为哲学是人类解放的重要工具，"人的解放"即是使人脱离限制和控制，获得合理的生存和发展。

人自我解放的方法和途径，就是使人的本质力量充分展现，实现社会形态的变更。因此，不是纯粹抽象性研究，而是从现实实践出发，才能使人脱离不同的束缚和限制。

马克思人本思想与抽象的人道主义有本质区别。它更多的是从世界观和历史观的视角进行理解的，并不是纯粹在道德范畴意义上进行把握的。事实上，马克思的历史唯物主义思想包含着对人的生存和发展的重视。关于人的理论是历史唯物主义的核心。科学认识和理解马克思人本思想，对当前建设我国以人为本的和谐社会、对践行科学发展观具有特殊意义，同样对以人为本理念下如何进行高校图书馆管理创新具有指导意义。

（二）中国化马克思主义有关以人为本的理论

马克思主义中国化与马克思主义人本思想中国化具有一致性。在准确认识新时期新特点的基础上，中国共产党人本着求真务实的科学态度，对马克思主义的人本思想进行了新的思考，在马克思主义发展史上写下了伟大华章。

科学认识和理解中国化马克思主义的人本思想，对当前建设我国以人为本的和谐社会、对践行科学发展观具有重大意义，同样对以人为本理念下如何进行高校图书馆管理创新具有直接指导意义。

（三）以人为本概念的本质及内涵

以人为本，就是以实现人的全面发展为目标，从人民群众的根本利益出发谋发展、促发展，不断满足人民群众日益增长的物质文化需要，切实保障人民群众的经济、政治和文化权益，让发展的成果惠及全体人民。

实现科学发展，必须正确回答为谁而发展、依靠谁发展、发展成果归谁的问题。为了人民，发展才有正确的目标和方向；依靠人民，发展才有不竭的动力；成果由人民共享，发展才能造福社会。

科学发展观以马克思主义唯物史观为依据，传承和发展了马克思主义人本思想，在经济、社会建设的实践中，在思想观念上、执政理念上、政策措施上体的现一切以人为中心。科学发展观的"发展成果共享"是在公有制生产关系为主体基础上，在社会主义条件下"发展成果共享"，这种共享是社会主义的本质体现。

不同的利益主体在处理利益时存在差异。在处理国家、集体和个人利益关系时，总是忽视个人利益，强调国家、集体利益。经济社会发展的目标是为了民生幸福，科学发展观强调发展成果共享，着眼于对民生的关注，让人民积极创造更多财富，能分享到更多自己的劳动成果，充分感受到社会主义制度的优越性，真正体会到自我劳动是"我的一种本质力量的确证"的愉悦。

"发展成果共享"论，是对马克思主义人本理论的又一大创新和升华，是对人民群众最直接的人本关怀，也是马克思主义中国化的进一步发展。

科学发展观是一种以促进人的全面发展为指向的社会发展观，立足以人为本，把发展内涵由经济拓展到社会各个方面。"以人为本"的发展不只是经济的片面增长，还应包括卫生、道德、环境、教育、政治文化等社会的全面发展，为促进人的全面发展提供保障。

人的发展和社会的发展对立统一。科学发展观是立足人的发展与社会发展辩证统一的发展观。马克思主义唯物史观把社会与人的关系放在历史长河中，从社会的发展与人的发展的相互关系中，揭示人的发展与社会发展辩证统一。社会的发展包含人的发展，人的发展与社会的发展相统一。人的发展是社会发展的最终目的，又是社会发展的唯一手段；人的发展是社会发展的唯一因素，又是社会发展的最终结果。社会物质文化财富创造得越丰富，人们的生活就越能得到改善，人越全面发展。人的全面发展又越能促进物质文化发展。人的全面发展程度是不断提高，并没有终点的历史过程，社会生产力和经济文化的发展水平也是不断发展的历史过程，这两个历史过程相互促进、相互结合，共同向前发展。

（四）高校图书馆管理创新的内涵界定

1.形成背景

首先，理论形成背景。改革开放后，西方各种管理思潮和理论传入中国，许多研究者把科学的管理理论和方法运用于管理高校图书馆，取得了许多理论成果。一是管理观念创新、组织机构创新和服务创新成为谈论热点。"以人为本"思想引入图书馆管理研究的各个方面。如提出"读者室上"的服务理念和"以馆员为本"的管理观念，将学习型组织理论渗入图书馆管理领域，指导图书馆改革，建立学习型图书馆；提出图书馆应推动知识流通，密切图书馆与知识管理的关系，引导读者获取信息，进而转化为个体知识与智能。还有专家把危机管理理论、全面质量管理理论、业务流程重组理论、目标管理理论、项目管理理论、集成管理理论、信息资源管理理论、人力资源管理理论等等，应用于高校图书馆管理的创新，并取得了很好的效果。

但高校图书馆管理研究缺乏系统性，难以形成有应用价值的理论，研究水平一般，过于硬套现成管理学理论和方法，对图书馆管理实践很难具有指导价值。

其次，实践发展背景。一是当前我国高等教育的发展进入新时期。高校的办学体制、办学水平、办学规模发生了深刻的变化。教育部的《普通高校图书馆规程》中规定，高等学校图书馆的水平是学校总体水平的重要指标，是学校教学和科学研究工作的重要组成要素，高等学校图书馆的建设和发展应与学校的建设和发展相统一，因此图书馆必须改革创新，适应教育教学变革要求，促进高校的快速发展。二是网络化程度日益提高的今天，图书馆的要素、社会职能等都发生了重要变化。但是长期以来，高校图书馆管理一直延续着"小而全"、分散的管理体制模式。这种模式在信息网络化条件下，滞后了高校的快速发展，高校图书馆要抛弃传统的图书管理"重藏轻用"思想，提高馆员的素质，实现信息服务资源共建共享和提高服务水平，加强信息整合，重视基础投入，转换服务理念，改革管理制度。

高校图书馆只有不断创新，实行科学管理，积极利用现代信息技术，不断提高图书馆工作质量和服务水平，最大限度地满足读者的需求，为学校的教学研究提供有效的文献服务保障，才有存在的价值，才能真正发挥其功能，才能拓展更大、更全。

2.内涵界定

图书馆是保存知识信息的重要阵地。图书馆中的各种各样的知识与信息如何转化为现实的生产力，是图书馆管理者的一个重要课题。高校图书馆作为图书管理体系中的重要组成部分，必须重视和解决这个问题。

创新本质是资源整合，包括有效整合资源、组织的过程式管理、细节管理。管理创新其实是运用相关的科学管理知识，依据外部环境变化，改进和重构组织各要素，实现在管理质量上发生新的变化的过程。图书馆管理创新包括三个方面：一是创设一种新的发展思路；二是设计一种新的管理机制；三是进行服务的创新。因此，高校图书馆的管理创新实质上是用新理念、新技术、新方法对高校图书馆管理体系进行重设、选择、实施与评价，最终实现高校图书馆管理水平的不断提升。

3. 基本特点

管理创新是一种以管理者为主体，从管理基本职能出发，适应社会发展的需要，对管理工作进行改进的行为过程的总称。高校图书馆的管理创新有如下特点：

一是管理目标要适应信息社会。旧的管理是一种被动的、低层次的、静态的管理目标。高校图书馆管理创新，由被动服务转变为主动服务，由低层次服务转为高层次服务，由静态目标转变为动态目标。

二是管理理念要以人为本。旧的管理思想是基于利益驱动与诱惑观念的见物不见人的管理模式。人本主义尊重人性，充分展现人的自主性积极性。图书馆管理者在管理中贯穿人本管理观念，发扬平等、协商、民主的工作作风，充分调动管理者的自主性和积极性，使管理者与图书馆之间形成一种奋发向上、息息相关、团结和睦的氛围。

三是管理组织要以读者为中心。组织创新为发挥出更大效益，重新配置管理资源的创新形式。传统图书馆内部组织主要是按文献资源的性质来设置划分，不能满足全校师生对多元化信息的需求，造成信息流文献流的阻滞。创新高校图书馆管理组织就是重新调配了图书馆的业务工作流程，把以文献为基础的组织机构改为以读者为中心的组织机构划分。

四是管理内容要以信息资源为核心。在信息资源的获取方式上，引进或自行开发了更方便、更快捷、更高效的信息检索系统：分析客户信息需求，实现信息资源最大限度利用，加大了对信息资源的整合力度，开发出具有特色的数据库或其他产品。

五是管理职能要突出服务功能。高校图书馆主要有两大职能：其一，教育职能。其二，信息服务职能。要突出对整个高校的服务职能，利用自己的技术优势、人才优势、资源优势为高校教学科研服务。

二、以人为本与高校图书馆管理创新的关系

（一）以人为本是高校图书馆管理创新的灵魂

人是组织管理中的核心和灵魂。在现代图书馆管理中，管理的主体是人，服务的主体也是人，图书馆工作的中心是人。高校图书馆工作"以人为本"涉及三个方面：信息、人、服务。信息是"以人为本"的物质基础，人指图书馆工作人员和读者，服务是以信息为媒介使图书馆工作人员和接受者（读者）产生联系。图书馆信息服务的创新必须立足于读者对信息需求结构的变化。同时，读者又是图书馆"人"的重要部分，对读者关心、尊重始终是图书馆工作的重心，对读者更多的人文关怀是"以人为本"表现出来的；为读者提供更多更有效的信息是服务的目的，也是"以人为本"的最终归宿点。因此，图书馆要实现三个重心转移，即从书本位向人本位转移，从第二线向第一线转移，从一般服务向参考服务转变，为人本管理提供环境条件。

以人为本体现在具体的管理服务中。在图书馆对读者的服务上，以人为本，既体现在信息资源收集和加工的过程中，又反映在信息传递和咨询的方式方法上，图书馆的整个业务环节立足于人本位的思想。一直以来，受藏书观念的影响，图书馆工作中心在"藏"上，站在书的角度来思考问题，把读者放在次要位置，甚至收藏与阅读对立起来，致使图书与读者脱离，图书馆的功能失去最初服务于读者的目的。

管理的目的是什么？从传统图书馆向现代化图书馆过渡实现"一切为了读者"这一观念的变革，是现代图书馆管理理论和工作实践的精华。读书生活变成用户的一种自由权利。目前，读者是图书馆的主人的理念已经深入人心。从机构设立、信息资源收集和加工过程、信息传递和咨询手段来看，图书馆都应紧紧围绕读者的需求展开。一是现代信息技术的广泛使用，图书馆的工作主要通过自动化系统来为人服务。图书馆内部的管理水平和工作效能提高，为读者提供更好的服务。二是图书馆工作业务由计算机实现控制，体现的是"以馆员为本"。信息产品和电子资讯体现"以读者为本"，为读者提供好的服务；图书馆工作人员操作应用现代化信息工具的能力和信息传输网络化也是"以人为本"的体现。

（二）高校图书馆管理创新是以人为本理念的现实写照

新形势下，坚持以人为本理念是高校图书馆管理发展的必然趋势和迫切要求。人本理念在高校图书馆管理中的运用是现代化图书馆事业发展的需要。

首先，贯穿以人为本理念是科学的内部管理需要。充分调动和发挥全体馆员工作积极性、能动性和主动性的前提是贯穿人本理念。因为受岗位不理想、没有评上职称、同

事关系不睦等因素的抑制，作为人的馆员具有这种能动性常常处在一种潜在的状态，他的发挥总受到限制。为了调动和发挥馆员的积极性必须贯彻人本理念。采用各种沟通的方式，创造各种积极因素，了解馆员，相信馆员，充分地去调动馆员的主观能动性，使大家能积极主动地投身高校图书馆管理工作中，把实现图书馆的目标和自身发展相结合，积极进取、努力奋斗。

其次，贯穿以人为本理念是信息社会服务的需要。在高校图书馆服务中，坚持"一切为了读者""读者第一"的人本理念，使广大馆员明白：图书馆的生存和发展在于给读者提供满意的信息资源与信息服务，把更多的读者吸引到图书馆来，才能使图书馆的地位得到提升。在图书馆信息服务中坚持以人为本管理的管理理念是信息社会服务的要求。

最后，贯穿以人为本理念是高校图书馆发展的需要。随着信息产业的发展、互联网的普及，给高校图书馆带来了各种挑战。为实现图书馆的数字化、网络化，高校图书馆在电子设备更新、新技术引进方面做了大量的工作。高校图书馆的需要创新服务与管理理念。高校图书馆坚持以人为本理念，就是坚持尊重馆员，以馆员为根本，信任馆员，实施激励策略，充分发挥图书馆馆员的主动性和创造性，应对高校图书馆在未来发展所面临的挑战。

第二节　以人为本理念下高校图书馆管理创新的基本思路

一、管理创新的核心是树立以读者为中心的理念

（一）尊重读者的主体地位

读者是图书馆工作的核心和基础。图书馆的一切活动既是对文献资源的管理，也是为读者服务的管理，因此创新读者服务的工作手段，充分利用和开发本馆的人力资源，去满足读者信息需求。

一是高校图书馆馆员必须平等地看待每一位读者，怀着一种尊重、关怀、爱护的心态去服务读者，耐心倾听读者的意见，不能依据身份地位的差别而设立不同的等级与权限，都应平等地开展服务。在服务工作中，事事处处为读者考虑，每个馆员必须做到谦虚耐心、谈吐文雅、举止得当，把自己最美好的方面表现在读者面前。二是在图书馆日常工作中展现出一种人文关怀，让用户在图书馆里体会到温馨和谐的感觉，每项服务才

能得到广大读者的信任和支持，并在这种图书馆人文气氛中，使图书馆的人文情怀得以充分展现，人本化服务得以实现，更好地服务读者。

（二）发挥读者的参与积极性

在图书馆管理实践中，基于读者的主观能动性和积极因素去解决存在的问题，要凭借读者的才智来揭露管理上的问题。一是建立规章制度的指南和检验制度合法性的良好反馈信息途径。二是要定期进行读者交流会，激发学生馆员的主人翁意识，以便学生参与图书服务咨询的形式，交流读者服务工作的优点与缺点及完善的建议。三是在馆内设置意见箱，网上建立论坛，收集读者对图书馆的建议，最后决策实施，服务读者。

（三）以满足读者的需求为导向

图书馆人本管理归宿是以人为中心的，为读者服务、满足读者的信息需要，是图书馆实现自身社会存在的前提条件。

图书馆藏书内容结构是读者需求与读者服务的基础。为体现高效管理、提高服务质量，满足读者服务需求：一是要研究用户的类型、层次、知识结构、需求心理特点与发展方向；二是要把握读者需求的综合性、有效性、多变性及读者获取图书资料的满意度；三是让读者参与进图书馆建设过程中，努力做好图书馆管理者与读者的联系和沟通。服务者要了解馆藏图书和图书馆的分布，要掌握丰富的科学文化知识和图书馆学理论知识及计算机技术操作技能，它是做好为读者服务的前提。

（四）促进读者人性完美

读者服务的关键和最高要求是使人性得到最完美发展。人性状况不仅有自由平等的民主诉求也有"官贵民贱"的等级观念，有专门利他的奉献精神也有专门利己的个人主义，纷繁复杂。本质上，任何读者服务者的行为本身既是人性的展现，又是展现图书馆职能成功的因素，同时服务者都会在管理过程中促进读者人性的发展。因此在实施每一项管理措施、制度时，分析它们是促使读者的精神文明状态是否更加健康，不仅关注实施的成效，还要使人性更加完美，而不是适得其反。

二、管理创新基础是建立健全科学合理的规章制度

（一）要在制度设计中嵌入人本理念

使人本管理观念的确立，人本管理思路的制定以及人本管理的实践可以与图书馆服务目标以及图书馆发展合为一体，从而使人本管理在图书馆管理中的运行得到制度上的保证。

图书馆人本管理并不是图书馆管理中特殊的一项内容，而是完全渗透到图书馆管理部门日常服务中，让人本管理的观念和思维方式融入图书馆工作的每个部门和各个层次中，让人本管理观念成为图书馆所有管理工作的指导思想。图书馆人本管理的实践需要在图书馆管理体制的设计时就将人本管理思维渗入其中，要在管理体制上保障人本管理观念的地位。这就是要通过设计和构造图书馆管理体制的组织结构、运转机制、运行环节等方面的内容，使人本管理的思想渗入图书馆管理工作的各个方面。只有这样在以人为本的管理思想和管理理念下构建的图书馆管理体制，才能确保图书馆人本管理的每个方案在图书馆管理中顺利实施，使人本管理思想在图书馆管理的每个层面和每个环节上得到展现。

根据人本管理，图书馆设立专职人员来负责相应的政策制定、管理实践以及对日常服务工作进行监督，形成了一个横跨决策层、执行层和监控层三个层次的系统，同时履行各自的权利与义务，实现管理的目的。

（二）要制度实施者具有人本观念

当图书馆组织成员理解图书馆的工作目标，知道什么样的行为有助于图书馆目标的完成，了解图书馆组织行为方向，也能认可这些行为，相信这些行为可以为自己创造利益时，馆员便会接受图书馆管理者的指挥和安排。图书馆组织是人的集合，必须有人实施管理才能达到预期的目标。

图书馆组织构想和构建中，图书馆管理者引导馆员合作应该得到展现。图书馆通过管理对馆员的行为实施引导，通过对组织结构的设计和制度的改进来规范和提高管理模式，置馆员于图书馆管理的中心环节，不仅极大地促进馆员个人的全面发展，也使馆员在日常图书馆工作和管理活动中真正发挥核心作用。要维护馆员对管理者的认同：一是管理者的职权和其知识能力相适应，管理者的权限和下属馆员数量与岗位职能相适应；二是图书馆权利的分配以及集权和分权的比例相对；三是保证馆员和管理者的工作时间和地位具有一定的弹性空间；四是要保证管理指令统一高效，保证图书馆的组织机构中每一个被管理者只有唯一的管理者。

只有如此，图书馆组织机构才能顺利实施目标管理，才能有效促进馆员之间和谐交流，才能保障图书馆内部人际关系的和谐，才能促使馆员在工作岗位上发挥自身的潜能，才能促进图书馆与馆员、管理者与馆员之间的情感和谐，才能促进馆员参与到图书馆管理中来，为实现图书馆和自己的发展目标而奋斗。因此，在图书馆组织设计和构造中必须体现出人本主义理念，充分发挥人性。

三、管理创新的最终目的是实现自主管理

（一）实现馆员个人目标与工作目标一致

图书馆馆员个体之间存在区别，馆员个人目标必然与图书馆工作的目标也存在很大区别，但图书馆人本管理独特的管理理念和管理思维认为图书馆目标能够与馆员个人目标统一，实现和谐发展。

现代图书馆发展的方式和理念为图书馆管理提供了一种崭新的管理观念和管理方法。图书馆管理者同其他组织机构一样，从事人财物信息的输入、工作绩效数据、信息反馈、馆员之间以及与读者客户和外部环境之间的物质信息交流与交往、行为的修正等。图书馆提出了馆员与图书馆共同发展的思路。为了创造在图书馆取得预期发展的时候，推动馆员自由全面发展，让人本管理理念统领图书馆管理的全部工作，使图书馆馆员得到快速发展的同时，完成工作任务目标。

（二）实现图书馆管理与馆员自我管理合为一体

图书馆管理观念在引入人本管理的过程中，图书馆的管理者既重视馆员又重视服务，权衡馆员为中心、以图书馆为中心和以图书馆目标为中心三者之间的共同点，兼顾到馆员、图书馆和图书馆目标三个目标，而不是顾此失彼。

在人本管理中，图书馆的组织结构设置旨在加强馆员之间的沟通和交流，维持和谐的人际关系，充分发挥全体馆员的技能和创造力，提高图书馆应对外部环境变化和工作内容变动的能力。

一是使馆员充分合作实现图书馆组织目标的管理，激发馆员工作的自主性和创造性，加强图书馆与馆员之间的信任，提升馆员参与图书馆管理工作的积极性，从而促进图书馆的发展。二是通过图书馆文化建设、加强部门间合作互助、图书馆团队管理、形成图书馆权利分配方式、加强馆员间信息知识交流与沟通、馆员参与图书馆管理和决策等方面努力来完成。三是使馆员掌握成为管理主体必备技能的路径。其一，它给予馆员一定的自主性，有助于发挥馆员工作积极性。其二，它提升了馆员管理的能力和决策水平，使其以饱满的热情参与到图书馆管理服务中。自我管理是让馆员自动地改变其思维观念、工作方法的最佳手段。四是馆员在自我管理的过程中要用自我的发展来为图书馆的发展贡献力量，按照图书馆的规章制度，控制和规范自我行为，将自我管理、自我发展与图书馆发展三者联系起来。五是图书馆人本管理使馆员主动地配合图书馆管理，确保馆员具有自我管理的基本管理知识与技能。

馆员的自我管理都是一种积极的管理模式。它有效地使馆员自主地配合图书馆的安

排，提升馆员管理能力，发展馆员专业技能，热情地参与到图书馆管理与决策中，促进馆员个人能力素质的全面发展。

第三节 以人为本理念下高校图书馆管理创新的主要对策

一、建立以人为本的员工管理机制

（一）提高馆员的能力素质

一是引导馆员更新学习理念。引导馆员树立终身教育思想，参加继续教育，不断提高学习能力，提高自身素质，提高工作能力，发展学科馆员。二是加强馆员的道德素质教育。思想决定行动。要通过各种方式的思想政治和职业道德素质教育，使图书馆馆员从思想认识上充分理解图书馆工作的重要性，对工作富有责任心，对读者富有耐心和爱心，献身图书馆事业，全心全意为读者服务。三是提倡以馆员为中心的民主管理思想。让馆员参加决策、计划的制定、重大事情的讨论，群策群力，使图书馆决策科学化、合理化，进而使图书馆各项工作任务得以实现。

（二）建立完善的制度体系

一是完善考核机制。坚持公开、公平、公正的原则，对馆员的工作情况以及在工作中展现的态度、品德、性格、心理素质、工作技能、业务水平、对工作的适应性等进行考核，激发大家的工作热情，逐渐形成一种积极向上、努力进取的工作氛围。二是完善激励机制。通过一定的方法和措施，激发人的需要、动机、欲望，激发个人的潜力，在工作中表现出积极、良好的心态。依据各部门、各岗位的具体情况，将各项工作任务量化和目标化。要完成工作任务，实现工作目标，馆员必然要在自己的工作岗位上有所作为，工作才有成就感，生活才过得有价值。三是完善培训制度。依据不同岗位需求和个人所学专业的差异，有侧重、有计划、有步骤、分层次，进行不同的教育培训。通过举办培训班、研修班的形式让馆员不断提升工作能力、创造能力和业务能力，以不断地应对新知识的挑战。

（三）构建和谐人际关系

和谐的人际关系有助于图书馆各种工作的顺利进行。管理者首先要学会肯定其个人价值，敬重每一位馆员，多做深入细致的思想政治工作，要让每一位馆员感到组织的关怀、集体的温暖、同事的关爱。其次，鼓励馆员经常相互沟通和交流。一是管理者要经常深入基层，了解馆员的思想生活情况。二是图书馆工作相对比较单调、枯燥，馆员心里容易产生倦怠，需要不断自我调节。三是图书馆通网络，让馆员与领导之间，馆员与馆员之间，通过网上聊天的方式，将各自的工作心得体会倾吐出来，缓解个人的郁闷情绪，起到自我调节的作用，不断提高图书馆内部的凝聚力。

如果图书馆领导人能将馆员对精神价值的追求调动起来，那么，馆员自然会发挥奋发向上、励精图治的精神，在图书馆事业中实现自我价值，推动图书馆的可持续发展。

（四）改善工作环境

管理者要努力降低纸质图书污染给馆员带来的健康危害。由于纸类在加工过程会附着有色真菌，这些真菌寄生在书本中，污染了工作环境，通过人手接触或者肺部吸入，可能导致肾、肝、神经系统等方面的疾病。图书馆领导要关心馆员的身体健康，树立馆员的自我健康防护意识，在保护好文献资源的基础上，组织员工定期除尘、消毒，并保持馆内通风良好。

二、提高图书馆管理者自身的素质

管理者的自身素质决定管理的成功与否。管理者的自身素质是图书馆人本管理成败的关键。管理者必须关注培养和提高自身素质。

（一）加强自身道德修养

管理者要树立"领导就是服务"的观念，注意加强自身道德修养，具备高尚的人格。管理者先管理自身，做到严于律己，在管理过程中以自我的高尚品德、坚强意志、正派作风影响馆员们，使之从内心敬重、听从管理者的管理，积极参与图书馆的各项工作，做好各项工作。

（二）提高语言表达水平

语言是信息交流的主要工具，表达不同，效果也就不同。管理的重要目标任务是调动馆员工作的积极性和自主性。在部署困难任务之前做思想动员；发布工作进展报告；对图书馆的环境分析，做形势报告等，鼓舞士气，激发馆员工作积极性，完成本职工作。

（三）增强协调能力

图书馆各部门以文献资源为中心在业务上相互联系，图书馆组织是人的集合。作为一名优秀的图书馆管理者，必须有能力协调好每个部门的关系。首先，要有能力协调好图书馆管理团队成员之间的关系。让他们的工作目标趋于一致，使他们在工作中协作紧密和谐。其次，要有能力协调好与下属之间的关系。要经常与下属馆员进行沟通，因为不同的部门、不同的管理者会有相异的做事风格和差异的管理方法，所以要给出一个具体明确的工作要求，清楚具体的工作方法和工作目标。要协调好各部门之间的关系。一是通过岗位交叉轮换的形式锻炼了多方面的工作技能，使不同部门的馆员明白其他部门的工作状况；二是以通过经常召开一些座谈会的形式为馆员之间提供沟通交流的机会，统一思想；三是逐步形成和谐一致的局面，敦促各部门之间开展一些文娱活动，增强他们之间的私人情感，便于开展工作。

（四）提升情商水平

现代管理理论认为，领导者必须具有高情商，只有高智商没有高情商的人只能做业务骨干。具有高情商，一般表现为能清楚自我，能控制自我，能清楚他人，能与人交流，待人处世能有分寸，能尊重馆员的人格与个性，关心馆员的思想、工作、生活，在教育人时以情感人。

三、建立以人为本的读者服务模式

（一）使借阅环境人性化

图书馆在内部环境建设中要体现"以人为本"的观念，重视读者的需要和感受，依托良好的物质环境，带给读者赏心悦目、舒适便捷的借阅体验。

首先，高校图书馆的设施摆设上遵循方便读者使用的原则，要体现人性化。一是制作书库方位指示图，使读者能明确地知道目的书库的位置；二是书库内的书架、桌椅等布局，每排书架之间的距离必须符合读者感觉舒适度的标准要求；三是在书库空闲处摆放阅览桌和阅览椅，实现借阅一体，让读者有条件了解图书内容，也方便自学。四是在自习区多安置电源插座，现今来馆读者有携带笔记本电脑等移动终端设备的习惯，便于给设备充电。其次，在馆内空间环境布局方面，体现以人为本原则。一是在走廊等适合的位置布置一些绿色植物、盆景，在阅览室放置激发读者求知欲的书画、伟人塑像、名人警句等；二是营造一个宁静、高雅、舒适的读书学习环境。运用色彩的完美搭配、硬件设施的合理设置来使读者体会到图书馆浓郁的人文气息。

（二）展示丰富多彩的人本服务

在高校图书馆服务内容中，赋予以人为本的观念，为师生读者的借阅提供便利，对学科信息提供参考咨询。整个工作围绕"一切为了方便读者"展开。

一是主动与读者进行交流与沟通。召开读者交流会以及举办各种形式的座谈会，更好地把握读者对知识信息的需求状况；设置读者意见箱，倾听他们的心声，接受他们的监督；充分满足师生教学与科研需求，邀请专家教师现场推荐新高文献馆藏质量和图书的使用率。二是充分利用网络为读者进行服务。学校网页上开设读者借还平台，方便读者查询自己所借书目情况、办理续借手续，节约读者时间；在图书馆网页上及时介绍图书馆工作动态与服务内容；做好网络检索书目、文献信息咨询服务、查询下载电子资源、优秀书刊推荐、相关软件下载等工作；为师生提供音像资料阅览、集体观摩等服务；在互联网上设立读者答疑版；使用视频点播系统提供音像点播、下载服务，提高馆藏音像资料的使用率。三是提供学术交流的条件。邀请各方面学者进行学术交流；并举办各种实践活动，展示各学科的学术前沿成果，开辟图书馆文化服务的新渠道，增加图书馆的文化氛围和学术功能。四是实行开放服务。实行开放服务，彻底实现藏、借、阅一体化管理目标，根据国家教育部的要求应充分满足读者需求最大限度地延长开馆时间，增加读者阅读时间。五是利用图书自助借还系统。不仅减轻了工作人员的手工劳动强度，还简化和方便了借还书操作。高校图书馆一般不24小时开放，受到馆员工作时间的限制，学生无法实现24小时借还，自助借还系统设备打破了这种局限。六是在图书馆功能分区上设置一些专门区域，如提款机、复印室、水吧，为读者提供便利，使图书馆成为集学习、休闲为一体的场所，延长读者来馆时间，提高图书馆资源的利用率。

（三）实现高校图书资源社会共享

一方面，资源共建共享可以增加本校的图书资料藏量，另一方面，作为图书馆系统的重要组成部分，高校图书馆有责任与社会分享文献资源。高校图书馆要积极与国内公共图书馆、研究单位乃至其他国家和地区的图书馆建立交换、赠阅或互借关系。

首先，培养和增强社会读者的图书馆利用意识。高校图书馆一是通过网络宣传本馆文献资料情况和特色馆藏资料，激发社会读者接受信息、利用信息的积极性，介绍本馆的服务方式和服务理念；二是通过制作教学课件或开设文献信息服务专题讲座，指导读者正确利用各种数据库和网络信息资源，使其具备获得知识信息的基本技能；三是通过入馆教育和网络培训，培养其良好的借阅习惯，使其建立珍惜信息资源和资源共享的理念，成为一个文明的读者。其次，制定针对社会读者的规章制度。一是从社会读者的需求出发，制定校外读者自愿申请、图书馆设置借阅权限的灵活的借阅制度；二是建立动态的社会读者个人资料档案和信用档案，建立评价体系和奖惩制度，通过读者信用评价来改变其借阅权限；三是主动优先开发有专业性、深层次信息需求的社会读者，根据其独特要求进行层次化、专业化、特色化的信息服务，对有影响力的社会读者设置个性化的课题服务。再次，提高社会读者图书馆知识水平。一是通过编印各种宣传材料、小册子、制作宣传专栏等，进行文献信息知识和检索方法的普及；二是举办有关图书馆利用、文献信息查询，特别是联机查询、光盘检索、网络检索等方面的知识技能讲座与精训班；三是通过大众传播手段，宣传和介绍图书馆的文献信息服务功能和项目，培养信息客户；四是在网络上建立网络教室，用电子邮件发送教程，通过网络进行读者培训。最后，图书有条件地外借。在保障为学校的教学科研提供文献支撑、提供优质服务之余，高校图书馆在馆藏资源丰富，但利用率低下的情况下，可以适当地发动社区里的读者群。

资源共享是图书馆变革与发展的一个重要方向。图书馆要不断拓宽发展的领域和空间，提高文献保障能力，推出自己的个性化服务，实现文献资源共享，创造条件为社会经济建设提供知识、科技创新服务，使图书馆在服务中得到提高、完善和发展。

四、实现高校图书馆环境建设人性化

人性化的环境有助于图书馆管理，有助于激发读者利用图书馆的兴趣和提高效率。环境建设主要包括两个方面：一是图书馆的人文环境建设；二是硬件环境建设，借阅设施设备的完善。创新高校图书馆的人性化环境，为读者获取信息服务提供便利，同时提高了高校的文化层次。

（一）人文环境建设

高校图书馆是师生获取知识的高雅场所，应充满浓厚的学术氛围和文化气息，有利于激起读者优美的读书欲望；有利于拉近读者与图书馆之间的感情距离；有利于培养读者的审美情趣，消除他们的心理压力。

一是在陈设布置上，要始终坚持读者至上的原则，增添一些艺术品和绿植，如字画、雕塑、陶艺、壁挂、盆栽等，使室内环境布局达到和谐。从读者的生理和心理需求出发，馆内灯光、温度、湿度、色彩都要符合阅读需要，为读者提供一个舒适的借阅环境。二是为读者营造安静的借阅环境。图书馆内应保持安静，工作人员禁止大声说话，打电话。图书馆给人的应该有远离喧嚣的环境，让读者漫步书海，遨游在知识的海洋。三是减少借阅关卡。为了方便读者借阅，去除不必要的关卡，调整图书馆结构布局，合理放置图书资源，减少借阅手续。四是工作台设置突出人性化，工作台设置要接近师生，拉近图书馆馆员与师生之间的感情距离；书刊出纳台要拆除不必要的围栏，降低柜台的高度，让读者一进门便产生宽松、舒畅的愉快心情。在馆内馆外的美化、绿化等方面，精心布置、精心布局，使读者在温馨的感受中，提高利用图书馆的自觉性和效率。五是高校图书馆馆员在工作中使用文明礼貌用语，统一着装，提供热情周到的服务，展现饱满的工作热情，举止文明，言谈亲切。让图书馆成为馆员温馨的家，读者神往的圣地，使读者流连忘返。

（二）硬件环境建设

一是加大文献资源建设。图书馆以提供信息资源传播文化为主要职能，伴随着科技的进步，人类社会已迈入数字化、信息化、网络化时代。要想紧跟时代发展的步伐，适应社会需求的发展，面对读者对信息服务的需求层次越来越高，高校图书馆就必须坚持人本理念，要更多地利用互联网的搜索引擎极为方便快捷地获取自己所需的信息，满足读者需求。二是配套借阅设施设备的完善。未来图书馆的竞争是网络的竞争，是数字设备性能的竞争，引进新技术数字设备，成立平板电脑体验室成为图书馆的发展趋势，高校图书馆正经历设备上的转型革命。

五、建立图书馆人本管理实施评估体系

（一）读者满意度评价标准

让读者评价馆内温度和湿度，环境的清洁度，阅览室设置（书架和阅览桌的设置），馆藏文献（包括纸质文献、光盘和数字化资源）的质量，书籍摆放的整齐程度，照明状况，馆员的服务态度，文献的更新速度和新技术电子设备的引进等。

（二）员工满意度评价标准

员工满意度评价标准主要有：工作环境的安全性和舒适度，工资和福利待遇，职业规划和发展，培训制度，领导的重视度等。

（三）信息资源质量评价标准

信息资源质量评价标准主要有：权威度、客观性、准确度、新颖性。

（四）完善结果反馈机制

完善结果反馈机制主要包括：正式的反馈机制——通过设置意见箱、意见簿，网上建 QQ 群、论坛等方式收集各读者的信息需求；日常的反馈机制—成立读者委员会、举办读者座谈会，获取读者与馆员在日常接触中对工作人员服务的满意度信息；主动的反馈机制——做问卷调查、深入到师生读者中等形式主动地去了解读者对图书馆的需求。通过这几种形式收集反馈信息，分析研究，最后形成报告，全面、公正地评价人本管理实施的结果，改善和提升服务水平。

第五章 高校图书馆信息化平台建设

第一节 高校图书馆大数据整合系统平台建设

一、高校图书馆大数据资源整合平台的设计

大数据资源整合是指共享来自两个或更多个应用的数据，并以此创建一个具有更多功能的企业应用的过程。任何功能模式的增加、修改和删除，均不能降低大数据资源整合平台整体的功能性和可控性。图书馆大数据资源整合平台应采用多层次的系统结构，以保证系统平台有较强的扩展能力。

图书馆大数据资源整合平台系统主要由管理操作层、数据预清洗与过滤层、数据整合层和大数据资源层四部分组成。管理操作层是平台系统管理与应用的接口，管理员通过在该层操作完成大数据资源整合平台系统的控制、管理、维护和应用。数据预清洗与过滤层依据定义的数据清洗与过滤规则，对所采集的大数据资源进行错误与可用性检查、数据质量分析、数据过滤与清洗，保证进行数据整合时的大数据资源具有较高的价值密度和可操作性。数据整合层是将临时数据库中已进行预清洗与过滤的数据，通过数据源的读取、数据转换规则的解析和系统加载，将已转换的数据写入主数据库，最终完成图书馆大数据资源的整合。大数据资源层主要由不同终端和监控设备采集的大数据资源、临时数据库、主数据库和应用系统数据库组成。图书馆采集的大数据资源暂时存放于临时数据库中，并根据预先定义好的规则进行数据清洗与过滤，再进行数据整合操作后导入主数据库中。数据同步机制确保应用系统数据和主数据库中的数据具有一致性，为图书馆大数据应用提供了安全、高价值密度的数据支持。

二、高校图书馆大数据整合策略

高校图书馆大数据整合策略包括以下几种：

（一）实现数据中心 IT 基础设施架构的高效整合与优化

首先，图书馆数据中心 IT 基础设施架构的整合与优化，面临着风险控制、降低成本和质量保证的需求。因此，第一，IT 基础设施架构的高效整合应以计算、存储、网络和数据备份设备的虚拟化整合为核心，以产品整合、信息整合和业务整合为目标，将系统资源划分为资源池，进行统一调度、使用，以减少 IT 基础设施、设备的冗余量，提高总体使用率。第二，对于图书馆数据中心的用户服务器、数据存储集群系统和网络传输平台硬件等基础设施的虚拟化整合，应坚持安全、高效、可靠、低碳和可扩展的原则，确保大数据资源整合平台可依据用户的服务需求，进行数据的访问、发现、清洗、集成和交付。第三，IT 基础设施架构的高效整合与优化，应坚持统一数据环境和统一数据架构的原则，确保图书馆可在统一整合标准、动态和透明的环境中，安全、灵活、快速地部署、支持、管理和无缝访问所有数据。第四，图书馆在数据中心 IT 基础设施架构优化中。应保证 IT 基础设施架构具备较强的灵活性、服务弹性和异构环境适应性，可根据未来数据环境特点和整合需求进行灵活的扩展和伸缩，并具有智能、自动化的管理功能。

（二）利用云计算技术确保数据整合的高效和经济

根据数据的重要性和对图书馆用户服务质量影响力的大小，大数据资源可划分为服务系统运营与安全监控数据、用户个体特征与社会关系数据、用户阅读需求与行为隐私数据、用户位置信息与行为预测等高安全级别的数据，以及系统运行日志、阅读服务数据、用户群需求数据、服务环境分析数据和客户关系保障等安全级别低的数据。这些大数据资源具有数据总量增加快、时效性强、存储与搜索难度大等特点。

首先，可以用自建私有云和租赁云服务商服务的方式，依靠外部云数据托管系统来存储和备份数据，以减少 IT 基础设施硬件、软件的系统建设和数据整合成本。其次，图书馆应将安全级别较高的数据存放在私有云中，如果因经济与技术实力等原因必须存放在公有云中，则应与云服务商签署科学详细的数据存储、维护和灾难恢复协议，明确双方的权利和职责。最后，所构建的云数据库应具备较强的数据管理、搜索、分析和依据用户需求构建数据模型的功能，不能影响已整合数据的查询、下载和应用效率。

第二节　高校图书馆门户网站平台建设

一、高校图书馆门户网站的内容建设

高校图书馆门户网站的内容建设包括以下几个方面：

（一）网站内容介绍

1. 内容概述

图书馆网站包含的内容可概括如下：

（1）书目检索（OPAC）

书目检索通常分为普通书目检索、特色馆藏检索。检索结果大致有馆藏地点、条码号、索书号、编目数据、借阅状态以及登记预约情况等。检索途径以题名、责任者、分类号、主题词 JSBN 等为主，有的网站可用关键词进行题名检索。

（2）电子资源检索

电子资源检索包括自建数据库和购买的国内外各种数据库、电子书刊等。

（3）简介及服务指南

简介及服务指南的主要内容包括本馆简介、馆藏介绍、人员构成、机构设置、服务项目、服务设施、开馆时间、规章制度及本馆动态、用户活动安排、各种联系方式等。

（4）导读栏目

导读栏目如新书通报、用户荐购、阅读推荐等，各网站的这类栏目基本上都具有相似的内容。

（5）网络资源导航

网络资源导航指各类站点的链接，主要链接的站点包括搜索引擎、网上书店、网上报刊、教育网站，网络资源导航可帮助用户仅通过图书馆网站就可以查询和使用各类网上信息资源。

（6）教学与培训

高校图书馆有提高师生信息素养的教学任务，常借助网站开展教育活动，如在线课程学习、在线培训、在线考试系统支持等。

（7）交流互动

交流互动包括用户论坛、在线咨询、社交网站等，方便用户发表意见、交流读书心得、咨询问题等，是馆员与用户之间多向交流的重要途径。

（8）帮助中心

帮助中心包括常见问题解答、校外访问说明、核心期刊指南等，帮助用户有效利用图书馆，为用户提供使用指南，解决用户的困惑。

综上所述，图书馆网站的内容一般可概括为简介、服务、资源、帮助四大类。

2. 内容特点

网站内容一般分为动态内容和静态内容。动态内容是网站中的主体部分，是需要定期更新的内容，也是用户主要查阅的内容，它以交互的方式表现。图书馆网站的内容应该具有以下特点：

（1）互动性

网站必须提供互动的功能，以接受用户的建议，让使用者有发表意见的空间，作为网站未来发展的重要参考。

（2）内容丰富、多样化

提高使用者的忠诚度与兴趣，丰富网页的内容，使其具有参考价值，并且引起用户的兴趣。

（3）提供查询功能

网站的导览必须能完全生效。网站最好能提供馆藏分类、检索服务等功能，协助用户快速查询信息。

（4）及时更新

网站内容要及时更新，才不会让用户对一成不变的内容失去兴趣。

（5）特殊效果

网页可增加多媒体效果，如运用语音或视频，来提升吸引力。

（6）简单化设计

网站必须以"用户都是计算机初学者"的立场去设计，切忌将使用接口设计得太过复杂。

（7）独特性

网站必须提供使用者在其他网站享受不到的方便与服务。

（8）高质量

不断地提高信息的质量，并且随时提供更好的信息。

一个理想的图书馆网站应达到六项标准：内容丰富、查询便利、信息可筛选、能满足需求、有品牌信誉、可互动参与。另外，图书馆网站在内容设计时一定要突出本馆的特色服务项目。

（二）网站内容审查

网站的审查内容包括如下几个方面：

1. 理清网站已有的内容及来源

要确定图书馆网站的内容，首要的工作是理清已有的所有内容。内容审查就是对网站已发布的所有内容进行统计。内容审查一般包括两种方式：定量内容清单和定性评估。清单说明了"都有哪些内容"，而评估则回答了"这些内容是否合适"。

内容审查能为用户提供大量有益的信息，并起到以下作用：

第一，使你能够清楚地了解自己拥有哪些内容及这些内容都发布在什么位置。即便你只打算进行内容维护或是移除一些内容。

第二，帮你确定内容范围，为网站构建合适的栏目。

第三，在内容开发阶段，可以作为源内容的参照，这对内容创建人员设计内容文案是非常有用的。

2. 电子表格：审查的有力武器

以前的图书馆网站审查很简单，只要在电子表格中按照导航系统层级列出一个简单的网页列表即可。然而如今的内容审查变得复杂了很多，网站内容不只存在于网站的一个单独页面上，甚至根本不在自己的网站上。尽管如此，电子表格仍然是大多数审查会使用到的。

图书馆网站大多是传统型的，按照一个固定的导航方案与特定的页面链接，审查时用最基础的电子表格就可以满足需求。

首先，列出网站的主要部分，将其作为首层"父"（或一级）部分。其次，在每个主要部分下面列出其从属页面和模块，作为"子"（或二级、三级等）部分或每个主要部分的包含部分。然后按照组织文档大纲的方式来对网站的内容进行编号，为每个页面和组件分配一个唯一的数字编号（如 1.0、1.1、1.1.1），这样你就能更清楚地了解到每部分内容都分别属于网站的哪个部分了。如果网站内容针对不同用户有分级，可以在 ID 号的末尾增加编号。

3. 定量审查：最基本的调查方法

通过定量审查可以弄清楚网站中有哪些内容，内容发布在哪里，并为网站的网页数量、动态内容模块、可下载的 PDF 文件、视频和其他发布在网站上的内容制作清单。在定量审查中，根据审查目标确定需要记录的内容及数据。常见的定量审查中需要记录的数据清单如下：

（1）标题 / 主题

记录网页页面的标题和段落小标题。如果网页没有标题，就对该页面所谈论的话题进行简短说明并记录下来。

（2）身份认证码

为每一个网页内容分配一个身份识别号码或者代码（通俗来说就是编号），以便分析时查询。

（3）格式

记录下内容存储的格式，如文本格式、视频格式、PDF 等。

（4）来源

将每个网页内容的创建者、运作着、发布者记录下来。

（5）网页地址

仅记录有效的网页地址。

（6）访问统计

记录下有多少人访问了该网页并对网页内容做出响应，这可以帮助用户判断网页内容的价值。

（7）技术支持

图书馆网站往往拥有许多不同的服务器和平台，要记录内容存在什么地方，比如是存在内容管理系统中，还是通过 API（应用程序编程接口）将内容送入网站。

（8）最后更新

大多数内容管理系统记录着内容最后一次更新的日期，这些信息会暗示该内容的重要性以及内容工作流程。

4. 定性审查：更为深入的审查方法

通过定性审查，可以了解页面内容以及这些内容是否对用户有用。定性审查要对内容的质量和有效性进行分析，审查人必须查看每页内容并进行评估。定性审查有两种形式：①策略评估。一旦在某处开始执行了一种策略，策略评估将帮助你了解现有的内容与该策略的适用性。策略评估能够对实用性评估和具体的策略标准进行综合考虑。②实用性评估。实用性评估能够帮助我们了解内容是否有用、能用、受欢迎，以及是否能说服用户，以方便后台服务人员进行适当的调整。它主要是以外人（非内容参与者）的角度来评估内容，看其是否具有实用性及是否满足用户需求。

以下是定性审查中的策略评估和实用性评估所需要考察的因素：

（1）知识水平

考查重点包括：内容是否科学，是否过于复杂，用户之前需要掌握多少知识才能读懂内容，是否清楚知道什么内容是针对博士水平的用户，而什么内容又是针对初学者的？

（2）可用性

在线内容的可用性是关键。可用性的考查重点包括：评估每页的内容段落是长还是短，是否有小标题，是否有太多的文本链接或者链接不足，是否有错字存在，图片的质量是否较差。

（3）可行动性

考查重点为当用户看完网页内容后，他们接下来会有怎样的行动。

（4）可寻性

如果没人能找到内容，那么就谈不上内容的有用性和可用性了。可寻性的考查重点包括：目标关键词在网络搜索引擎中的表现怎么样，站内搜索引擎运转得如何。

（5）准确性

错误或者过期的内容会误导用户，令人尴尬。在内容审查工作中，要找出哪些是错误或是过期的内容。

（6）用户分级

网站的不同页面针对不同的用户，应该为用户分级，并为每页内容选出主要的和次要的用户。

（三）网站内容策略

1. 内容策略的内容

内容就是用户在网站即将读到、学习到的东西。内容策略能为内容创意、内容发布及内容管理计划提供指导和帮助。内容策略有以下几个特点：①内容策略为内容的整个生命周期（从创建到消失）提供指导意见。②内容策略确定了应该如何使内容满足用户的需求。③内容策略建立了内容是否成功的测量标准。

内容策略"四元图"展示了它的主要构成：

（1）物质

物质即我们需要什么类型的内容（包括主题、字体、来源等）及这些内容需要传达什么信息。

（2）结构

结构即内容安排的形式、优先级及内容是如何组织和展示的（包括信息架构、元数据、数据模型、链接的策略等）。

（3）工作流程

工作流程即发布成功的内容及不断维持其质量所需的过程、工具和人力资源。

（4）管理

管理涉及以下问题：如何对有关内容和内容策略做关键性的决策，改变是如何形成及达成共识的。

物质和结构的关系是含蓄的。当为网站添加内容时，网站的结构也会随之发生变化。但是内容策略仅仅是列出设定计划、指导方针、日程安排以及内容所要达到的目标，而不是开发那些实质的内容。

2. 内容需求分析

针对用户内容的分析要了解用户的目标和行为：他们在做什么；他们感觉怎么样；他们擅长做什么。用户浏览网站凭自身的兴趣爱好，因此我们必须思考用户究竟想要的是什么。要想了解用户想要什么内容及他们如何与网站交互，有非常多的方法，这些方法包括：

（1）用户调查

一系列的多项选择题、填空题和开放式问答题。

（2）用户访谈

与用户进行深入的、结构性的谈话，通常在人群中进行。

（3）网站分析

对网站的用户数量进行详细的统计。

（4）多元测试

在现有网站的重要页面上执行不同的版本，对这些不同的版本进行比较。

（5）搜索和关键词分析

对用户在搜索引擎上输入的关键词进行测试，并对其在站内搜索时输入的关键词进行测试。

（6）社会和声誉分析

对用户在网络上对网站的评论进行测试。

（7）交流分析

对用户为什么及如何与咨询人员取得联系进行测试。

网站分析是最受欢迎的方法之一，通过分析软件就可以评估人们如何与内容进行交互，但是利用不好的话会产生误导作用。例如，一些页面的流量很少，但这并不代表用户不想看见该页面，只是不知道该页面的存在。所以分析只是获取信息的一种方式，使用不同种类的评估方法将有助于全面了解内容。另外，还可以分析和评估同类网站上的内容，观察同类网站的命名和组织方式，看其都包含了哪些主题。

3. 内容开发流程

从内容需求的提出到内容的发布，需要按照一套工作流程来创建网站内容。这套工作流程可能是标准化的，也可能不是，甚至可能还没有形成文档说明。内容的发布可能是规划好的，也可能是临时决定的。要把工作流程设计得具有可控性，最好将其分解成四个板块。每个版块包括：①维护已有的内容。②创建和收集新内容。③评估内容的有效性。④管理所有内容的创建、策划、维护活动。

从内容构想到内容发布的整个过程中，可能会有很多人参与其中：

（1）内容提供者

内容提供者负责提供并维护原始内容，以帮助创建人员创建网站内容。

（2）创建者

创建者负责网站内容（文本、图像、音频和视频）的实际开发。

（3）需求者

需求者提出创建、更新或移除网站内容的需求。

（4）发布者

发布者将内容发布到网上，发布可以通过编码、内容管理系统、博客或者其他技术手段实现。

（5）评审者

评审者是在内容正式发布之前必须就部分或全部内容征求其评审意见的人。

在内容创建到内容发布的过程中，需要编制文档。例如：①每当加入了新的内容，对旧有的内容进行校正的时候，应该详细地记载做出修改的原因。②记录那些关于内容来源和类型的信息，以使未来在进行排列、重新使用、修正和扩充内容的时候变得更加简单。③使用分析工具来了解所使用的内容资源，随时追踪和重新使用内容资源及思考如何架构内容，以促进再次利用。

4. 内容维护与管理

一旦将内容发布到了网上，就要一直去维护内容的准确性、一致性、时效性。换句话说，不应该只关注内容的上线，更要考虑内容的整个生命周期，并对整个维护过程进行记录。

（1）及时更新内容

网站新内容的不断推出以及用户自行创建内容的不断增多等都会促使网站不断膨胀。如果你花半分钟时间随机浏览一个网站，就会看到到处是过时的服务说明、无效的链接。像这种网站内容中途失效的情形举不胜举，这是由于网站制作者没有及时更新。因此，网站的内容并非越多越好，发布的内容越多，需要跟踪维护的内容也就越多。另一方面，较少的内容也更易于用户使用，太多的内容意味着很难搜索到有效的信息。

（2）让内容被搜索引擎收录

元数据是有关数据的数据。元数据有助于站内搜索引擎和内容管理系统去组织内容，并在最合适的时间和地点交付用户所需的内容。在考察元数据的结构时，必须确保其属性，确保能够以直观的方式组织内容，能准确反映内容，与内容类型和题目保持一致。

（3）定时检查链接，确保其能正常工作

可以给测试者提供一张检查列表，列表中可包含以下检测：

①损坏的链接

损坏的链接即不能正常工作的链接。

②失败的链接

链接指向错误信息，链接至错误的页面，或者双向链接不能让用户返回至开始的地方。

③不必要的链接

不必要的链接指失败的链接包括链接指向的信息用户已经知晓，或者不能引起他们的兴趣。比如，链接提供了某个词语的定义，但这个词语大多数用户已经知晓。

④不清楚的链接

不清楚的链接指不能清楚地与其他文字区分的链接。

（四）网站功能分析

互联网的迅速发展及其在社会各个方面的广泛应用使得图书馆在为用户服务的内容和方式上有了新的变化。高校图书馆网站的地位越来越重要，有着自己独特的功能和目标。一个好的图书馆网站，不仅要反映本馆的文献信息资源开发与建设状况，而且应该能够反映本馆的服务方式、服务内容与服务水平状况，成为用户利用图书馆的重要窗口。

1. 功能概述

图书馆网站是联系图书馆与用户的平台，具有以下四个方面的功能：

（1）馆藏资源利用功能

通过网站，用户不但能快捷地使用书刊借阅、查询、续借等功能，还能够在数据库中直接下载各种电子资源，资源获取变得方便快捷。

（2）信息传递功能

通过网站，可以向用户传递各种信息，包括图书馆概况、服务内容与方式、部门功能、馆藏情况、规章制度以及快速及时地通报信息等。网站可以成为良好的信息发布平台，避免了用户来馆或电话询问的麻烦。

（3）教育辅导功能

高校图书馆还肩负着提高师生信息素养的教学任务。通过网站可以开展诸如"怎样利用图书馆及其他情报部门""怎样获取所需的各类信息""如何利用获取的信息"的信息素养教学及培训。除此之外，网站上还有详细介绍各种数据库的使用说明、操作技巧以及使用图书馆过程中的常见问题解答等，具有教育、辅导用户的功能。

（4）联系用户功能

通过基于网站的留言板（BBS）、即时通信工具等，可以实现与用户之间的互动，方便接收用户的意见、建议，并为用户提供更深层次的信息咨询服务。

2.网站的交互性

交互性指网络用户能实时参与到信息交流中去，能根据自己的需要选择服务。这种参与可以是有意识的询问，也可以是随机的、无意识的点击等行为。和强制性相比，若用户可以在一定程度上参与网站的建设，可以缩短用户与网站的距离感，同时也大大减少网站对用户的回应时间。用户与网站之间的沟通手段也趋于多样化，用户可以方便地了解自己所需要的信息。同时，网站通过交互手段可以扩大网站的知名度，确定自己的用户群。

通过网站的交互有人与人交互和人机交互两种。人与人的交互有电子邮件、论坛、聊天室等。人机交互有网上多媒体点歌播放、在线咨询、在线订购、在线预约等，这种交互性能增强网站作为综合实体的定位。网站的交互性可以为用户提供一个信息交流的平台，用户可以在网上结群、聊天。网站的交互性可以分为以下两个层次：

（1）信息发布层次

这是互联网最初级的交互性，它有助于扩大网站的知名度和影响范围。这一层次的交互性体现在图书馆提供信息，而用户通过主动输入域名、搜索或者点击链接看到图书馆网站并浏览其提供的页面信息。

（2）培养兴趣层次

这一层次的交互性体现在图书馆向其用户提供相关信息，满足用户的兴趣需求，以便吸引用户；同时用户通过必要的参考信息的支持，更充分地认识图书馆的服务并确认自己的需求。在这一层次下，网页内容与形式设计尽量考虑用户的特征与需求，提供图书馆服务的各种信息，使用户访问页面后，可以通过搜索信息培养起对图书馆服务的进一步兴趣。

信息发布层次的交互要求有网页制作技术和网站宣传手段；培养兴趣层次要求在网站建设中有效地进行用户调查与网站经营效果分析，合理设计网站内容。

（五）网站信息架构

网站的信息架构指网站内容的组织方式，最常用的内容组织方式是网站地图。网站地图是用与家族树相似的方式组织起来的网站层次结构。每个页面有一个父节点（网站层次中直接的上级页面），同时也可以有子节点（下级页面）和兄弟节点（相同级别的页面）。图书馆网站的内容结构要以用户为中心，易于用户浏览。

1. 遵循用例流程的方法

越来越多的网站不再是传统的多页面，而是网页应用程序。这时需要创建一个用例来说明其内容结构。用例的制作可以采用书写形式或者插图形式来记录。用例除了记录主要流程，还应该指明过程中可能发生的异常，指出发生错误的地方，例如当用户输入错误讯号的时候，用例对复杂的任务如用户注册、找回丢失密码有帮助。以下用例是丢失密码的用户的恢复过程：

（1）主要方案（事情顺利时）

用户提供电子邮件地址；

系统验证电子邮件地址并且读取密码；

系统发送电子邮件到指定的地址。

（2）异常（出现错误时）

没有输入电子邮件地址：用户被要求输入一个电子邮件地址。

电子邮件地址格式错误：用户被要求更改电子邮件地址。

电子邮件地址未找到：用户被告知地址不能找到并被要求重试或者注册。上述用例包含了几种异常情况，每种异常都要求编写额外的代码和文稿。

如果没有用例，开发人员就无法掌握工作的范围，这些异常的未知事件很容易被错过。

2. 通过卡片分拣构建网站结构

卡片分拣网站内容列表中，每个网页标题写在不同的卡片上，这些卡片被分类为相关的组，从而创建一个栏目。进行卡片分拣的最简单方法往往是将这些卡片钉在墙上并且进行分类。可以在卡片上面贴一张即时贴来为其标明组名，这样就可以尝试不同的方法和命名规则，直到成功为止。

为了提高效率，在对话开始之前，还可以将卡片进行预先初始分类，否则参与者在完全没有分类的起点开始工作时，会觉得卡片难以组织。当已经有一个结构待评估时，参与者一般会觉得这个活动很轻松，并且能够为组织结构提供建议。卡片分拣的方法能够鼓励参与者清楚地表达他们的想法，从而反映出他们的构思模型，这能使网站信息架构易于被用户浏览。

3. 网站结构中常见的错误

（1）导航栏的链接过多

导航栏上包含过多链接的网站结构是不明智的，因为用户会被过多的选项淹没。设计者必须确保某些内容不被深埋在网站中。另外，还有一个错误的概念，叫作"三次点击原则"。该原则认为，用户应该能够在三次点击之内到达网站中的任何页面。其实，用户如果想要浏览内容，不会在乎多点击几次，所以不用担心内容被深埋。一个好的网站应该提供各种导航工具帮助用户找到内容，如站内搜索、相关链接、标签等。

链接不要带有太多的文字说明，不要过多地去解释链接将要去到的页面位置。用户只需要满足自己的需求即可，他们并不会过多地考虑所有细节。

（2）页面标题与栏目名称不一致

菜单栏的名称不要使用图书馆行业的专业术语。标题应该是描述性的，应使用朴素且简短的语言。理想状态下，所有菜单项不应该超过四个字。菜单栏上的标题和对应页面的标题名应该一致，在需要使用的页面标题比菜单项上的单词长的场合，要确保两者互相对应。

（3）铲件

所谓"铲件"指的是另外的媒介设计（比如说印刷书籍）被直接填充到网络中，却没有根据网页对话方式对设计风格、交互体验等进行优化的项目。铲件非常容易识别，比如它缺乏合适的链接，致使页面中唯一的链接就是翻页链接。网页中的一堆 PDF 文件也可能就是铲件。在网络上，"翻页器"也是一个带有嘲弄含义的术语。用这个词语描述的页面往往是内容没有很好地进行组织编排，整个内容结构以线性的方式进行架构的，所以用户只能一次次地点击下一页的链接，非常不方便。

二、高校图书馆门户网站的网页设计

（一）网站特征

高校图书馆门户网站应具有如下几个特征：

1. 即时性

网站的信息一经发布，用户应该就能立即使用。网页内容的修改与更新速度更是印刷品无法相比的。

网站能够对用户的网上行为做出即时的反应。例如，当用户填完表格，点击"提交"按钮后，服务器就会自动回复"表格已经收到"，或者是表格有填写错误、遗漏的反馈信息。网站的即时性还体现在细小的用户体验上，例如，当鼠标扫过超级链接或导航按钮时，其状态的变化就是在给用户提供即时的信息反馈。

2. 互动性

印刷品的信息传递功能是单向的，虽然用户对信息会有自己的理解，但是用户与印刷品之间，用户与作者之间都没有互动，而网站所提供的信息交流却具有互动性这一特点。网络用户不再只是单纯地接收信息，他们也参与网上信息的写作与发布。个人的博客网站也成为互联网上一个重要的信息传播方式。许多门户网站还提供个性化的服务，用户可以选择自己感兴趣的信息内容来组建自己的个人空间。

3.多样性

印刷品的结构和阅读方式是单一的。视觉语言主要是文字和图像。而网站的信息结构不是单一的。网站的信息内容通过分类组合，形成栏目，每一个栏目分为不同的层面，各个栏目和各个层面之间又互相关联。许多网站提供不同的导航与浏览方式，以满足不同用户的浏览习惯，帮助用户迅速查询信息，例如栏目导航、快速链接、搜索引擎以及各种辅助导航（路径条、网站地图、常见问题、工具栏等）。多样的浏览方式在为用户带来方便的同时，也为网站的导航设计增加了难度。

随着互联网技术的发展，动画、音频和视频等多种媒体的运用也在逐渐增多。多媒体的运用不仅使网站的信息传递方式多样化，也给用户带来了与印刷品不同的视听体验。

4.不稳定性

印刷品的尺寸、图像、字体等各个细节都是由设计师决定的。与印刷品不同，网页的最终显示效果在某种程度上是由用户决定的。用户浏览网页时所使用的计算机、用户的个人浏览习惯等因素都会影响网页的显示。首先，用户决定浏览器窗口的大小，因此网页的显示尺寸与页边距的宽窄就会因人而异。其次，用户还可以更改浏览器的默认设定。例如用户可以禁止弹出新窗口，还可以更改字体与字的颜色等。除此之外，计算机操作系统的不同也会造成网页显示的差异。例如，由于浏览器只能够显示用户端计算机上所装载的字体，如果用户的计算机上没有网页所指定的字体，那么浏览器就会用默认字体来替代。因而，在设计优选字体样式表时，一定要考虑到各计算机平台的兼容性。最后，同一个网页在不同的浏览器上得到的显示效果也不同。设计师应该了解常用的浏览器之间的兼容性，并在网站的设计和程序编写过程中多做技术测试，避免出现浏览器错误。

（二）网站设计原则

网站设计的原则有如下几点：

1.以少胜多的简洁设计原则

一个简洁的网页设计风格无疑会有助于用户对网页内容的迅速识别：网页中简单的图像比复杂的图像更容易被用户识别和记忆。简洁的图像的文件大小也比复杂的图像小，下载速度也更快。

复杂的网页需要用户花更多的时间去识别，这可能导致用户放弃浏览该网站，因而网页设计应该力求简洁。简洁的网页设计风格有助于提高网站的及时性、识别性、可用性和易接近性。

（1）及时性

简洁的网页几乎不需要用户有意识地努力去识别，就能使其及时地理解网站的内容和功能。

（2）识别性

简洁的网页比复杂的网页具有更好的识别性。

（3）可用性

简洁的网页简化了不必要的视觉元素和不重要的细节，从而使所传达的信息内容更加清晰和突出。

（4）易接近性

简洁的网页能够帮助用户迅速适应并使用网站，也能够吸引用户进一步地去浏览网站。

2. 重点突出的视觉层次原则

视觉层次是指通过设计使视觉元素之间按它们所代表的内容的重要程度在页面上形成主与次的顺序关系，并引导用户按主次顺序来浏览。用户会对网页视觉元素进行分类与组合，并通过它们之间的构成关系来识别理解。信息的分类与组合有助于用户理解页面内容，同时也是建立清晰的视觉层次的前提。

每个页面元素在视觉层次上的重要性是由它所传递的信息内容的重要程度来决定的。一般情况下，一个以文字内容为主的网页可以大致分为（以从主到次的顺序）主题内容、导航和各种辅助信息三大类。许多设计原理和手法的应用都有助于视觉层次的建立。

3. 自成一体的视觉系统原则

由统一的设计所带来的重复性和规律性，简化了用户的识别过程，也提高了识别的速度。统一的设计还能够使网站具有熟悉性、可学习性和可预测性的优势，使用户能够迅速地理解和使用网站，甚至能够预测网页的构成和它的操作方式。

网页设计需要有统一的规划和创意来指导。统一的网页设计不只是对某个元素的简单重复，而是通过各种因素的互相协调和一致应用形成的整体。统一的网页设计应该贯穿在网页的构成结构、视觉层次、色彩、字体、信息内容的格式、图像的运用和页面元素的具体设计等与视觉形象直接相关的设计内容中。统一的网页设计并不意味着千篇一律，视觉设计中的变化是进行信息分类和建立视觉层次的基本手段，也是用户观察、识别不同信息内容和它们的重要程度的线索，同时也是吸引用户的注意力和保持他们兴趣的视觉亮点。只是这些对比变化是在一个统一的视觉系统内进行的，是根据信息内容的特征与重要程度、用户的需要和视觉传达设计的基本原理所进行的变化。

（三）网页设计原理

网页的设计原理有如下几点：

1. 邻近原理

邻近原理是指利用页面空间来组合视觉元素，即相关联的信息应该彼此靠近。临近设计原理的应用能够使页面空间的运用更合理，所传递信息的分类更清晰，还能够保持页面的整洁，方便用户快速地阅读，也有助于视觉层次的建立。邻近原理的要点有接近、接触、重叠和联合：

（1）接近

接近是指视觉元素之间在空间距离上接近。视觉元素之间越接近，就越容易被我们归纳为同一类。

（2）接触

接触是指视觉元素之间接近到一定程度，其外形轮廓彼此接触，同时又明显地保持了各自的特点。互相接触的视觉元素会很容易被视为同一类。

（3）重叠

重叠是指由互相交叠和包容的视觉元素所形成的集合关系。互相重叠的视觉元素会很自然地被视同一类。

（4）联合

联合则是指通过其他的、辅助性的视觉元素的运用来进行组合构成。联合设计手法的一个重要特征是在组合视觉元素的同时，也增强了它们与其他视觉元素之间的对比。

2. 近似原理

近似原理强调通过相近似的视觉元素（大小、形状、颜色、肌理、方向等）来组合视觉元素，以帮助推动和简化用户的识别过程。任何相同或近似的视觉要素都可以形成不同程度的近似，相同或近似的视觉要素越多，就越容易被归纳为一类。因而同类和相关的信息内容可以运用相同或近似的视觉要素来加强它们的共同性，不同的信息内容或功能则运用不同的视觉特征来形成对比。近似原理在网页设计中的运用非常广泛。以主栏目导航的设计为例，通过统一的设计能够使名称不同、字数不等、图表符号也不同的主栏目导航按钮之间具有相近似的视觉形象，而不是一组导航按钮。

在视觉要素中，大小的近似是最有效的近似设计手段。在一组简单的几何图形中，首先分辨出的是大与小两类图形，而不是形状不同的三类图形。在大小对比弱的情况下，形状的近似就可能成为构成近似的主要视觉要素。视觉元素在色彩与明度上的近似也都能起到分类与组合的作用。

3. 平衡原理

平衡原理指在视觉感知经验中，倾向于寻求一种视觉上的平衡关系。平衡可以分为非对称式平衡与对称式平衡两大类：

（1）非对称式平衡

非对称平衡指不依靠中轴线两边相对应的图形来构成平衡，而以视觉元素之间在视觉重量上的均衡关系来构成平衡。视觉重量是指视觉元素吸引人的程度。颜色与大小不同的视觉元素具有不同的视觉重量或吸引力。通过设计原理的应用，能够在不同视觉重量的图形之间构成平衡的视觉感受。

（2）对称式平衡

严格的对称式平衡是指中轴线两边相对应的图形完全重复。对称式平衡具有良好的外形，能够给人比较正式、有组织、有秩序的视觉感受。具有平衡感的网页设计风格能够给人完整和稳定的心理感受，也容易被用户理解与接受。由于网页长度与首屏大小的不确定性以及显示效果的可变性有关，严格的对称式平衡在网页构成设计中的运用较少，大多数的网站是通过视觉元素之间在视觉重量上的平衡来构成近似对称或非对称的平衡效果。

4. 对齐原理

对齐原理是指在网页上有规律地排列视觉元素的一种构成原理。它不仅可以创造和谐的组合关系，还能够起到强调的作用。对齐也可以理解为视觉元素沿栅格的结构线来排列。在一条结构线上，对齐的视觉元素越多，这条结构线以及沿它所对齐的视觉元素就越引人注目。视觉元素之间的距离越近，组合力就越强，反之则弱。对齐主要分为边缘对齐和中线对齐两大类。

5. 对比原理

人们对所看到的视觉元素之间的差异的识别是立即的和不自觉的。对比原理强调通过视觉元素在大小、色彩、明度、肌理、形状、方向、位置等视觉要素上的变化来形成对比。对比的合理运用可以在视觉元素之间建立起秩序，使重要的内容得到强调，并形成视线的焦点来引导用户视线的流动，从而有助于用户对网页内容的阅读与理解。常用的对比有色彩对比、大小对比、形状对比。

（1）色彩对比

色彩对比指运用颜色的差异来处理不同的信息内容和功能。色彩对比应遵循简洁的设计原则。如果两个或三个颜色（不同色相）的配搭就能够满足网站的需要，就没有必要采用更多的颜色。复杂的色彩对比会使视觉元素之间互相竞争，影响到网页内容的有效传递。

（2）大小对比

大小对比不仅指图形在尺寸上的差异，它还包括在比例上的差异。通过大小对比可以控制视觉元素的突出程度，并创造空间层次感。

（3）形状对比

形状对比有助于视觉层次和视觉兴趣的建立。形状对比不仅指图像之间在形状上的对比或图像中的物体之间的形状对比，它还包括文字内容之间在形状上的对比以及它们与图像之间的对比。

6. 图与底原理

在设计中，引起人们注意的视觉元素被称为图，不是图的部分被称为底，底通常又被称为背景。图与底之间的关系也不是绝对的。当一个页面上有多个视觉元素时，图与底的关系会随着我们视线侧重点的转移而发生变化。在网页设计中，不能只注重图的设计而忽视底的设计。在设计图的同时，也是在创造底。底的作用不仅是衬托图，使图容易被识别，它也可能转化为图。

7. 特异原理

在重复或相近似的图形中，如果其中的一个图形具有完全不同的视觉要素或特征，这个图形就与其他的图形形成了强烈的对比。这一特殊的对比现象就被称为特异，特异原理在网页设计中的运用非常普遍。例如，正文中嵌入式的文字链接、主栏目导航中用户当前所在栏目的提示、页码中当前页的提示等都是运用特异原理来表达的。

8. 重复原理

视觉元素在色彩、形状、线条、肌理、方向、位置、题材以及风格上的相同都可以构成重复。重复原理指视觉元素在形象特征和构成关系上的重复运用。例如，网站 ID、页脚、导航系统、字体与大小、栅格与版式、色彩搭配、视觉层次等在设计和应用上的一致都是重复原理的实际应用。

9. 强调原理

强调原理指突出或削弱视觉元素的影响力，其目的是为了建立清晰的视觉层次并引导用户视线。该原理可以从主导元素和次要元素两个方面来分析。主导元素是在页面构成中最突出的视觉元素，它通常是页面上的视觉中心。而其他附属的视觉元素则为次要元素，在网页构成中起辅助作用。

10. 延续原理

延续原理指通过视觉元素的方向性来引导观者的视线。许多具有方向性的视觉元素以及元素之间的构成关系都可以起到引导观者视线的作用。该原理的主要构成手法有视线方向、运动方向和透视方向。

（1）运动方向

运动方向构成手法指利用具有方向性的视觉元素来引导视线的流动，例如江河、道路、树干等具象元素以及线条、箭头、点的排列等具有方向感的抽象元素。

（2）视线方向

视线方向构成手法指通过图像中的人或动物的眼神的方向来引导用户的视线。

（3）透视方向

透视方向构成手法指通过物体的透视来引导用户的视线。

（四）网页界面的设计

网页界面的设计包括以下几方面的内容：

1. 页首设计

页首指网页的顶部，通常由标志、网站名称、介绍，辅助工具栏、插图等组成。页首往往是用户视线流动的第一个焦点，是网页设计中非常重要的部分。

网站的页首内还有插图或背景色彩，一般与页脚内的插图相互呼应，构成统一的整体风格。

网站的名称通常紧跟在标志之后，两者共同构成网站 ID，最常见的布局位置是页首的左上角。

工具栏由不属于网站主要信息结构的重要链接组成，例如"帮助""常见问题""网站地图""购物车""登录"等内容，它们通常被归纳为一组，是为用户提供辅助性服务的导航工具，通常位于页首的右上角。

2. 页脚设计

网页的页脚在网页主体内容以下，它主要包括版权声明、联系方式以及其他的辅助性导航和内容。有的页脚只有一行版权声明，有的则包含较多的内容和链接。随着网页信息量的加大，页脚在信息内容和功能安排上有扩展的趋势。

3. 网站导航设计

导航系统是网站信息结构在网页上的视觉化体现。导航的基本方式可以归纳为栏目导航、搜索引擎、路径条、快捷链接、索引导航、页码导航、网站地图、嵌入式链接等。网站的导航系统把网站上的内容和功能都按类别、分层次地联系在一起，使用户能够方便灵活地在网站上寻找信息。

导航系统必须在布局、视觉表现、互动方式上都保持一致，使用户能够迅速地识别和预测网站导航系统的操作方式。同时，导航系统的视觉表现设计也影响着网站的设计风格。

（1）栏目导航

栏目导航指以树形的信息结构为基础的导航方式。它按信息结构的层次分为主导航（也称为一级导航）、二级导航、三级导航……以此类推。主栏目导航和工具栏一般在每一页上都重复出现，也被称为环站导航。

（2）辅助导航

在栏目式的层级导航以外，用于帮助用户使用网站的辅助性导航工具被称为辅助导航，例如工具栏、快捷链接、路径条和页脚内链接等。快捷链接是用户最常用的链接，最常见的形式是下滑式菜单，其存在于首页上，能够使用户在直接点击后迅速地跳转到目标网页。路径条的作用是按信息结构的层次提示用户当前位置。嵌入式的文字链接是在信息结构和管理上都比较松散的辅助导航。嵌入式文字链接的设置具有很大程度的个人因素，如果使用不当，可能会造成信息结构的混乱。因此嵌入式文字链接在设计上的统一性很重要。

（3）搜索引擎

许多用户已经形成直接使用搜索引擎的浏览习惯，推荐网站提供搜索功能。用户对输入框和其后紧跟的"搜索"按钮的搭配组合已经非常熟悉，甚至在没有"搜索"按钮的情况下，用户一般也都知道输入框的功能，以及可以通过按回车键来进行搜索。

4. 内容区设计

网页设计的目的是为了能够更好地传递内容区的主体信息，在实际的操作中，普遍存在忽略内容区设计，而把设计重点放在页首、导航按钮，甚至背景图设计上的问题。内容区是页面上用来展示主体信息内容的区域。内容区应根据内容的复杂程度来规划和设计出合理的栅格系统，以满足不同的展示需要。同时，还需要按网页内容的重要程度来建立视觉层次，使网页的信息内容主次分明。

5. 网页宽度

网页的大小会因为用户端计算机屏幕的显示分辨率和用户浏览习惯的不同而发生变化。在进行网页设计之前，需要了解网页的宽度和高度的可变性。

在网页设计的过程中主要有两种限定网页宽度的方法。一种是采用自适应的网页宽度，即页面的宽度会随着浏览器窗口宽度的变化而变化。宽度自适应布局又分为流体布局和弹性布局两种。另一种是根据目标用户群的计算机屏幕的显示分辨率来设置一个固定的页面宽度。从可用性的角度来考虑，页面并不是越宽越好，当每行的文字数过多时，文字的易读性也会受到影响。

6. 网页页面布局

网页设计过程中需要通过对页面的分割来合理地运用页面空间，从而有效地组织网页的信息内容。各类视觉传达设计和艺术形式所总结的构图原则和规律都可以应用到网页的构成设计中。

（1）网页设计中的栅格系统

栅格是由一系列的辅助线索组成的框架式结构系统，用于指导视觉元素的排列、定位、大小，其功能与平面构成中的骨骼，绘画中的构图结构线近似。网页栅格系统的定义为：以规则的网格阵列来指导和规范网页中的版面布局以及信息分布。对网页设计人员来说，栅格系统的使用，可以让网页的信息更加美观易读，更具可用性，无论栅格在页面上是可见的还是隐形的，它都是网站设计中不可缺少的结构系统。

栅格系统还能够帮助设计师更快、更好地利用页面空间，处理各个视觉元素的布局，从而提高工作效率。当多位设计师共同设计一个网站时，栅格系统的运用将有助于设计师之间的合作，保持网站设计风格的一致性。同时，栅格系统的运用也有利于网站的后期维护。

（2）网页的基本布局

① 小布局

设计网站时，主要针对首页、栏目首页和信息内容等几个最重要的页面进行信息安排。其他页面将以它们为基础，从信息变化形式上有针对性地进行细节调整。小布局也可以说是细节上的布局。可以把网页看成是由很多个小块组合而成的，通常要注意的是标题与内容的关系以及这些块放置的位置。比如最核心的内容不要放在最顶、最下或是最中间，而要放在顶部与中间的中部位置。

② 大布局

网页的布局基本上分为上下、左右、左中右、上中下与上下左右混合几类。在确定网页布局类型的时候，最需要注意的就是网站的内容结构。

这是直接影响网页布局结构和导航结构的要素，也是在确定网页布局结构的类型时必须要注意的项目。网页布局设计的最终目的是为使用者提供便利的使用环境。同时，我们还要考虑分辨率与网页大小的关系。网页本身也会与浏览器产生视觉对比，因此应留下空隙页面，不要塞满浏览器页面。

对于上下或左右结构的网页布局，不能把上下或左右平分，而是最好采用黄金分割比来进行划分。如果是上中下或左中右结构，同样不能平分，要注意三者之间的关系。

对于上中下结构，中间部分的比例应尽量大些。

在处理图片的时候也会用到布局，要考虑的问题包括文字放在什么地方，标志放在什么地方等，以上所说布局规范在此时同样适用。

由此可以看出，网页布局中最重要的就是内容及信息架构。

（五）网页视觉特效

网页视觉特效包括以下几个方面：

1. 网页字体

文字是网络信息传递的主要形式。如何运用不同的字体、字横、样式、字重、色彩、排版来组织和传递信息是网页设计的重要问题。

（1）网页安全字体

网页安全字体指那些跨计算机平台的、每个计算机都承载的字体。

（2）层叠样式表

层叠样式表（CSS）可以用来设置字体，控制网页的样式。它可以按字体的优先级别，从高到低依次指定一组字体。其长处是当用户端计算机没有安装首选的、排在第一位的字体时，浏览器会自动采用第二位的字体，以此类推。因此，在CSS中应该把最理想的字体排在首位，并且在其中包含安全字体，在最后还需要指定字体的基本类别，以保证在用户端没有任何优先字体的情况下能够显示正确的字体类别。

（3）网页嵌入式字体

虽然CSS给网页字体的运用带来了一定的灵活性，但是字体的选择仍然局限于用户端计算机所安装的字体，可以用网页嵌入式字体和网页字体替代技术使网页字体的运用摆脱这种局限。网页嵌入式字体是指把装载在服务器上的字体嵌入到网页中，使浏览器能够显示出用户端计算机上没有安装的字体。

网页字体替代技术（SIFR）是通过对Flash JavaScript和CSS的综合运用，将字体嵌入到网页中的，它不受浏览器和计算机平台的限制，也不需要任何服务器的语言支持。用该技术处理的文字内容能够被选择和复制，屏幕阅读机也能够阅读。如果用户端的计算机没有安装Flash插件或者不支持JavaScript，浏览器则会自动显示CCS所指定的网页安全字体。

2. 网页色彩

计算机屏幕和其他电子显示设备是以加色混色的方法来复制颜色的，它完全不同于绘画和印刷所采用的减色混色。加色混色是通过光直接在一个物体的表面产生颜色，即光源本身直接构成了我们所看到的颜色。加色混色的色彩是由红色、绿色、蓝色三原色的光以不同的比例和强度混合在一起而形成的，它们也被称为色光的三原色。

（1）色彩标注

网页色彩有三种标注方法，分别是十六进位制代码、十进位制代码、色彩名称。

十六进位制标注方式采用数字 0 ~ 9 和字母 A ~ F 来表示颜色代码，共有 6 位代码组成，分 3 组，每组有 2 位代码，分别标注红色、绿色、蓝色（RRGGBB），每种颜色可以使用从 0 至 255 共 256 个阶调值，即"00"代表 0，"FF"代表 255。例如"#000000"为黑色，"#FFFFFF"为白色，"#FF0000"为红色。十六进位制的标注方式是最常用的色彩标注方式。

网页色彩的十进制标注方法使用三个整数或三个百分点来代表红、绿、蓝三色的阶调值，如红色可以标注为"RGB（255.0.0）"或"RGB（100%，0%，0%）"。

网页色彩也可以直接用颜色的名称来标注。HTML 4.01 支持 16 个标准颜色，如红色可以标注为"color：red"。

（2）网页安全色

网页安全色的形成和应用始于 20 世纪 90 年代中期。由于当时大多数的计算机所使用的是 8 位色彩深度的视频卡，只能够显示 256 个颜色，并且有 40 个颜色在跨平台使用时不能够取得一致的显示效果，为了避免出现色彩显示错误，网页安全色共有 216 个。随着网络技术的不断发展，大多数用户的计算机都使用 24 位或 32 位色彩深度的视频卡，因而在一般情况下已经不再需要担心用户的计算机是否能够显示足够的颜色。

（3）网页色彩搭配

色彩在网页设计中的重要性是无法低估的。网页的色彩在传达信息、表达美感、吸引用户的同时，也在营造着网站的整体形象。

网页界面的用色要力求精简，在有限的颜色中充分利用对比与和谐的基本法则来进行色彩搭配。网页的色彩搭配需要形成一个统一的风格，必须通过栏目之间色彩运用的规律性和其他要素的一致性来保证网站设计的整体性。

网页颜色的选择与搭配必须与网站的内容和功能相符合，也需要考虑用户的审美情趣和对颜色的喜好。因此在网页设计中需要一个明确的创意，并由它来统一指导和安排网站设计的各个方面，包括色彩的搭配。

3. 网页多媒体

多媒体指网站上常用的文本、图形、动画、音频、视频等多种信息载体。

（1）动画

动画是一系列静态图像按顺序依次显示，使人产生连续变化的错觉的图画。通过实时拍摄所得到的每帧图像的连贯放映则被称为视频。

网络动画既可以用于传递网页的主体信息，也适用于其他的辅助性内容，如按钮的互动状态或动态的图标提示等界面元素。动态的文字也属于动画的范畴，如网络动态广告中的文字处理。

常用的动画格式有以下几种：

GIF（扩展名：.gif）是互联网上最早也最容易制作的动画形式。GIF动画的图像帧数一般较少，以减少文件的大小并缩短下载的时间。它的不足之处是不能与音响合成，也不能够提供互动的功能。

Flash格式（扩展名：.swf）是针对网络多媒体的需要而设计产生的动画格式。Adobe Flash软件能够编辑处理Flash格式的动画，也能够输出Quick-Time（后缀名为.mov）格式的动画。Flash动画还具备互动的功能，它所需要的插件在99%以上具有上网功能的计算机上都能加载。

此外，还有通过Java应用程序创作的动画以及一些存为视频格式的动画。

（2）音频

音频大致可以分为语音、音乐、非语音的音响效果（包括自然界的各种声音）三类。音频作为非视觉的信息传递方式，不占用网页空间，可以在网站上独立使用。

在网站设计中，背景音响效果不能与网页主体内容争抢用户的注意力，最好选择比较安静温和的音频，并且应该给用户提供开关和控制音量大小的途径。

常用的音频格式有以下几种：

实时音频（RealAudio，扩展名：.ra、.ram）是针对网络传输带宽的局限而设计的，高压缩比例和容错性是它的主要目标，音质倒在其次。实时音频能够根据用户的带宽情况来自动调整音频文件的压缩比例，并且使音频在网络上的传送和播放能够同步进行。

MP3格式（扩展名：.mp3）实际上是MPEG视频格式的音响部分。它的压缩功能强大，文件下载速度快，兼容性好，是目前网络上最流行的音乐格式。

WMA格式（扩展名：.wma）是微软公司开发的一种音频数据压缩技术，文件体积比MP3格式更小。大多数播放器都支持这一格式，ipod除外。

此外，还有AIF、AU、WAV、MID等其他格式。

（3）视频

在信息的容量、传递的及时性、覆盖面广度以及互动体验上，网络视频都比电视视频具有更大的优势。网络视频的制作与播放都相对比较复杂，网络视频的运用还必须考虑到计算机平台的兼容性和带宽的限制。

常用的视频格式有以下几种：

MPEG 格式（扩展名：.mpg）能够通过微软的 Windows Media Player 和苹果公司的 QuiekTimc 播放器来播放，具有很好的兼容性。其不足之处是文件比较大。

Flash 格式（扩展名：.swf 或 .fly）具有最佳的兼容性和可使用性。它的图像效果好，文件小，是最常用的网络视频。如 YouTube 和 Google 等网站都使用 Flash 格式的视频。

QuickTime（扩展名：.mov）是由 Apple 公司开发的视频格式。它既可以在网上使用 QuickTime 播放器直接播放，也可以下载后再播放。

此外，还有 WMV、MP4、AVI、ASF 等其他格式的视频。

4. 网页图像

网页图像通常指通过网站发布的任何形式的图片，如各种标志、摄影、插图、图表、背景、广告、按钮等。网页图像作为信息内容的重要载体，具有直观性的特点。

（1）图像的分类及特征

网页图像可以简单地分为矢量与点阵两大类。矢量图像是以描述的方式，通过图像上每个点之间的数学关系和连接它们的路径来记录和渲染图像的。它的质量不会受图像的尺寸和分辨率的影响。点阵图像是由一系列的像素点直接组成的，当图像放大后就会产生模糊和锯齿，不能保证图像的质量。网页设计一般采用的都是点阵图像。

用于印刷的图像分辨率通常为 300 dpi，像素体积也很大，如一个 7 平方英寸的图像文件往往有十几个兆（MB）。网页图像不需要如此高的像素，因为计算机屏幕的分辨率只有 72 dpi 或 96 dpi，另外网页图像体积越大，下载的时间也就越长，所以，网页图像一般都需要进行压缩。

有损耗压缩通过删除图像中的数据信息来压缩图像的体积。图像的压缩比例越大，质量也就越低。经过压缩处理的图像文件也不可能恢复到原始图像的质量。

无损耗压缩技术则不会删除图像的数据信息，其优点是能够较好地保证图像的质量，但是它的压缩比例比较低。

网页上常用的图像格式有采用有损耗压缩技术的 JPEG 和 GIF 格式，也有采用无损耗压缩技术的 PNG 格式。

JPEG 格式（后缀名为 .jpg）的图像支持 24 位的色彩深度，即 16777216 个颜色，它一般适用于写实摄影类图片、游戏截图、电影剧照以及那些有丰富的色调和明暗变化的复杂图像的压缩处理。与之相对的，它不适用于色彩与明暗对比强烈、有细线条的简单图形。

GIF（后缀名为 .gif）图像支持 8 位的色彩深度，即 256 个颜色。GIF 支持透明背景和动画。它适用于简单的平面图像和文字，而不适用于写实类的摄影和有许多细节的图像。

PNG 格式（后缀名为 .png）是为了替代 GIF 而开发的无损耗压缩技术。PNG 格式的图像支持 24 位的色彩深度和透明背景，该格式适用于压缩处理文字、平面插图、漫画、桌面系统上的各种截图以及各类复杂的图像。

（2）网页图像的设计

网页图像按其功能与作用可以分为内容插图、背景图、界面图、广告、装饰图、图像格式的文字等。

内容插图是指那些直接传达网页信息内容的图像，例如新闻图片、网站 Logo 等图像。内容插图在传递信息的同时，对网站的形象、个性风格以及每个网页的构成和色调、视觉层次、视觉平衡、实现焦点的形成都有直接的影响，是网页设计中不可忽视的重要环节。

界面图主要指用于帮助用户使用网站的各种图像，如网站导航系统中的按钮与图标等。界面图既可以是页面上相对独立地构成单位，也可以与其他的页面元素融为一体，其设计和运用必须保持一致，否则界面图就不能起到协助用户正确使用网站的作用，反而会给用户造成困扰，也不利于网站整体形象的建立。

背景图可分为整页背景和局部背景两大类，其主要功能是衬托主体内容和烘托气氛。可以通过背景图的运用来划分页面区域，以帮助信息内容的分类与组合。在背景图的运用中要分清主次，背景图不可喧宾夺主，更不能影响网站的可用性。当网页的文字与背景图重叠时，尤其需要注意背景图的繁简程度和颜色搭配，以确保文字的易读性。

图像格式的文字并非严格意义上的图像，它是为了突破网页安全字体的局限而采用的文字处理方式。从设计的角度来看，图像格式的文字可以使用任何字体，也可以使用页面的排版相对稳定。从可用性的角度来看，用户不能够改变其字体、大小和颜色，也不能够对文字的内容进行选择和复制，屏幕阅读机也无法直接阅读图像中的文字内容。除此之外，图像格式的文字下载时间比 HTML 文字下载时间长，制作与改动较复杂，后期维护也需要更大的投入。

基于以上因素，并不提倡使用图像格式的文字，如果由于特殊的原因需要以图像的方式来处理个别的文字，在设计中应该遵循字体排版设计的基本原则，尤其要注意文字的可读性。特殊美术字的选择和设计也要与网站所传递的信息内容及功能相符合，并且与网站的整体风格相协调。

图像的运用是为了更好地传递信息和表达思想感情，使网页更具吸引力，操作更便捷。因而图像的设计与运用一定要有目的性，要服从网站的总体策划和整体效果设计，不能单纯为了美观而影响信息的传递，损害网站的可用性。图像的运用要条理清楚、层次分明，否则会争抢用户的注意力，以至于使整个页面杂乱无章。图像的含义也应该简单明了，使用户能够迅速、正确地理解。

（六）网页设计误区

1. 网站的版面设计

我国高校图书馆大多采用了页面顶部为网站标题，标题下方为三到五个矩形进行分割的模块的形式，模块主次和内容的划分则是根据各馆的喜好。这种矩形分割的方式给人稳定、平和的感觉，但平铺直叙的板块分布缺乏主次和节奏感。另外，在网站的检索、登录设计方面，应该更为鲜明，便于用户利用。导航栏的设计则存在栏目页面过窄，文字字号偏小的问题，应合理设计导航栏宽度，集中凸显关键信息。

2. 网站的色彩选择与搭配

图书馆网站页面的设计理论即塑造可为人观看的艺术形象的造型艺术。目前普遍运用于计算机网站的用户界面（以下简称 UI）建设中的方法就是视觉艺术的一种。UI 理论认为好界面将极大地提高用户使用产品的愉悦感，帮助用户很快地掌握产品的使用方法。该理论要求网站建设者运用空间、色彩布局等原理，结合网站的功能需求以及平衡、对比、呼应、疏密等平面设计手段，构建出符合用户视觉审美的网站。

在色彩的选择和搭配方面，有些图书馆选择了单色调，试图体现出高校图书馆的学术性风格，但这样的设计给人的感觉是缺乏生气。还有的图书馆网站的色彩选择过于夸张或色彩搭配缺乏层次感，网站个性化特征不明显，难以给用户留下深刻印象。

图书馆网站的设计多数只重视了内容的实用性，而没有在美工方面下功夫。网站的设计要充分考虑用户的审美需求，让用户心情更加愉快地浏览，因此要重视图书馆的视觉吸引力。

第六章 高校图书馆信息化管理研究

第一节 高校图书馆管理环境分析

21世纪，信息化、网络化、数字化飞速发展，高校图书馆面临着前所未有的机遇和挑战。为顺应社会发展的潮流，跟上时代的步伐，高校图书馆必须坚持管理创新，从管理理念、人员素质、管理模式、服务内容等方面入手，进行积极的改革和探索。

信息技术融入图书馆建设后，极大地促进了图书馆向现代化、信息化方向的发展。中国图书馆也逐步引入信息技术，图书馆文献信息的加工整理和传播速度得到大大提高，图书馆建设迈出了新的一步。

一、关于图书馆信息化

信息化成为科技发展、经济活跃和社会进步的象征。信息化在人类精神文明方面引导着世界文明的发展进程。图书馆不仅收集了各民族自身的文化遗产，同时也收藏着国际化的自然科学、人文社会科学等信息与知识，这些信息与知识绝大部分是以文字、图表的形式记录在各种纸质载体上。在这种以印刷品为主要管理对象的图书馆里，无论对阅读者还是图书管理员来说，检索、借阅和管理都是很不方便的。电子计算机的诞生，特别是计算机用于事务管理，给信息化建设带来了巨大的变革。图书馆作为信息收藏中心，自然是最早的受益者，不过在早期只是用计算机进行简单的文字处理和内部业务管理，图书馆的运作没有本质上的改变。直到第二次信息技术革命，网络时代的出现，给整个世界在信息资源共享与传输上带来了质的飞跃，图书馆也在这次浪潮中逐渐发生了质的变化。

图书馆信息化，就将信息技术运用到图书馆的日常工作中，合理运用图书馆的各种资源，优化人员工作流程，使图书馆的功能更强，收益更大，为用户提供优质信息服务。

二、图书馆信息化进程

我国图书馆信息化历程可大致分为三个阶段：

（一）图书馆自动化管理集成系统发展阶段

20世纪80年代初，图书馆信息化就是以图书馆内部业务处理为核心的图书馆管理自动化。这一阶段是传统图书馆业务流程的自动化，最先从图书馆采、分、编、典、流的业务流程展开，用自动化技术强化图书馆内部业务的管理。在这一时期，图书馆自动化软件的研发也逐渐展开，开始了面向用户的文献信息服务自动化。

1.图书馆自动化管理系统的开发与引进

20世纪80年代以来，汉字信息处理技术逐渐成熟，被引入图书馆系统之中，图书馆信息化发展得越来越快。国内一些软件公司和图书馆开始自行研发图书馆系统软件，并实现了商品化，如北京现代文津信息技术研究中心的"文津系统"、深圳大学图书馆的图书馆自动化管理集成系统（SULCMIS）、北京大学图书馆自动化集成系统（PULAIS）等。

除了运用国内的软件之外，个别图书馆引进了国外研制得较为先进的图书馆管理软件，如中国科学院文献情报中心引进的TOTALS系统、北京师范大学图书馆引进以色列的ALEPH系统、上海图书馆引进的HORIZON系统等。这些软件的引进推动了我国图书馆管理软件的发展。

2.标准化工作

行业标准化对一个行业的稳定健康发展至关重要，图书馆对其标准化工作也极度重视。全国图书馆界在广泛使用《中国图书馆图书分类法》《文献主题标引规则》《文献著录准则》等的同时，也十分重视图书馆自动化过程中的标准制定与推广工作，近些年完成了几项比较重要的工作。

3.数据库建设

（1）书目数据库

书目数据是图书馆自动化的基础。1995年，文化部组织建立了中国国家书目回溯数据库系统，与中国国家书目数据中心制作发行的中国国家书目数据库合并形成一个完整的并不断更新补充的中国国家书目数据库，现在中文图书书目数据量超过110万条。此外，还出版发行了建国50年中文图书书目光盘（1949—1999），该光盘共收录图书100万种。

（2）中西文连续出版物联合目录数据库

中西文连续出版物联合目录数据库由中国科学院文献情报中心牵头的一项大规模的

文献数据处理工程，主要是报道期刊馆藏信息的书目型文献数据库。

（3）中文报刊索引篇名数据库

中文报刊索引篇名数据库由上海图书馆独立开发。

（二）图书馆网络化发展与文献信息资源共建共享阶段

图书馆自动化是图书馆网络化的前提，没有图书馆的自动化，就谈不上图书馆网络化。但仅仅具有个性化特征，局限于特定化服务的图书馆自动化是不够的，难以满足当今用户的信息需求。

1. 电子阅览室的建立与互联网的连接

随着互联网技术的广泛应用，传统图书馆的服务方式和手段已不能满足读者的需求，图书馆纷纷加强了信息网络的建设，图书馆文献信息的存储与使用发生了很大的变化。有条件的图书馆陆续建立了电子阅览室或多媒体阅览室，读者在电子阅览室中就可以方便地接通互联网，利用互联网查询到更多的知识信息。很多图书馆实现了局域网与互联网的连接，能将本馆的信息资源传送到网上，最大限度地实现资源共享。

2. 图书馆联合编目

1997 年，国家图书馆组建全国图书馆联合编目中心，图书馆与出版发行商共同对出版的文献进行编目，实现了网上编目资源共享，推动了编目的标准化和规范化。

3. 文献信息资源共建共享工作的开展

信息技术的发展为各级各类图书馆信息网络和文献资源数字化的建设奠定了基础。1999 年，全国文献信息资源共建共享协调委员会成立，推动了全国各地文献信息资源的共建共享工作。各级各类图书馆积极合作，建立共建共享协作关系。2000 年，北京召开"中文文献资源共建共享合作会议"，内地（大陆）与港、澳、台以及海外华人进行了多个文献信息合作项目，取得了全球范围内中文文献资源共建共享的重大突破。

（三）数字图书馆的研究与建设阶段

数字图书馆是使人们能够智能地在全球网络上存取信息的若干联合机构的总称。虽然这一概念出现时间不长，但人们对它的界定可以说是"仁者见仁，智者见智"，目前国内外专家学者对这一概念还没有达成统一的认识。人们常常对数字图书馆的某一特性入手给予界定或概括，似乎不同的人对数字图书馆就有着不同的定义。不管是谁最先提出的"数字图书馆"，这一概念已经以迅雷不及掩耳之势深入到人们的生活中。

数字图书馆是未来图书馆发展的方向。当前，数字图书馆建设的浪潮正在全球掀起，数字图书馆成为衡量一国信息基础设施水平的重要标志。研究和建设数字图书馆对我国信息传播有重要作用，不仅能够扩大互联网上中文信息的数量，也能提升图书馆的服务能力。

第二节　高校图书馆硬件系统创新管理

图书馆数字化的发展对信息基础设施建设提出了更高的要求，从而推动了图书馆服务器虚拟化的进程。服务器虚拟化了业务量，提高了效率，节约了成本，同时也保证了稳定性。

一、服务器虚拟化技术

服务器虚拟化的原理是对物理资源进行抽象处理，将物理机处理为抽象的逻辑资源池，并以此建立虚拟服务器。虚拟服务器能够简化系统管理，动态地分配资源，提高物理资源的利用率。利用集群技术，虚拟化可以将 CPU、内存、网卡、存储、I/O 等硬件抽象为资源，并且在虚拟资源池上运行的多个虚拟机不会受到硬件设备故障的影响。

二、服务器虚拟化带来的好处

虚拟化平台是通过软件将一些独立的物理机器抽象成资源池，某一台物理机的故障不影响整个资源池的运行，因此虚拟服务器更加稳定。在虚拟化之后，所有的数据将被存储在共享存储中，即使服务器被破坏，应用程序也可以很快恢复，这就使得虚拟服务器具备更高的安全性。

虚拟化环境简化了服务器的管理。在服务器虚拟化之前，增加一台服务器需要经过多个流程，例如申报、购买、安装等。在虚拟化之后，几分钟便能创建一个服务器。对于以前的物理服务器，采用迁移技术，可以很容易地将物理服务器迁移到虚拟化平台而不需重新部署。

虚拟化利于高效节能。虚拟化后，大量服务器集中在虚拟主机上，节省了机房占地、服务器能耗、空调以及人力损耗等。

三、以 vSphere 服务器虚拟化软件为例

vSphere 是常用的服务器虚拟化软件，下面对 vSphere 服务器虚拟化软件进行介绍。

（一）虚拟化环境的逻辑结构

vSphere 软件虚拟化环境逻辑结构由 ESX4.1、vCenter Server 和 vSphereClient H 部分组成。ESX4.1 部署在物理服务器之上；虚拟客户机运行于 ESX4.1 之上，作为虚拟化

服务器的基础架构；vCenter Server 套件能对 VMware vSphere 环境进行有效控制和管理，部署虚拟机并监控其性能；vSphere Client 既能对 VMware vSphere 环境进行集中管理，也可作为 ESX Server 单独的管理配置工具，连接 vCenteiServer 服务器。

（二）ESX Server 4.1 安装、初始化配置和简单应用

1. 安装 ESX Server 4.1 前的准备

关于软件准备，首先是购买 VMware vSphere 产品，通过 VMware 官方网站（https：//www.vrnware.com/cn.html）下载 ESX Server4.1 软件安装包，并购买软件的序列号。在购买软件之前需要先注册 VMware 官网账号，通过 VMware 账号可以管理购买的序列号，以及对序列号的版本进行更改。

关于硬件准备，即安装系统前的准备，主要是对连接 ESX 主机的交换机的两个出外网的端口进行设置，每一个 ESX 服务器都有四个网卡，在交换机上把需要出外网的端口改成 trunk 模式。这样做是因为在 vCenter Server 中也有自己虚拟的交换机，这样的连接相当于是两个交换机连接，物理的交换机和 ESX 主机内部虚拟的交换机连接，所以需要把连接 ESX 主机的交换机的端口改成 trunk 模式。

2. 安装 ESX Server 4.1 系统

ESX Server 4.1 系统安装过程比较简单，把 ESX 光盘放入光驱，重启机器，选择光驱启动，按照提示一步步操作就可以。在安装过程中会提示输入 ESX 主机的 IP 地址、网关 hostname（例：ex005）、域（library，ecnu，edu，cn）还有服务器的密码，这些需要在安装之前就准备好。在安装过程中配置好的 IP 地址、用户名和密码是用来对 ESX 主机进行管理使用的，并且下一步把 ESX 主机加入 vCenter Server 也需要 ESX 主机的 IP 地址、用户名和密码。

ESX 主机的管理有两种方式：第一种是直接在浏览器里输入 IP 地址来管理（例如 https：//ip）；第二种方式是通过 WMware 对 ESX 主机进行管理的客户端软件 vSphere Client。

（三）vCenter 安装、初始化配置和简单应用

1.VMwarevCenter Server 的安装

vCenter Server 需要在 VMware 官网上下载与购买序列号，能够安装在物理机和虚拟机上。此处介绍的是 vCenter Server 安装在物理机上的步骤。vCenter Server 要安装在物理机的 Windows Server 2003（64 位）服务器上，计算机名要与 host 文件里的名称保持一致。

安装好 vCenter Server 之后，还需要安装 vSphere Client，对 vCenter Server 进行管理。

同样，可在官网上下载 vSphere Client 软件。vSphere Client 有两种安装方式：一种是安装在 vCenter Server 服务器上，另一种是安装在其他电脑 ±o 对 vCenter Server 的管理通过操作系统的 IP 地址来实现，输入用户名和密码，登录之后，就能对 vCenter Server 进行管理。

2. 通过 vCenter Server 添加 ESX Server 主机

进入 vCenter 管理主页之后，在清单里面打开主机和集群。第一次打开时，左侧有 svctag-gs4xvlx 标签。右击它选择新建数据中心，再在数据中心下面建立主机集群，建好主机集群后就可以在主机集群里添加 ESX 主机。

3. 对 ESX Server 主机进行网络配置

主机添加完成后，还需要对主机的网络进行配置。打开网络配置窗口。每一台主机的四块网卡需要三个 IP 地址。

对 ESXerver 主机进行 DNS 和路由配置，DNS 和路由配置正确，才能连接网络。在软件栏中选择 DNS 和路由，点击右上角的属性，设置分配给主机的 DNS 和路由。

（四）ESX 主机与 SAN 存储的连接及对虚拟机的操作

1.ESX 主机与 SAN 存储的连接

SAN 为 ESX 主机提供共享存储，是把主机后面 HBA 卡的号码添加到 SAN，然后打开 vSphere Client，选中要连接 SAN 的主机，打开配置标签，选择存储器，打开存储器管理界面。

2. 添加虚拟机、虚拟机的克隆和使用模板部署虚拟机右击主机和集群中的主机，选择添加虚拟机，弹出对话框。

框中添加和配置虚拟机的名称、内存、磁盘、CPU 等相关信息，的虚拟机，在弹出对话框中选择克隆，就会复制出一台虚拟机，并将它转化为模板，以后部署的虚拟机就能按照模板来进行。

（五）物理机迁移和动态资源分配

1.热迁移和冷迁移

ESX 主机配置好之后，剩下的工作就是需要把物理机迁移到 ESX 主机上。热迁移使用 VMware 公司提供的 VMware vCenter Converter Standalone Cli-ent 工具来完成，需要在物理机开机的状态下完成。冷迁移使用 VMware 的迁移光盘启动需要迁移的物理机，把冷迁移的镜像文件下载下来刻录成光盘，然后使用光盘启动需要迁移的物理机，配置好 IP 地址，就可以完成迁移，这些需要在物理机关机状态下完成。Linux 操作系统就需要采取冷迁移的方法，在迁移 Linux 操作系统时需要配置迁移助手。迁移助手需要配一个 IP 地址，这个 IP 地址要能够连接 ESX 主机和要迁移的物理机。

2. 动态资源分配（DRS）

在 vSphere Client 中右击群集，选择编辑设置，就可以打开 DRS，修改原来的默认自动化级别为手动，就能将不需要在多台 ESX 主机之间切换的虚拟机进行动态资源分配。常用在一些需要加密锁的虚拟机上。

（六）虚拟化环境的管理

1. 通过 vSphere Client 管理 license

登录到 vSphere Client，然后选择主页—系统管理—许可，在许可里可以对 vCenter，ESX 进行注册、管理等操作。

2. 开关机

开机操作顺序如下：先开存储—通过开机键，打开四台主机，等待 10 分钟左右—打开 vCenter 服务器—通过 vCenter 查看主机的状态—退出维护模式—依次开启虚拟机。

关机操作顺序如下：关闭虚拟机—使主机进入维护模式—关闭主机—关闭 vCenter—关闭存储，进入维护模式（注意：进入维护模式的时候，系统会提示是否将主机上的虚拟机迁移到其他虚拟机上，此时应选择否，否则虚拟机就会被迁移到其他主机）。

3. 打开或关闭虚拟主机的方法

用 root 用户登录到 ESX 服务器；

输入 "cd/etc/ssh"；

输入 "vi sshd_config"；

找到包含 "PermitRoot Login no" 的一行，把 "no" 改成 "yes"（按 A 键来编辑更改）；

按 ESC 键（取消编辑功能），然后按 Shift+ ：键，再输入 "wq" 来保存设置；

重启 SSH 服务。如果要关闭 SSH，则将 "yes" 改成 "no"。

（七）故障处理

第一，若 ESX 主机内部的虚拟机全部不能出外网，则要检查 "出外网" 的网卡对应的交换机的端口是不是 trunk 模式，若不是 trunk 模式，需要在交换机上把对应的端口改为 trunk 模式。

第二，若 ESX 操作系统不能安装则可能存在如下问题：由于主机的内存需要平均分配在每一个 CPU 上，如果 CPU 上面没有内存，就不能安装。

ESX 主机的密码丢失解决方案：添加新的 LUN 到 ESX 主机。为了确保所添加的 LUN 中的数据是不需要的，可以通过裸设备映射的方法来使用 LUN，这样添加到 ESX

主机的 LUN 就不会被格式化，然后新建一台虚拟机，通过这台虚拟机查看对应的 LUN 上的原有数据。

新添加了一台虚拟主机，没有连接共享存储，导致其他的主机 HA 无法打开。

当虚拟主机网络中断时，如果虚拟化环境的 HA 是开启的，将会导致所有虚拟机重启，解决办法是在需要做网络调整的时候关闭 HA。

第三节　基于人本理念的高校图书馆管理模式

目前，高校图书馆管理中存在很多问题，其中最重要的是人本理念的缺失，缺乏对人的尊重。为实现科学发展，高校图书馆管理要坚持人本理念，协调馆员和读者的关系，最终实现馆读和谐。

一、高校图书馆管理中存在的问题

经济的发展、时代的进步在很大程度上促进了高校图书馆的发展，但不容忽视的是，高校图书馆在管理过程中仍存在一些落后的观念，如重物不重人等，这在很大程度上限制了图书馆功能的发挥。具体而言，高校图书馆管理中主要存在以下三个问题。

（一）重图书信息采集，轻馆员技能培训

随着社会的不断进步，高校图书馆逐步扩大了自身的服务职能，除了对纸质藏书的借阅外，还通过运用现代技术为读者充分利用各种资源提供了方便。因此，为了适应时代现代化、信息化发展的需要，高校图书馆应注重图书信息的采集，保障信息的全面性，并不断提高馆员的技术水平。

（二）重图书管理，轻读者使用

目前，国内大多数高校图书馆都很重视图书的收藏问题，当然，这些是图书馆管理的分内之事，但有时藏并不是为了用，反而对用进行了限制。图书收藏主要目的是服务于读者，供读者借阅。

目前，丢书现象在高校图书馆中仍非常普遍。之所以会出现丢书现象，主要有以下两点原因：一是读者在借阅过程中真地把书弄丢了；二是对于一些具有收藏价值的书，读者宁愿赔上几倍的钱也不愿归还。图书馆管理者将丢书的原因归结为读者素质太低，采取的措施是不断完善借还书制度，为了防止图书丢失现象的出现，对每个学生进行防范，提高罚赔标准，而并不是制定出人性化的管理措施。

（三）重馆舍装修，轻服务质量

就我国目前情况来看，很多高校为了在招生中占有优势，不惜投入巨资进行图书馆的扩建和装修。在学生的大学生活中，图书馆是他们主要的活动场所。注重图书馆的建设是应学生之需，本就值得提倡。但存在的问题是，僵化的服务使得高校图书馆在馆舍的装修与维护上投入很多，实际的利用率却并不高。

图书馆管理者通常认为读者是他们进行管理的主要对象，而并不是其服务的对象。例如，读者在借书或者还书过程中遇到不清楚的问题向馆员咨询时，馆员常常表现出不耐烦甚至态度恶劣。就目前情况而言，许多高校图书馆管理机制建设的目的主要是方便对读者进行管理，而不是为了提高读者服务质量。正是如此，高校图书馆馆员与师生之间的矛盾不断激化，使得高校师生往往不满于图书馆的服务。

二、高校图书馆管理模式的探索

决定高校图书馆发展能力的，不是图书馆的硬件设施，而是图书馆管理人员的能力。人本理念作为管理学的一个重要理念，其非常重视对人的服务。因此，高校图书馆要注重人本理念，在此基础上推进图书馆的管理工作，具体要做到以下三点：

（一）以馆员为本，提高高校图书馆服务水平

图书馆馆员直接参与到读者的交互活动中，是图书馆的服务主体，其素质在很大程度上决定了图书馆的服务水平。因此，图书馆服务要从馆员入手，着重注意两点工作：第一，完善图书馆岗位管理与绩效考核制度，保证馆员的职业发展，提高馆员的工作效率。第二，注重对馆员的技能培训，建立并完善馆员继续教育制度，帮助馆员熟练掌握信息技术，提高馆员的专业水平和服务水平。

（二）以读者为本，改进高校图书馆服务质量

读者是图书馆的服务对象。离开了读者，离开了读者的阅读需要，图书馆的藏书也就失去了其存在的价值。具体而言，要做到以下几点：

1. 为读者提供方便务求实效

为了更好地为读者阅读提供方便，高校图书馆应对图书馆的开放时间、借书时间、还书时间等进行合理的调整。

2. 尊重和信任每一位读者

图书馆有时会发生偷书的情况，调查工作应该适宜地进行。学习知识是读者来到图书馆的主要目的，对他们产生怀疑并进行审查，会引起他们的反感。

3.培养读者正确的阅读理念

高校图书馆要充分发挥其教育功能，引导读者养成正确的阅读观念，做到多读书、读好书。

（三）牢固树立人本理念，实现馆读和谐

高校图书馆是公共文化服务的重要组成部分，高校图书馆的管理者必须牢固树立人本理念，让读者能够在图书馆获得优质的服务。

首先，高校图书馆的管理者应该对自身的位置进行准确定位，正确使用自身的权利，严格履行自身的义务。

其次，高校图书馆管理者的一切行为都要以提供优质的服务为准则，要为读者和社会服务。只有具备这样的意识，高校图书馆才能不断改善阅读环境，为读者考虑。

最后，充分发挥高校图书馆馆藏资源的作用，为地方经济和社会发展服务。高校图书馆作为高校的文献信息中心，在促进地方经济社会发展方面发挥着重要的作用。高校图书馆的管理者应充分发挥高校图书馆的公共服务职能。

总而言之，作为一种重要的公共教育资源，高校图书馆拥有一个特别庞大的读者群。高校图书馆管理者在管理过程中只有坚持人本理念，才能有效地实现馆读和谐，促进高校图书馆事业的健康发展。

三、面向读者的服务理念及有效管理

为读者服务是高校图书馆最主要的工作。只有全力做好这项工作，才能够充分彰显图书馆的核心价值。随着社会的不断发展和进步，图书馆工作中广泛应用了现代信息技术，尤其是文献信息处理工作，对现代信息技术进行了充分的利用，因此，高校图书馆服务读者的服务理念和管理方式也要随之发生变化。

（一）面向读者的服务理念

面向读者的服务理念应包括以人为本、服务为先、平等合作、开放交流、效率至上。

1.以人为本

以人为本是高校图书馆管理的内在要求。在高校图书馆管理中坚持以人为本就是要从满足人的根本需要出发，制定图书馆的管理制度、创设的图书馆环境、建立的工作流程和方法都要具有人性化的特点，为读者提供方便。

2.服务为先

高校图书馆不管是信息收集、加工、传递、咨询，还是环境的创建，其最终目的是为读者服务。总而言之，图书馆工作的本质是服务，而并不是管理。图书馆工作中的人

员管理、资料管理、读者管理主要是为了服务于读者而存在的，可以说，管理只是手段，服务才是高校图书馆工作的最终目的。由此可见，在读者服务的所有理念中，服务理念才是最基本的理念，它直接影响着读者的满意度，影响着图书馆工作价值的实现。因此，高校图书馆管理工作要从读者的需求出发，紧紧围绕服务于读者开展工作，只有这样，才能充分利用图书馆的资源，使图书馆的各项职能助力师生的教育和学习。

3. 平等合作

平等合作理念具体应体现在以下几点：首先，馆员与读者之间的平等。馆员不能单纯以管理者自居，要真正地从内心尊重读者，读者要理解和尊重馆员的劳动和付出，这样才能体现出平等理念。其次，学生读者与教师读者在图书馆的地位是平等的，学生是读者的主体，教师是重点，在服务过程中不能厚此薄彼。最后，不同学校之间的学生以及校内外读者要实现平等。高校图书馆不仅要对学生和教师等校内人员开放，也应逐步实现对社区居民的免费开放，平等地对待到图书馆阅读的所有读者，进而实现不关乎等级、身份、性别的平等服务。

4. 开放交流

信息技术的不断发展与广泛应用，使高校图书馆逐渐发展成为一个开放的信息交流平台。图书馆读者的身份逐渐多元化，他们已不仅仅是信息的使用者，同时还能够发布信息，甚至监督图书馆的管理工作。因此，高校图书馆管理者应把开放交流作为一个重要的理念。

5. 效率至上

高校图书馆管理应注重工作效率，要实现用最少的管理人员进行最优质的服务。在馆藏资源建设中，要注重提高效率，珍惜资源，实现对有限的图书经费的最大限度的利用。另外，还要改进工作流程，减少不必要的工作内容。

（二）读者服务的有效管理

1. 加强图书馆硬件设施建设

图书馆要想做好读者服务工作，首先要有良好的硬件设施。随着藏书的不断增多和读者服务的需要的增长，很多高校图书馆都开始建设新的馆舍。新的图书馆增加了大量图书，书架、窗帘、阅览桌椅等许多设备都焕然一新。由于新馆面积增大，读者的阅览座位也大幅度增加，每日来图书馆的读者人数比过去有了明显的增加。

新建的图书馆往往比较注重条件的改善及先进的自助借还机设备的引进，逐渐实现了各项业务的自动化管理，依托网络为学校教学、科研提供文献信息服务。图书馆在发展过程中逐步向主动服务、多样化服务和网络化服务方向发展。如今步入图书馆，首先映入眼帘的是温馨和谐、宽敞明亮的环境，读者可以在图书馆里静心阅读和学习。

2. 加强图书馆人性化服务

服务要以人为本，体现人文关怀，要采用富有人情味的服务方式。图书馆人性化服务是世界图书馆界服务的方向，同时也是图书馆现代化的标志之一。因此，图书馆人性化服务，就是图书馆要多从读者的角度去考虑问题，要想读者之所想，急读者之所急。要经常换位思考，把自己当作一名读者，从读者的角度出发去考虑问题。为了开展人性化服务，高校图书馆采取了很多方便读者利用图书馆的方式，具体如下：

（1）延长开馆时间

许多高校图书馆改变了过去每天只开 8 小时，晚上、周末及节假日都闭馆的状况，延长了图书馆的开放时间，使读者能够有充裕的时间在图书馆内查阅文献和学习。

（2）改变借阅方式

图书馆从过去传统的闭架借阅转变成现代的开架借阅。闭架借阅在很大程度上限制了读者查阅文献，由于读者不能进入书库，许多对读者有用的文献资料未被发现利用，浪费了资源。实行开架借阅后，极大地方便了读者，扩大了读者的视野，图书借阅量比过去有了大幅度增加，因此也使图书馆资源得到充分的利用。

（3）改善购书方式

图书馆可以定期开展读者选书活动，由书商将新近出版发行的新书、畅销书样本带到图书馆，让读者自己进行挑选，读者选出的图书由图书馆统一购买。另外，读者还可以在校园网上进行图书订购，向图书馆推荐他们所需要的图书。

（4）调整自助还书机的分布

将自助还书机分布在图书馆之外的一些地方，使读者也可以不进入图书馆而在其认为方便的地方来还书。

（5）设立电子存包柜、安装饮水机等，方便读者使用。

进入图书馆后，读者的书包、笔记本电脑等物品可随身携带或放入各阅览区设立的电子存包柜中。另外，新图书馆在每个借阅区门口都安装了饮水机，读者可随时免费在那里接水。

此外，在条件允许的情况下，可以考虑在图书馆内设立一个休闲区，安放一台自助咖啡机，读者学习累了可以坐在那里休息一会儿，喝喝咖啡、吃些东西或进行交流学习。

3. 树立良好的馆员形象

具体而言，良好的馆员形象的树立应做到仪表美、语言美、行为美。

（1）仪表美

图书馆工作人员的仪表并非指穿着多么华丽、高贵，而是指衣着要得体、大方，符合馆员身份。

（2）语言美

馆员为读者进行咨询、服务的过程其实也是与读者沟通的过程，要注意用亲切和蔼的语气和读者讲话，不要表现出高高在上、漫不经心的样子，要让读者高兴而来，满意而归。

（3）行为美

馆员的一言一行会对读者产生很大影响，只要我们尊重理解读者，读者也会尊重理解我们。例如，当我们看到读者在阅览区大声聊天或吃东西时，我们必须加以制止，但是要注意方式方法，千万不能出言不逊伤害读者的自尊心。对于个别撕书、偷书犯错较严重的读者，则不能姑息迁就，应该单独叫出来严厉批评，但决不能辱骂，要以说服教育为主，要晓之以理、动之以情，让他们口服心服，不至于产生抵触对立情绪，使之吸取教训，真正认识到自己所犯的错误，这对于他们今后步入社会也会有很大帮助，今后不会再犯类似的错误。另外，由于自助借还机的引进和使用，大多数图书都是由读者自己进行借还。在借书过程中一些读者由于操作失误而误以为图书已经借上，在离馆出门时门禁系统会报警，此时工作人员万万不可在没了解原委的情况下就指责读者是偷书，而应该对读者说："您好，您所借的图书忘了办手续或在借书机上操作失败，请您到借书处咨询一下那里的工作人员，重新再借一遍。"用这样的方式解决问题，就不会误伤一些读者的自尊心。

（三）重视读者反馈信息，提高服务水平

要想为读者提供高质量的服务，既要通过良好的图书馆环境和现代化的信息设备，也要求管理者具备良好的服务态度和较高的服务技能，通过适当的方式把读者需要的信息传达给他们。图书馆应从多方面、多角度、多途径收集读者反馈信息，提高图书馆服务水平。例如，通过积极开展读者调查、读者走访、读者座谈、读者信箱、网上留言、各种数据统计等工作，收集读者反馈信息，进而改进工作，提高服务水平。

1. 读者反馈信息的收集

读者反馈信息的收集具体分为间接反馈信息的收集和直接反馈信息的收集。

（1）间接反馈信息的收集

间接反馈信息主要来源于图书馆各种业务统计的数据，也就是指图书馆自身工作情况的数据统计。它是以数据的形式提供信息，要定期或不定期地进行收集，图书馆依据

所提供的数据，适时调整服务内容，改变服务方式。

（2）直接反馈信息的收集

直接反馈信息的收集又具体分为以下两种：

①被动地接收读者反馈信息

读者对图书馆的服务和管理工作会有一定的意见，这时，需要设置读者意见箱、在图书馆主页上专门设立读者留言板来收集读者对馆藏文献、服务态度、服务质量等方面的意见、建议及要求。读者意见箱和留言板方便、快捷的特性很受读者的欢迎，几乎每天都有读者的意见、建议、要求及留言。

②主动地收集读者反馈信息

主动收集读者反馈信息的方法有很多，如随机采访法、定期座谈法、定期走访法、定期召开图书馆工作委员会会议、问卷调查法、读者参与图书馆工作人员的考评等。

2.读者反馈信息的内容

高校图书馆的服务对象主要是教师和学生，他们对图书馆工作反馈出一些问题。

（1）学校图书馆提供的文献信息资源不能很好地满足读者的需求

从总体上讲，教师和大学生是高校图书馆的主要服务对象。但由于读者在专业知识、文化知识的深度和广度上存在不同程度的差异性。读者所需的文献资料也各不相同，这就要求高校图书馆的馆藏文献要根据读者情况进行层次划分。

（2）读者不满于现行图书馆的规章制度

图书馆制定出来的规章制度只是单方面地向读者提要求，明确不允许他们做什么，而很少提及他们拥有的权利，这就使得图书馆的管理制度缺少一种亲和力，甚至会引发读者与管理者之间的矛盾和冲突。

（3）读者不满于馆员的服务态度

整体而言，读者对馆员的服务态度并没有太大的意见，但部分馆员对待读者态度冷淡、生硬，缺少耐心。

（4）读者不满于图书馆的服务设施

读者对图书馆服务设施的不满会影响其阅读体验，主要表现为图书馆整体面积小，设备设施陈旧；阅览座位少；用于检索书目的电脑老化，速度慢；图书的排架不便读者查找；阅览室阅览环境及阅览设备和设施有待改善等。

3.提高读者服务水平的途径

可以说，高校图书馆完善的管理机制、工作人员的服务意识及服务态度对提高高校图书馆的读者服务水平有重要作用。因此需要做到以下三点：

（1）转变办馆思想，更新服务理念

办馆思想、办馆理念是图书馆开展各项工作的指导思想。因此，图书馆要为读者提供内容多样的文献资料，满足读者多样化的需求。

（2）扩大服务范围、深化服务内容

目前，大多高校图书馆局域网都联入了互联网，为高校图书馆更好地服务读者提供了很好的平台。利用这一平台，高校图书馆能够有效地将读者服务工作不断深化，为读者提供更高层次的信息咨询服务，使传统纸质书籍的内容以适应现代读者需求的方式呈现出来。

（3）改善服务态度，完善服务设施

高校图书馆要对服务工作进行相应的改进，以适应时代发展的需要，适应不同读者的需要，为读者提供优质的服务。馆员要尊重和信任读者，耐心解答他们遇到的问题。同时要注意与同事的协作，为读者提供准确、高效的服务。首先，在图书馆环境的建设上，要抓住一切细节，如延长各阅览室的开馆时间；24 小时开放图书馆局域网；更新图书检索软件，方便读者查阅书籍；改善图书馆藏书结构，逐步实现借阅一体化。其次，提高馆员素质，加快队伍建设，提高图书馆的服务水平和质量，馆员的知识结构也要不断改善，只有这样才能适应高校发展的需要。就高校图书馆管理系统的构成因素而言，人是最活跃的因素，在图书馆的管理中起着决定性的作用。只有提高现有馆员的素质，才能有效提高服务工作的质量。

总而言之，图书馆只有对读者反馈的问题予以重视，积极听取读者的意见和建议，才有利于服务质量的提高。

（四）重视读者培训工作

随着信息社会的飞速发展和科技进步，图书馆的资源日趋网络化、数字化和智能化，已不仅仅局限于早期单纯的印本资源，还包括各种数据库、多媒体资源和网络信息等。因此，读者培训的内容除了介绍图书馆的基本概况（馆舍布局、服务形式、规章制度等）和馆藏印本资源检索方法以外，关于各种中外文数据库和网络资源的特点与检索技巧方面的内容比例也在逐渐加大。但是培训内容缺乏针对性，"一刀切"的现象普遍存在。虽然目前已经有研究者提出应针对学生的不同专业和不同层次来设置信息检索课的教学内容，但仍没有较为理想的实践经验和明确的实施细则。随着高校图书馆资源的日趋丰富，读者培训工作的形式也变得灵活多样起来，常见的培训形式主要包括面授课、网络在线培训、专题讲座、参考咨询，具体如下：

1.面授课

面授课的形式普遍用于信息检索（或文献检索）课，通过多媒体课件向读者系统讲授信息检索基础原理和知识、各种数据库和网络信息的特点及检索技巧。其优点是互动性强，学习效果较好；缺点是受设备、场地和时间的限制，很多读者不便选择，不利于信息素质教育的推广。

2. 网络在线培训

信息技术的发展，为网络在线培训提供了基础。目前，我国高校图书馆提供的在线读者培训主要是新生入馆教育、网络信息检索课以及专题讲座三种。这种培训方式比较灵活，只要有网络环境，读者就可自行安排时间进行培训，但是这种方式缺乏互动，学习效果相对于面授课要差一些。

3. 专题讲座

定期或不定期就各种中外文数据库、网络资源检索与利用、学术论文的写作和投稿、原文传递或馆际互借的使用方法等内容开展培训…这种形式也比较灵活，针对性强，读者可以根据自身需求选择相应的专题。

4. 参考咨询

通过网络虚拟咨询、电话咨询、电子邮件、校园信息平台等方式宣传图书馆的资源，解决读者的具体问题。这种方式在读者培训过程中是有益的补充，可以在某种程度上引导读者探索适合自己的信息获取途径。

第七章　现代图书馆信息管理及服务的创新

第一节　信息服务的创新理论

一、信息服务创新的动力

（一）用户信息需求的多样化发展是信息服务创新的内在驱动力

如今，知识在不断更新，文献的增长和老化速度也在加快。建立在印刷型文献之上的传统信息服务，已不能满足新形势下用户的信息需求。尤其是在网络环境下，用户的信息需求有了新的特点，具体表现为：

1.信息需求的开放化和社会化

随着知识经济的发展，用户的信息需求满足不再单纯地依赖某一个图书馆，而是可向多个信息服务机构提出信息需求，由多个信息服务机构协同来满足，同时也可实现文献信息资源的共享。

2.信息需求的全方位化和综合化

用户对文献信息的需求不再局限于书目信息，而是迫切需要内容全面、类型完整、形式多样、来源广泛的知识信息，这就要求现代图书馆能够提供全方位的知识保障，开展综合性的信息服务业务。

3.信息需求的电子化和网络化

随着信息技术的发展，用户的信息获取和利用能力也得到提升，不再满足于传统的手工操作服务，而是希望所提供的服务能够利用计算机和网络来得以完成。

4.信息需求的个性化和精品化

由于用户时间、精力和经费有限，因此希望图书馆提供的信息服务能直接解决其面临的问题，个性化和精品意识增强。

5.信息需求的层次化和微观化

面对众多的信息资源，用户需要的只是自己感兴趣的那一小部分信息，逐步趋向微观化。同时，因为需要的不同，又有不同层次的需求。

6. 信息需求的集成化和高效化

信息用户不再满足于一般性的基础服务，而是更加要求对文献信息的深层次开发，将各个信息单元集中起来加以利用，同时，对信息的时效性也提出了更高的要求。

总之，知识经济环境下，用户的信息需求无论是在广度上，还是在深度上都产生了量和质的变化，这种变化无疑给以"用户为中心"的现代图书馆以内在的驱动，要求传统的文献信息服务模式必须实现革命性的创新与转型，改变以往的服务观念和模式，从"以馆藏为中心""以馆员为中心"向真正"以用户为中心"的服务模式转变，创新服务内容，变革服务手段，提高信息获取、处理能力，及时将信息传递给用户，以适应用户不断变化的信息需求。

（二）激烈的信息服务市场竞争是信息服务创新的外在驱动力

在以印刷型文献为主要信息载体的时代，图书馆以其丰富的馆藏和较熟练的文献服务技能两大优势，在社会信息服务体系中占据主导地位。但是，在知识经济时代，信息服务日益社会化、网络化、个性化，在社会信息服务的大系统中，图书馆的主导地位日益削弱，甚至其生存也面临着严峻挑战，因此，信息服务环境的变化迫使图书馆必须改革和创新。虽然改革开放后，图书馆也逐步走向社会，面向市场，参与信息服务市场的竞争，但随着社会信息化程度的加深，信息存取和利用更加自由，商业界大量介入以往只能由图书馆和信息中心提供的信息服务，越来越多的个人和企业涉足信息服务业，他们以更具特色的服务吸引着广大用户，与图书情报机构激烈地争夺着用户，使得图书馆成为信息服务市场众多竞争中的一员。在激烈的信息服务市场中，面对用户不断变新的信息需求，图书馆的现有信息服务逐渐失去了其争夺用户、开发市场和持续发展的能力，这就要求图书馆对信息服务系统进行重新定位，深入研究用户的真正需求，以用户为中心开展服务，形成新的服务体系。

在信息服务市场中，市场的竞争也就是服务的竞争，谁发现了需求，谁有了服务创意和产品创新，谁就会获得用户，谁就会拥有信息市场。因此，作为拥有多方优势的图书馆就要以用户的需求为导向，以服务创新来维系市场，从以管理资源为主转为经营服务为主，创新服务观念、服务模式和管理体系，通过不断地开发和创新服务来适应市场竞争的需要。在激烈的信息服务市场中，除了同其他信息服务机构进行竞争外，图书馆之间也有竞争，这就要看谁能够不断地推陈出新，谁能够提供更具特色的个性化信息服务，谁就会在竞争中立于不败之地。所以，图书馆信息服务的创新是缓解外在压力的途径，也是激烈竞争市场的需要，唯有不断地创新服务产品，才能固守原有用户，发展潜在用户，在信息服务市场中树立服务品牌形象。

（三）图书馆的可持续发展是信息服务创新的根本动力

在以信息产业为主导的知识经济时代，知识将取代权利和资本，成为最重要的社会经济资源。而作为拥有丰富知识信息资源的图书馆部门，知识经济的发展无疑是给其带来了新的发展动力、新的机遇和新的发展前景，但同时也带来了新的挑战。随着"知识经济"浪潮的掀起，经济建设要求图书馆利用知识资源为经济建设服务，把知识形态的科学技术和经营管理技术推广到经济建设中去。新时期的图书馆事业要想在新的经济环境中保持可持续发展，就必须要适应环境的变化，不断地改革和创新信息服务，以取得更大的社会效益，同时也从中获得较好的经济效益，以保证图书馆事业的不断发展。

社会的信息化和信息服务的社会化，对图书馆的生存和发展提出了严峻挑战，主要表现为新增的信息服务行业和机构不断增多，图书馆原有的读者逐步流失，僵化的、浅层的文献服务与社会需求严重脱节，削弱了图书馆地位。在信息化、网络化的知识经济时代，人们不再满足于简单的、低级的文献信息需求，而是向高层次的深层知识信息需求转变，表现为对新知识的更加渴望。因此，要求图书馆不应仅是一个单纯的收藏、整理和利用文献的相对封闭的系统，而应当是一个以传递信息为主的全面开放的系统。新服务系统对信息服务手段、信息服务内容、信息获取的时效性，以及信息服务人员的素质等都提出了更新的要求。这就要求要对图书馆服务不断地进行变革和创新，由以前的相对被动向现代主动进取服务转化，从单一的服务向多样化的服务转化，从馆内服务向远程服务转化，从低层次的服务向高层次的知识服务转化。

二、信息服务创新的原则

（一）客观性原则

用户接受服务，利用信息资源是用来指导客观实践活动的，它要求图书馆提供的信息要保持"原创性"，所以，信息服务的创新要立足于信息的本意，保持提供的深层加工信息与原信息在本质上一致，坚持实事求是的客观性创新原则。客观性原则能充分体现信息服务的"客观性"，它要求图书馆提供服务的产品信息所包含的内容要与添加、整合前的原本信息的内容在本质上相吻合，趋于一致，也就是信息服务中提供给用户的信息及信息产品必须反映客观事物的本质属性。尽可能客观、全面地揭示信息资源的各个知识点和有价值的知识单元，客观地反映信息资源的原貌，不做人为的添加或拔高，提供所谓的"新"服务，避免原本信息在内容上走样。只有这样，才能形成高质量的二、三次信息产品，才能真正满足用户的信息需求。

（二）持续性原则

信息服务的创新是一个系统工程，是整个社会创新系统中的子系统，不是一蹴而就的，它需要很漫长的过程，因此要坚持持续性原则。知识经济的不断发展，社会信息资源环境的不断变化，信息技术的不断完善，用户信息需求的不断增长，图书馆事业发展的需要等多方面原因促使图书馆信息服务也要跟上时代步伐，不断推陈出新，要可持续性地发展。持续性原则还表现为信息服务的创新，要将过去、现在和未来相结合，将局部和全局相结合，将当前和长远相结合。只有持续性地创新各项服务内容和模式，才能赢得用户的信任，才能赢得良好的社会效益，才能在激烈的服务市场中站稳脚跟。

（三）协调性原则

创新是系统内各个相关因素相互作用的结果，它包括观念创新、服务创新、技术创新、人员素质创新和管理体制创新等。各个要素是相辅相成的，共同发展的，因此，要坚持协调性原则。现代图书馆的信息服务与传统图书馆的信息服务在信息资源形式、信息服务形式和服务对象等几个方面都发生了根本性的变化，比原来服务环境更加复杂，系统内的任何一个创新要素都是不可缺少的。所以，要全面地考虑各个方面，不能顾此失彼，要充分协调好各个环节和要素的关系，发挥系统功能的优势。协调性原则还体现为积极发展网络信息服务时，要兼顾传统信息服务的拓展，使二者协同发展。

（四）适用性原则

创新的目的是为用户提供更贴切、更满意的服务，是以用户的需求为出发点的，因此，新型的服务必须符合用户的要求，适合用户解决问题，讲究适用性。倘若新型服务与用户问题的解决关系不大，那么其类型再多，内容再新颖，也是毫无意义和价值。所以，应根据用户的知识结构、认知规律、思维能力、使用习惯等来创新服务，一切围绕解决用户的实际问题来开展，只有这样，新的服务内容才能赢得用户，才能赢得市场。

（五）特色性原则

特色化的个性信息服务是图书馆信息服务的发展重点和趋向。在庞大的信息资源中，用户的信息需求更加趋向微观化和个性化，因此，信息服务的创新要有针对性和特色，针对个性化的信息用户，创新出有特色的信息服务。没有特色就难以生存和发展，特色也就意味着在创新过程中要有所选择。它要求在信息内容的加工和处理上，要尽可能地贴近和适应个性化用户的知识结构、智力储备和利用信息的环境，针对用户要解决的问题，提供准确答案。特色性原则还体现在提供与其他信息服务机构有区别的信息服务。

利用特色信息服务来吸引更多的潜在用户，树立品牌服务形象。

（六）效益性原则

图书馆信息服务的效益体现为广泛的社会效益和一定的经济效益。图书馆服务是一项公益性事业，因此以社会效益为主，并通过自身服务能力来体现。创新就是要提升其信息服务能力，提高社会效益，但由于技术的改善、数字化资源的购进、参考咨询服务系统的建立、网络资源的维护和更新等都需要一定的经费来维持。而目前大多数图书馆还是靠上级拨款，资金十分有限，因此在服务创新过程中要考虑成本问题，力争低成本高收益。在成本和效益之间寻找新的平衡点，使新的信息服务不仅适用，而且更实用。

信息服务创新是一个综合化概念，它贯穿于信息服务的整个过程，包括服务观念的革新、信息资源的建设和开发、信息产品的研制和加工、信息服务方法的运用、用户需求的挖掘和满足等各个方面。信息服务的创新就是要用全新的服务理念指导创新型的服务工作，为用户提供创新型的信息产品。由此可以看出，创新既是社会发展、人类知识创造的本质体现，也是维系图书馆信息服务"生命之树常青"的机制保障。

三、信息服务创新的思想及方式方法

（一）信息生命周期与信息服务创新

1. 信息生命周期的提出

信息是有生命的，信息资源是一种具有生命周期的资源，信息生命周期是指信息活动的自然规律，它一般由信息需求的确定以及信息资源的生产、采集、传播、处理、存储和利用等阶段所组成。当今社会，信息每年以成倍的速度无限增长。信息同其他事物一样，并不是一个孤立不动的元素，它也像我们人类生命一样有一个产生、发展和消亡的过程。信息从它产生的那一刻起，就自然而然地进入了一个循环，经过收集、复制、访问、迁移、删除等多个步骤，最终完成一个生命周期，周而复始。信息的生命周期根据划分的标准不一，可划分为不同的阶段，有根据价值变化或作用变化来进行划分，也有根据利用的次数或使用频率来划分。最常见的就是流行的"六分法"，将信息的生命周期分为信息的采集、存储、传输、加工、使用和销毁六个阶段。

信息是流动的，只有在流动中才能发挥其价值和作用。流动着的信息有无序和有序之分，而只有有序的信息流对用户才有用，要想让信息有序地流动，就必然要对其进行必要的管理，也就是对信息生命周期进行管理。信息生命周期管理是世界各国数据存储管理供应商提出的数据存储新理念，是一种信息管理新模型。它力图对信息进行贯穿其整个生命周期的管理，从创建和使用到归档和处理。信息生命周期管理的目的在于帮助客户在信息生命的各个阶段以最低的成本获得最大的价值，换句话说，也就是根据信息在不同阶段的价值和作用不同，对其进行不同程度的管理。管理的目的是提供更好的服务，对图书馆，将生命周期管理理念用于馆藏资源的建设和管理，国内外已有专家学者对其进行关注和研究。对馆藏资源管理的目的是为信息服务提供基础，至此可做进一步延伸，将信息生命周期与图书馆信息服务直接融合在一起，根据信息在不同阶段的价值，提供不同的服务内容，使信息资源的价值得到最大限度的利用。

2. 馆藏信息资源生命周期与信息服务创新

与传统图书馆相比，现代图书馆馆藏的内涵已发生很大变化。用户的多种需求使得馆藏的含义超越了印刷型文献的范畴，并扩展到各种电子出版物、数字化信息资源，包含了各种不同的信息格式，如磁带、录像带、磁盘和光盘等，以及各种信息类型，如应用软件、全文信息和多媒体等。此外，馆藏内涵的变化还体现在外部信息资源逐步成为图书馆的"虚拟馆藏"，也就是说，如今完整的馆藏概念应为"实体馆藏＋虚拟馆藏"。不同的馆藏资源其生命周期阶段划分大致相同，都经过采集、存储、传输、加工、使用和销毁等几个阶段，但周期长短不一，故在不同阶段其处理的思维、方式和方法也应不尽相同。例如，传统文献的信息生命周期较长，尤其是生产周期长，大量信息在生产传递的过程中已非常陈旧，无法满足用户对信息新、快、精、准的要求。而一些网络信息更新周期比较短，传递速度快。对这种动态性和变化性较强的信息资源的管理就显得十分困难，必须用新的管理系统去适应旧的标准。数字化图书馆近年来也开始关注这种变化对馆藏质量的影响，开始从不同角度捕捉信息生命周期数据来对其进行管理。

信息资源的生命周期即信息资源的有效期，过了有效期，其生命就要结束，就要失去价值。也就是说，并非所有的信息永远都是有价值的资源，信息会随着科技的发展、社会的变迁而贬值或丧失价值，馆藏信息资源也是如此，在其整个生命过程中，其价值和作用与用户的需求有着必然的内在联系。因此，其价值和作用存在阶段性的差异，这种差异也决定了不能用同一方式去管理它们。在实际工作中，这种基于信息生命周期对馆藏资源进行分级、分类管理的思想早已存在，如根据图书的流通率进行的图书三线典藏，体现了依据价值存放与服务的理念。图书馆馆藏由闭架到开架的创新，也同样体现了根据用户需求进行科学存储的思想。

图书馆信息服务创新的基础即丰富的馆藏信息资源，馆藏信息资源建设和管理的水平直接影响着服务的创新能力。研究馆藏信息资源的生命周期不仅可用于指导图书馆馆藏资源的建设和管理，也有利于在信息资源生命周期内通过用户的利用使其价值得到最大限度的利用，使其以最低的成本获得最大的服务效益。信息生命周期中的每个信息运动阶段都与信息服务息息相关，针对不同的阶段，采取不同的处理方法，可针对性地提高服务的质量。如在信息采集时，利用信息的第一时间性，加快采集进度，为用户提供及时的服务；科学合理地存储不同类型的馆藏信息资源，提高信息服务的可获得性；通过深加工，延长信息生命周期，提高信息服务的层次，扩展信息服务的内容等。

（二）知识管理与信息服务创新

1.图书馆知识管理的内容

图书馆知识管理是指运用知识管理理论与方法，合理配置和使用图书馆各种资源，充分满足用户不断变化的多样信息需求，并提升图书馆的各项职能和更好地发挥其作用的过程。其主要内容有两方面：一是用知识管理体系管理图书馆工作；二是用知识管理思想指导图书馆服务。前者体现为不仅对图书馆所拥有的现实信息资源、网上虚拟资源进行结构化和有序化处理，即对显性知识的有序化组织，以便建立知识库，供用户使用；也包括对员工头脑中的工作经验和专业技能等内在的非具体的信息资源的开发和利用，即对隐性知识的发掘。同时，将显性知识与隐性知识纳入同一共享体系，有效地完成知识的组织、传递、开发和利用，以便将最有用的知识在最恰当的时间传递给最需要的用户。后者体现为将知识管理理念和机理真正运用到服务工作中去，以知识和信息作为桥梁和纽带，以用户和服务为中心，最大限度地发挥图书馆显性知识和隐性知识的能动作用，发挥服务的价值和知识的价值，走知识服务之路，以便达到知识创新、知识传播与利用的目标。

2.用知识管理思想指导信息服务创新

图书馆实施知识管理的最终目的，在于以创新的服务满足用户的需求。而用户日益增长的信息需求与现代图书馆相对落后的服务内容、服务方式、服务手段之间的矛盾是现阶段图书馆服务的主要矛盾。解决矛盾的方法和搞好服务的根本是创新。新技术的应用是创新，组织管理的改革是创新，服务方式的改变也是创新。创新是一个全方位工程，可以用知识管理的思想来指导创新的过程。

知识管理对信息服务创新的指导首先表现为深化信息服务内容，即提供知识服务。它不是简单的信息积累和传递，而是知识的再开发和利用，是传统文献服务的深化，也是以知识的搜寻、组织、分析、重组为基础，为用户提供有效的支持知识应用和知识创新的服务。在服务内容的深度上，不仅要重视用户需求分析，而且要强调对现成文献进行加工，形成新的具有独特价值的信息产品。还要求知识服务人员将智慧发挥出来，增加服务中的知识因素，动态地搜寻、选择、分析、利用各种知识，形成针对性和适用性更强的再生知识，实现知识资本的更新、组合、增值。在服务内容的广度上，应有尽可能宽的知识涵盖面，真正起到知识传播和共享的作用，如实施知识导航。知识导航是建立在知识管理基础上，运用多种先进技术与手段，主动地向用户提供帮助与指导，以快捷有效的方法满足用户的知识需求。知识导航是知识管理的具体服务和重要组成部分，也是图书馆与其他行业进行知识管理最大的不同之处，通过优良的知识导航，可展现图书馆知识管理的成效。

其次，表现为创新服务模式。互联网的发展为图书馆的信息服务提供了全新的平台，也是图书馆需要开拓的一个崭新的空间。不仅可将传统信息服务在网络上延伸，也可开拓新的服务模式。目前，一些传统的信息服务已通过网络可以完成，如网上预借和续借、馆际互借、网上参考咨询、目录查询、信息检索、新书通报等等，这些都是服务模式创新的表现。在知识管理思想指导下，还应开展更高层次、更深内容的知识服务模式，如尝试建立结构化参考服务模式。目前的单一平台咨询服务模式多是围绕信息资源的利用展开的，只能解答相对简单的问题，服务的深入程度不够，难以展开个性化、专业化的服务。而结构化参考服务模式是将人力资源和信息资源纵向分类，按照问题的难易程度、资源利用方式或者专业类型等标准划分成若干具体咨询部门，并在人力、资源等方面进行对应的配置和分布。为用户问题的深入解决提供了相应的人力和资源支持，在一定程度上为实现服务的个人化和连续性提供了可能。不但可提高服务效率，改善服务的友好性方面，而且服务的深入程度会有所提高。

最后，表现为改变服务策略。图书馆作为向社会提供服务的组织机构，已融入整个社会创新体系之中，是启动社会知识创新工程的要素之一。它的主要职能不是本身创造知识，也不是自身利用知识，而是通过对信息资源的组织把知识和用户联系起来，起到知识交流的中介作用。用知识管理思想指导图书馆服务就是以知识为内涵，用户为中心，注重知识共享和创新，改变传统的以馆藏为中心的服务，注重服务策略，兼顾传统服务与网络信息服务，发挥二者的整体优势。以"用户为中心"的知识服务，就要深入研究用户的信息需求，建立多样有效的信息反馈渠道和科学、可行的评测指标，继续搜集有关用户对信息的阅读倾向、阅读数量、需求层次、满足程度，以及用户利用图书馆的方式等有关数据，并对这些数据进行系统的分析和比较研究，以便及时地改变服务策略，改进服务环节，增加服务类型，扩大服务规模，优化服务项目，从而可使偶尔用户变为经常用户，潜在用户变为现实用户。

（三）营销理念与信息服务创新

1.服务营销的内涵

营销由英文"Marketing"一词翻译而来，它是商品经济高度发展和市场竞争的产物。美国营销泰斗菲利普，科特勒对"营销"的定义：个人和群体通过创造、提供与他人交换有价值的产品而满足自身的需要和欲望的一种社会和管理过程。也就是说，营销是通过市场交换以满足人类各种需求和欲望为目的的各种活动总称，是一种经营思想指导下有意识的经营活动。20 世纪 80 年代中期以后，市场营销领域对营销的定义进行了新的拓展，即市场营销不仅仅限于企业的活动，而且可以扩展到非营利性事业组织与公共机构等。同时又为产品本身归纳了三种形态：有形的物质产品、无形的劳务（服务）、社会行为（观念、思想）。对营销定义作出了新的解释，使营销的理论、方法、手段与营销策略得以扩展到非企业活动的新领域，从而服务具有了等同于产品的增值意义，也为非营利性服务的营销活动找到了支撑点。对于非营利性服务而言，营销理念的引入不是简单的思想和观念的导入问题，而是要使现在的非营利性机构有一个大的变革，使营销理念真正贯彻到服务内容、服务资源、服务的运行方式和服务过程当中，从而实现一个全面的、全过程的改变和创新。

2.图书馆信息服务的营销

图书馆作为一个非营利性机构，对营销问题的研究早已开始关注。作为非营利性的图书馆，实施一切营销活动都是为了更好地提供服务，在服务过程中引入营销理念就是切实要以用户为中心来开展经营活动，深入了解用户的真正需求，运用不同的营销策略，提供不同的服务方式和内容，从而拓展图书馆信息服务市场。换言之，要将信息服务作为营销对象，通过调查、收集和分析目标用户的信息需求，利用丰富的馆藏资源，依据信息特点，利用营销理论，围绕用户需求开展经营活动。信息服务营销的核心是以用户的需求为服务的出发点，这与图书馆信息服务"以用户为中心"的服务宗旨相吻合。借用营销大师菲利普·科特勒对市场营销的归纳，图书馆信息服务营销可归纳为在适当的时间、适当的地点，以适当的成本和适当的方式将适当的信息产品提供给适当的用户。

第二节 国内外图书馆信息服务创新的现状及分析

一、国外图书馆自动化和网络化建设情况

20 世纪 60 年代，一些发达国家的图书馆，尤其是一些财力雄厚的大型图书馆开始考虑发展自己的图书馆自动化系统，但由于当时以计算机为基础的自动化系统成本太高，且缺乏软件开发及图书馆自动化系统方面的标准，因而制约了图书馆自动化发展的进程。这种局面直到 1966 年美国国会图书馆（LC）的 MARC 计划宣告成功后才得以改观，

可以说，MARC 计划是图书馆自动化进程的一个里程碑。而 1967 年俄亥俄州联机中心图书馆 OCLC 的创立，则进一步推动了美国乃至全世界各地图书馆的自动化网络化建设，也使美国成为图书馆发展过程中各国关注的焦点。

美国图书馆数量众多且发展得都比较均衡，无论是发达地区还是贫困地区，都建有图书馆，其中 90% 以上的大学图书馆和社区图书馆在 20 世纪 70—80 年代初就已完成本馆计算机管理集成系统的建设，实现了编目、流通一体化。到 80 年代后期，美国的图书馆网络发展得就已比较成熟，各种不同类型、规模和管理形态的图书馆网络遍布全美各地，各馆普遍将自己的书目信息放在网上，并实现了资源共享。但美国真正实现全国联网是在进入 90 年代以后，由于计算机技术和通信技术的飞速发展，美国开始大规模兴建信息高速公路，各种图书馆网络开始与网络互联。通过网络，各馆可以从网上获得更多的信息资源，实现世界范围的资源共享，并开展多样化的信息服务。

二、中国图书馆自动化和网络化建设情况

图书馆自动化是网络化的基础，没有高度的自动化，就不能实现网络化。到目前为止，我国地市级以上的公共图书馆、普通高校图书馆以及科研图书馆均普遍实行了计算机管理，一些县级图书馆也不同程度地实行了计算机管理。从总体发展水平来看，在全国各系统的图书馆中，高校图书馆的自动化水平要高于公共图书馆系统。

20 世纪 90 年代以来，随着我国社会信息化进程的不断加快，一些自动化程度比较高的图书馆开始积极开发和研制本系统的自动化网络，并在此基础上建立了若干个地区性的图书馆信息服务网络。

三、国外图书馆基础服务的拓展与深化

（一）馆藏流通服务

流通服务是图书馆传播人类知识文化、开展读者教育的主要手段。在网络环境下，阅览、外借、复制依然是图书馆馆藏流通的基本形式；同时，网络与通讯等现代技术的运用，又为图书馆流通服务注入了新的内涵。如网上阅览、网上预约续借、网上查询馆藏信息等。

此外，美国图书馆早在 90 年代就将自己的书目信息放在网上，并实现了资源共享。其联机公共检索目录（OPAC）以提供书目信息为主，又增加了图像、声音、动画等多媒体信息，因而数据源非常丰富。有的 0PAC 已发展到与全文数据库直接相连，用户在检索到需要的二次文献后，可以直接跳到其一次文献库之中。此外，在全国的若干数字

图书馆项目建设中，各馆也纷纷致力于开发本馆特色馆藏的数字化及网上流通。

（二）馆际互借和文献传递服务

馆际互借已形成两种主要模式：第一，分散模式，即以地区、系统甚至全国为单位，各图书馆之间达成馆际互借协议，互相为协作馆提供本馆资源。用户可通过联网计算机提出申请，然后由专门的快递公司或图书馆之间的地区配送系统在各协作馆之间负责递送互借的文献（包括书刊、复印件、缩微胶片等）。无论是图书馆还是文献提供中心，多数建立了一整套的文献传递运作规程，处理程序比较先进和规范。用户递交请求和文献中心传递原文献可用邮寄、邮政特快、传真、电子邮件等多种方式。

（三）参考咨询服务

参考咨询服务是图书馆最能发挥文献作用的一项工作，也是图书馆信息服务的重要内容。在网络环境下，按服务内容深浅层次的不同，可包括解答咨询、馆藏宣传和推介、编制书目索引、提供数据库等信息产品、情报检索、决策咨询、主页服务等。目前，越来越多的图书馆利用信息技术与网络的优势，通过建立各自的图书馆主页，展示馆藏资源和网上相关信息资源，提供本馆的信息服务，拓展了服务范围，也深化了服务内容。

图书馆主页被视为联系公众、最大限度地发挥图书馆作用的有效工具，其内容比较丰富多彩，除具有我国图书馆主页的各项栏目外，还设置了工作计划、工作进展、本馆大事记、新闻发布、馆员招聘、本馆各种信息产品检索、网上相关信息链接、网络信息导航系统等板块。绝大部分图书馆设有与读者在网上联系的电子信箱，读者可以在网上向图书馆提出咨询问题或服务请求，使得信息反馈及时方便。此外，在开展新的服务方式，提供多种形式的参考咨询服务方面，国外图书馆进行了大胆探索，如推出馆外主动服务、预约服务、在线虚拟展览等。国外图书馆依托网络进行的信息服务大都有各自的特色服务。

四、国内图书馆基础服务的拓展与深化

（一）馆藏流通服务

在流通的自动化方面，我国有一批实用的图书馆自动化集成系统研制成功并投入使用。这些系统的流通功能包括图书借阅、查询、读者管理、统计和书目管理等。随着一些校园网、地区网、系统网的建立和与互联网的联接开通，越来越多的图书馆开始建立自己的联机公共书目（OPAC）数据库，供读者以 FTP，WWW，TELNET 等方式远程查询自己的馆藏，有的还能联机预约或借阅服务。但目前大多数图书馆的 OPAC 系统仅供本馆或本地的局域网终端查询使用，没有形成基于互联网的各家图书馆联合书目，资

源共享程度有待进一步加强。除书目记录外，近年来由于国内外掀起了兴建数字化图书馆的热潮，一些图书馆开始进行馆藏数字化建设，少数图书馆将其已实现数字化的馆藏放在互联网上，供读者浏览。

（二）馆际互借和文献传递服务

中国的馆际互借工作开展得较早，但由于以往多采取手工操作，加上长期以来受条块分割、互相封闭的管理体制制约，收效一直不大。近年来又有多家图书馆作出努力，建立了各种文献信息协作网络。首先，国家图书馆已与国内多家图书馆、情报所和多个国家的图书馆建立互借关系，正在成为全国性的国内国际互借中心。其次，国内不少地区或系统的图书情报机构之间建立了馆际互借关系，如 CALIS 建立了全国中心、地区中心和高校图书馆的三级馆际互借组织和管理模式，并制定了馆际互借管理条例草案。除了馆际借书外，一些地区还实行通用阅览证制度，即图书情报机构为读者发放本地区各大型图书馆的通用阅览证，读者持此证可到各图书馆借阅文献。

（三）参考咨询服务

我国目前在网上建立主页的图书馆主要是大中型公共图书馆和科研图书馆，许多高校图书馆也被作为各高校主页上的重要栏目列出。图书馆主页通常包括本馆概况、机构设置、馆藏布局、书目查询、新书介绍、读者服务等栏目。少数大型图书馆设有与读者联系的电子邮件通信系统，能够提供较丰富的电子信息资源和简单的网络导航服务。大部分图书馆主页的内容设置比较单一，主要是对本馆的基本情况和服务项目进行介绍，缺乏实用性较强的深层次信息。有的图书馆虽然与相关站点进行了联接，但并未经过精心挑选，也未作定期维护，只是作了一个简单的罗列。一些主页没有设置与读者联系、沟通的渠道，更新也不够及时，从而削弱了网上图书馆在读者心目中的作用和价值。

第三节　基于创新理论的图书馆信息服务创新体系构建

一、树立品牌服务意识，开展特色化服务

图书馆在人们的心目中，历来是文化、知识的殿堂，有一定知名度、美誉度和可信度。其得天独厚的信息资源优势、人力资源优势、技术优势及广泛的用户群等多方面优势，为图书馆开展营销经营活动提供了十分有利的条件。然而，面对激烈的信息服务竞争市场，图书馆若继续保持传统的保守服务观念，或一味地追求所谓的大而全，而没有

自己的特色服务内容和服务品牌，形不成"拳头"服务项目，那势必会败于竞争之中。因此，每个图书馆都应首先从观念转变出发，树立品牌服务和营销意识，结合馆藏资源特色和服务目标群体，对信息服务进行重新定位，选择自己可以进入和占领的服务领域，力争做到人无我有、人有我精，从而创造自己的特色和品牌。图书馆服务品牌的创立就是要在同行业中通过特色服务，形成差别优势，然后再利用品牌营销方式，赢得更多用户，从而巩固自身的市场地位。

品牌的建立要靠特色服务做支撑，特色服务的开展不是盲目的，而是要根据实际情况有针对性地进行。各个图书馆应根据自己的服务领域和所承担的任务，通过横向比较和纵向分析，对已定的服务项目集中投入人力、物力和财力进行研究，力争赋予信息产品最大的附加值，使其他的信息服务机构无法代替提供。

二、分级管理信息运动阶段，提高信息服务质量

（一）加快馆藏信息资源的采集和传输，提高信息服务的及时性

馆藏信息资源的采集是根据用户的信息需求来采集有针对性、有价值的信息资源。因此，深入了解用户的信息需求显得尤为重要，一方面，它是信息资源采集的前提，只有对口的信息资源才对用户有用。另一方面，信息是具有第一时间性的，无论是传统的印刷型信息资源，还是网络化数字资源，都具有时间第一性。这就要求图书馆馆员要加快信息的采集，争取在信息产生的第一时间将其提供给用户，提高信息服务的及时性和有效性，这也是多数图书馆开展新书阅览室的原因所在。采集、加工好的信息通过合理有效的传输才能真正为用户服务，而传输的速度和工具也会影响到用户获取服务的及时性。因此，在馆藏信息资源的生命周期过程中，要加快传输速度，合理利用各种传输方式，改变过去单一的传输模式，充分利用网络和计算机的优势，将多种信息服务方式结合起来，以最快的速度传送到用户手中，从而节省用户的时间，使馆藏信息资源在短时间内将其价值充分发挥，以此提高服务的效益。

（二）科学地存储馆藏信息资源，提高信息服务的可获得性

"可获得性"是衡量图书馆信息服务水平的一个指标，尤其是在新时期，信息服务的可获得性与否将直接影响到用户利用图书馆的信息，影响到图书馆用户群的流失与否，所以，科学合理地存储馆藏信息资源尤为重要。长期以来，对传统印刷型文献的存储图书馆多数根据流通率采用三线典藏制，且将期刊与图书按学科进行分类分部门管理，这对于想获得同一学科所有文献资料的用户来说就显得不十分满意，他需要到多个部门才能将资料搜集齐全。为了改变这种状况，图书馆可合理改变图书期刊资料的存储方式，

如对同一学科的文献进行集中管理，从而为用户提供便捷的集成服务。而对于动态性的数字资源如何进行存储管理则显得有些复杂，这不仅是因为数字资源价值难以确定，而且不断的环境变化也会给管理策略的制定带来困难。如何科学合理地存储管理数字馆藏资源目前还缺乏相应的理论，需进一步研究解决。但无论采取何种管理模式，其指导思想是一致的，即降低管理复杂度，提高存储的利用率，以整体最低的成本获得最大的服务效益。

（三）延长馆藏信息资源的生命周期，提高信息服务的深度

随着社会信息化的加速，图书馆馆藏信息的数字化程度也逐步提高，信息的生命周期日益变短。而延长信息资源生命周期的方法只有一个，就是对信息资源进行深加工，提取信息中包含的知识以生成新的信息资源，从而为用户提供更深层次的信息服务，满足用户高层次的信息需求。对信息资源的深加工就是依托各种信息技术从用户层面和技术层面对信息资源进行深度开发，将信息的不可获得状态变为可得状态，将可得状态变为可用状态。通过对信息资源的重新组织和开发，进行专题分析研究，专题检索代理以及针对特定用户进行数据库的深加工服务等，以提高信息资源利用的质和量。这种深度研究服务或增值服务不仅是图书馆创新信息服务的重点，也是信息服务的发展方向。

信息同煤炭、石油等资源则不同，后者用掉即不可再生，而信息资源则完全不同，其价值就在于"用"，收藏不用只会令信息资源失去利用价值，有效的利用可以使信息资源获得"新生"。为了加强信息资源的利用，促进信息资源转化为科技生产力，图书馆必须把信息资源的深层加工作为一项重要内容，这是延长信息资源生命周期的唯一办法，也是信息用户的发展要求。简单、低级的信息利用已不能再吸引更多的用户，只有精品、高质的优质服务才能促进信息资源的再利用。所以，加强网络信息资源建设，加强信息资源的整合，通过建设信息导航库、信息深加工数据库，通过提供定题分析、学科进展通报等服务来加强信息资源的转化，促进信息资源的再生是图书馆信息服务工作创新的方向。

三、利用营销策略，提供多样性的服务方式

（一）运用目标市场策略，选择多样服务方式

目标市场细分有两层含义，一是图书馆根据自身特长，决定将为之服务的顾客群或目标市场。任何销售都是根据自己的产品选定一定范围用户所开展的营销活动，图书馆信息服务营销也是在了解自身实际情况和馆藏特色的基础上，来锁定自己的目标市场。二是对目标市场中的不同用户进行细分，使生产出来的信息产品更好地贴近各类用户群。

即研究不同用户群的需求特点，开发适销对路的产品，以不同的服务方式赢得更多的用户满意。图书馆是一个多态的综合体，在类型上有高校、公共、科研等之分。因此，目标市场的细分有了很大的空间。各个系统内的图书馆由于地区不同，服务的用户不同，藏书的重点不同，各自的目标市场也就不同。目前各级图书馆的复合形态又使目标市场的细分更有了可能，如高校图书馆，有综合类、理工类、教育类和医学类等不同，服务的学科和用户不同，藏书重点也自然不同。市场的细分是第一步，市场细分的目的是进一步根据用户需求提供对路的信息服务产品。还以高校图书馆为例，其用户可分为两类：一类是教师和研究生，对信息要求较高，提供的信息要"深"和"新"；另一类是本科或专科生，一般性的学习需求，提供的信息要求"全"和"泛"就可以。因此，针对不同的用户群，提供不同的服务产品和服务方式，满足他们个性化的需求才是细分市场的真正目的。

（二）运用便利策略，提供一站式集成信息服务

便利策略是指企业全方位满足客户的要求，节约交易时间和交易成本。而便利策略运用到图书馆信息服务是指以"方便用户"为切入点，为用户提供便捷的全方位优质信息服务，使用户查找便利、上网便利、点击便利、下载便利，节约用户利用信息的时间。图书馆拥有各种图书、杂志、特种文献资料、光盘数据库、电子版图书、期刊网镜像站点等多种信息资源，并逐步向数字化和网络化方向发展。它所拥有的这些海量信息库和齐全的信息检索方法与工具，使其能够利用自身的这种优势为用户提供一站式服务成为可能。但由于长期以来，图书馆建筑构造的特点，再加上没有明显的指示标志，用户走到图书馆就像进了迷宫一样，要想得到某一课题的全部资料要跑好几个部门，且最终还不一定能满意。网络用户也会碰到类似的问题，由于网络技术的发展还不完善，各个图书馆的现代化水平不一，使在利用图书馆网站中容易出现网页的超链接不上、经常断链等现象。这样不仅降低了用户利用图书馆的热情，还使图书馆的服务形象大打折扣。因此，很有必要将营销学中的便利策略运用到图书馆信息服务中，为用户提供一站式信息服务，这在理论上和实际应用中都是可行的。

四、创建以人为本的管理机制，实现用户与馆员的根本利益

（一）以用户为本的客户管理机制

"以用户为中心"是图书馆服务不变的宗旨。建立以用户为中心的管理机制就是存储管理用户的全部资料，记录双方的全部接触活动。它类似企业中的顾客关系管理系统，是图书馆开展信息服务的有力保障。客户管理机制的建立首先要存储用户的个人资料和

信息需求情况，以便图书馆通过对用户需求状况的分析为其量身定做产品和服务，以满足用户的个性化需求，并可通过对历史需求信息的回顾，预测未来的需求趋势。其次还要强调用户的参与，加强用户与馆员之间的沟通和交流，使用户参与到服务中去，并对用户提出的意见或建议进行分析研究，以便图书馆根据用户要求改变服务策略，提供能真正解决用户问题的服务。

（二）以馆员为本的组织管理机制

未来图书馆的竞争是服务和管理的竞争，但归根到底依然是图书馆馆员整体素质的竞争。所以，要加强对图书馆人才的开发和管理，加强以人为中心的柔性管理。首先，要充分考虑馆员的多方面需要，通过多种激励措施，激发他们的工作热情，发挥他们的知识水平，增强他们的服务意识，同时促进馆员之间的知识流动，实现知识共享。其次，建立多样化的知识服务团队。在团队中，馆员积极寻求工作中的协同作业，强调以知识需求及自身的发展为目标，形成以多任务目标为导向的组织形式。多个服务团队能够在管理环境发生变化时，充分发挥组织结构的灵活性和弹性，使其功能和作用继续发挥。在各个团队之间形成一个相互信任、相互理解、相互支持、相互关心、相互尊重的和谐氛围，发展各个动态知识服务团队的知识管理和服务职能。最后，在管理手段上可建立多种制度以提高图书馆的专业化水准。如建立职业资格证书制度，从源头净化图书馆队伍，提高馆员的综合素质，还可建立人才培养激励、物质利益激励、精神文化激励、目标价值激励和榜样激励等多种切实可行的激励机制模式，以促进图书馆馆员之间的竞争，培养其创新能力，提高整体服务水平。

五、推动图书馆服务理念的创新

（一）现代图书馆服务理念的体现

服务质量的高低是衡量一个图书馆建设水平的重要指标之一，也是促进图书馆提高建设水平的必要手段。现代图书馆通过阅览和借出的方式向读者提供书报资料以及文献复制、参考、检索等服务。图书馆的服务职能主要包括向读者提供信息资料和信息查询两大类。在图书馆诸多服务中满足读者的信息需求只是其中的一部分内容，还包括图书馆的服务理念、服务文化、服务模式及在为读者服务过程中工作人员所表现出来的个人素质和服务态度等。也就是说，图书馆服务的本质是一种文化互动、感情沟通和价值确认的过程。

人性化是图书馆服务理念的价值体现，即在满足读者和社会化需求中以人为中心来配给服务资源，尊重个人价值，培养人文精神，实施人道主义，创造人文环境来充分开发和调动人的积极性、主动性和创造性并体现图书馆的服务价值的过程。图书馆服务理念是图书馆基础服务的基本方针，是整个图书馆工作的重要组成部分，是图书馆服务工作的指南，反映了图书馆服务的发展规律。进入 21 世纪以来，图书馆服务理念在不断的发展变化中，从传统图书馆服务理念逐渐演变成现代图书馆服务理念。

（二）图书馆服务理念创新的必要性和实质

1. 图书馆服务理念创新的必要性

随着社会的不断发展和变化，图书馆必须要进行服务理念创新。在新形势下，信息技术日新月异，在知识传播、创造模式等各方面进行了改革，网络资源成为人们获取知识的主要渠道，信息用户也能够不通过图书馆直接又快捷地获取所需信息，在应对挑战和顺应信息化潮流中，作为图书馆有必要解放思想，开拓创新，进而实现自身的科学发展。服务是图书馆的核心和生命线，理念是指导行为的基础。图书馆只有创新服务理念，才能提高其竞争力，适应时代发展的要求。

2. 图书馆服务理念创新的实质

要想真正实现图书馆服务理念创新，首先图书馆人员要及时更新观念，不断创新，主动为信息用户提供信息服务，以提升图书馆服务质量为主要目的。创新的实质就是一切为了读者，使图书馆服务内容更加多样。

当今是一个信息时代，加快了知识更新的速度，为用户提供更快、更好、更细的信息内容，才是真正意义上的服务创新。所以，图书馆要不断深化信息服务内容，利用馆藏实体资源和虚拟网络资源的优势，传统和现代有机结合，满足不同层次读者需求，真正体现图书馆服务理念创新的实质内容。

（三）现代图书馆服务理念的创新

创新图书馆服务理念是相对于传统而言的，创新并不是批评和抛弃传统理念，更不是一味地标新立异，要继承优点，服务理念的创新主要包含以下几点：

1. 体现自由、平等、博爱

当今社会提倡自由、平等、博爱，这同样也是图书馆所倡导的一种服务理念，作为图书馆要重视人的尊严，用一颗宽容的心去包容人的弱点，尤其要为社会弱势群体提供特色服务，真正体现"自由、平等、博爱"的社会公义，让人们都能有平等地获取知识的权利。

在当今社会，确实有一些不平等现象存在，但是我们不必为这种不平等而感到羞愧，社会文明的意义在于它在努力构建一种完善而又美好的制度，以促进社会的和谐、人生的自由，并尽量使社会趋于平等。文明具有多样性特点，虽然西方国家一些价值观当前还不适合我国的某些领域，但是我们要吸取其精华，找到适用于图书馆界的价值观。

一些西方国家，他们重视自由、平等、权利，这些观念深深地扎根在人们心中，并普遍被人们所接受。但是，中国在长期等级制度观念的影响下，这些理念就是一道坚固的屏障。随着社会的不断发展，这种平等服务理念逐渐得到了人们的重视，图书馆行业也逐渐接受了自由、平等、博爱等服务理念。

2. 树立"以人为本"的服务理念

图书馆贯彻以人为本的服务理念，主要体现在人性化的规章制度方面，以满足人们对文献资源的需求。体现在人性化的文化环境、服务设施、功能布局等诸多方面。在我国图书馆工作中，主要体现在对图书馆特有的价值追求，图书馆所制定的规章制度并不是僵化的条文，而是面对有血有肉的人们，需要富于人情味地关注，投入更多的情感。这样才能真正体现图书馆以人为本的服务理念。

3. 增强竞争意识，提高馆员的基本素质

在社会发展不断进步的前提下，图书馆也应该树立更高的服务理念，要求图书馆馆员从自身工作出发，多角度、多层级为用户提供更加优质的服务，满足用户更广泛的需求，对此，图书管理员应该不断提高自我水平，提升自身素质。

首先，在思想道德上，图书馆馆员要树立一种良好的职业观。馆员的职业观是随着图书馆的变化而不断提升发展的。随着人文意识的不断增强，图书管理员也应该注重服务理念的提升，注重对知识和真理的追求，倡导全民阅读的理念，体现合作创新、宽容与公正。同时，要树立良好的职业心态，提升图书馆馆员的职业认同感。从图书管理员的工作性质来看，图书馆馆员大都是为他人服务，不管是在传统的手段下，还是在信息化的时代下，只有具备了良好的心态，乐于奉献，勤于服务，才能成为一名合格的图书管理员。另外，图书管理员还要具备良好的进取心。现代社会是一个信息化的社会，图书馆也同样面临着机遇和挑战，作为图书管理员，必须要具有竞争意识，树立强烈的工作责任心，才能不断发现工作中的问题，提出解决的办法，提高图书馆的工作效率。

其次，在工作能力上，图书馆馆员要具有应用现代信息技术的能力。随着现代社会的不断发展，信息技术已经广泛应用于社会的各个领域，对于增强社会发展的能力具有重要的推动作用。图书馆的工作也同样离不开信息技术的支撑，科技的发展、边缘学科的不断涌现，也对图书馆馆员提出了更高的要求，要求图书馆馆员不但要具备广博的知识，还要熟悉最新的现代信息技术，具有捕捉信息的能力，学会运用现代化的手段为用户提供良好的服务，做好信息用户的导航员。在信息资源不断丰富的今天，图书馆馆员要不断提高自身的素养，通过自身的努力，来促进全社会信息素养的提高，为社会文明的进步起到良好的促进作用。

4. 建立特色的网络文献信息资源

图书馆的特色活动和服务都能体现现代图书馆服务理念创新。随着信息网络的普及，我们进入了信息化时代，人们获取信息的途径更加广泛、快捷而又准确。网络成为人们获取信息的主要平台，为人们提供了丰富的文献资源，满足了人们的各种需求，促进了人们的交流和沟通。当前高校教育对信息量的要求越来越大，不实现服务创新，已经不能满足人们的需求，通过网络平台，方便快捷地为人们提供各种数据库服务和知识库服务，这些服务方式有很强的实用性和交互性，最大化地丰富了图书馆服务内容，发挥了图书馆的服务功能，因此，给学生提供网络服务有着重大的意义，而作为图书馆的工作人员是发挥网络功能的关键，因此，要不断提高图书馆工作人员的综合素质，培养他们的服务意识，才能使图书馆服务不断创新和完善。

总之，服务理念决定着服务质量，除了在硬件建设上要加大投入以外，还要在服务理念上进行创新，探究图书馆的服务模式，使图书馆能够更好地为社会大众服务，提升社会公众的思想素质水平。

5. 树立知识服务理念

知识服务是一种新的服务观念，是注重对信息资源的深层次开发和利用，注重知识资源增值的一种服务。与传统信息服务相比，其区别主要在于以下方面：

第一，传统信息服务关注的是为用户提供了什么信息资源，而知识服务关注的是为用户解决了什么问题。

第二，传统信息服务只需要关注用户简单的提问，满足用户文献需求，知识服务则是一种逻辑获取服务，通过对信息的分析重组从而形成新的知识产品。

第三，传统信息服务满足于为用户提供具体文献信息，而知识服务致力于帮助用户寻求或形成"解决方案"。

第四，知识服务关注其服务的增值，希望利用自身的知识和能力为用户提供具有独特价值的信息产品，而传统的信息服务更多的是对资源的占有，通过"劳务"来体现自身价值。

为此，知识服务需要图书馆馆员努力成为"一专多能"的复合型知识人才，将分散在相关领域的专业知识加以提炼，形成符合用户需要的"知识精品"。

第四节 基于知识管理视野的图书馆信息服务管理

一、知识管理的概念及特征

（一）知识管理的概念

当前，对知识管理这一概念有很多定义，大家众说纷纭，主要原因是知识管理是个新兴的研究对象，而且本身也比较复杂，而人们的研究角度和研究目的有所不同。对知识管理的解释多种多样，要真正理解和认识知识管理，应该将知识管理与信息管理进行对比研究，进而得出知识管理究竟是什么。

首先，应该理解知识和信息的区别。从产生信息的客体来定义，信息是由事物发出的一切消息中所包含的用以表征事物的内容。知识是信息加工出来的产物，是一种具有普遍和概括性质的高层次的信息，是信息的一个特殊子集。从二者的定义可以看出：相对于知识管理而言，信息管理有较长的历史。尽管人们对信息管理的定义和理解不同，但是由于信息管理这一词条已经被广泛使用，用户基本达成了共识。知识管理是对信息管理的继承和发展，是信息管理在广度和深度上的拓展和深化。信息管理的核心是信息资源的开发和利用，侧重于信息的收集、分析、整理与传递等方面，而知识管理的核心是实现隐性知识和显性资源的转化，强调人力资源的关键作用。信息管理和知识管理相辅相成，信息管理是知识管理的基础，知识管理又是信息管理的延伸。

（二）知识管理的特征

目前关于知识管理的论述可以说是仁者见仁、智者见智，将不同的论述总结概括起来主要有以下特征：

1. 知识管理的重点是隐性知识

显性知识便于沟通和共享，容易被竞争对手所获得；而隐性知识相对来说是难言性的，难以编码，难以用信息技术进行管理、共享和支持。对于组织来说，显性知识不可能形成持续的竞争优势，所以，组织的核心竞争力只能建立在对隐性知识管理的基础上。如果把人们掌握的知识形象化成一座漂浮在海面上的冰山，那么，显性知识只相当于露出海面的"冰山尖端"，而隐性知识则相当于沉浸在海面下的大部分。由此可见，挖掘和利用隐性知识是知识管理的关键。

2. 知识管理的核心是人力资源管理

新经济并不存在于技术之中，无论这技术代表的是微芯片，还是全球电信网络，新经济存在于人的头脑里，只有人才是这个时代最重要的因素，而创造一种有效的机制，最大限度地发挥人的潜能，充分地调动其学习的积极性，使其能力得以快速的提高，更好地为组织创造价值，正是知识管理的实质。把人力资源看作最重要的资源，最大限度地实现知识管理，这才是知识管理的核心内容。

3. 知识管理的"增值"效应

知识管理是基于"知识具有价值，知识能够创造价值"的认识而产生的。知识管理就是要充分利用知识资源，大幅度提高产品的知识含量和附加价值，更新人们的价值观念，使人们认识到共享知识比拥有知识更有价值。

二、图书馆知识管理的特征

（一）图书馆知识管理是"人本管理、书本管理与知本管理"一体化的管理

图书馆知识管理是以人为本的管理。首先，要尊重图书馆馆员，要尊重馆员的能力与价值，尊重读者的个性，并且要尊重馆员的劳动，尊重馆员的劳动成果。其次，要充分认可每个馆员在图书馆的贡献，客观地评价馆员的业绩，允许馆员选择适合自己的岗位，提供其发挥潜能的机会。

图书馆知识管理也是以能为本的管理。以人为本的升华是以能为本，它能够通过有效的方法，最大限度地发挥人的能力，从而实现能力价值的最大化，把能力这个最重要的资源作为组织发展的推动力量，实现组织发展的目标和组织创新。

图书馆知识管理还是以质为本的管理。"以知为本"的管理是一种能够激励和灵活运用馆员的知识，并使馆员做出可持续贡献的机制。与"以人为本"相比，它不允许存在不可替代的人才，因为这有可能破坏图书馆的集体奋斗的核心价值，削弱图书馆的可持续发展动力。它要求图书馆特别是馆长，必须同时兼备"才"和"知"，不断为图书馆做出贡献。

（二）图书馆知识管理是"激励管理、民主管理和自主管理"相结合的管理

图书馆知识管理是一种激励管理。在激励管理的过程中，要注意激励的方向和实现图书馆目标相吻合，要公正，要有针对性，真正通过激励来提高馆员的工作效率和业绩，达到增强制度文化信念和促进图书馆工作的目的。

图书馆知识管理也是一种民主管理。民主管理是通过馆员参与决策、组织动员、监督检查、协调关系和启迪教育，达到维护馆员的合法权益和图书馆的领导权威，使图书

馆工作获取广泛支持并得以顺利开展的管理。

图书馆知识管理还是一种自主管理。自主管理是一种"信任型"的管理。由馆员根据图书馆的发展目标和要求，自主制订自我发展计划，实施自我控制、自我创造、施展才华机会的管理。这种管理要依靠馆员个体素质、文化底蕴来实现自我约束和自我发展，来完成图书馆交给的工作任务，目的在于为馆员实现自我价值提供机会，满足馆员追求成功、追求卓越的心理需要，所以，这种管理是一种不靠职务和权力来实施管理的更高境界的管理。

要想把知识管理与图书馆真正结合起来，必须建立有效的图书馆知识管理体系，加强图书馆人力资源管理，建立图书馆的知识整合和知识联盟，即图书馆内部知识信息集成管理，将集合的各种信息资源按用户需求，通过各种信息和手段进行规范、科学地组织，以供读者方便、快捷地利用。它不仅强调人、财物等生产要素，而且更重视知识信息软件生产要素在集成聚变中的主导作用，通过知识信息的重组与功能放大，实现能力互补，创造新的能力，创造一流知识资源，提供一流的知识服务。

总之，建立图书馆知识联盟可以优化组织结构，重组业务流程，整合图书馆知识资源结构，加强知识资源管理，利用信息技术，形成资源共享网络。以用户需求为中心，提高知识传播质量，促进知识的交流与共享，实施图书馆知识资源集成管理，建设共享的知识文化，提高对知识管理的认识，将知识管理贯穿于知识服务工作中。信息技术的运用在很大程度上决定了图书馆知识管理的效率和水平，知识管理需要良好的技术和组织基础来挖掘、筛选，组织知识信息供读者利用，充分放大其知识效用，促进图书馆馆员的人力资源开发和读者的智力资源开发，将图书馆馆员提供的知识和积累的管理经验用于知识服务，构建知识共享，以提高馆员分析问题、解决问题的能力。同时图书馆应建立多种形式的知识转移途径，使知识和信息可以通过多种渠道进行转移和流通，从而建成现代化的数字图书馆。

（三）图书馆知识管理的目标是要推动知识创新

知识创新是知识经济社会的核心，知识创新活动是一项庞大又复杂的系统工程，它不仅需要科学研究部门从事知识的生产，还需要有专门的机构和人员从事知识信息的收集、加工、整理和传播，以促进其应用。图书馆作为知识和信息搜集、整理、存贮和传播的基地，是科学系统链中不可或缺的一个环节，同样是知识创新中的重要环节。

其一，创新需要以前人的研究成果为基础，图书馆帮助科技工作者获得相应的知识，并提供最新的科技信息，是启动知识创新的前提条件。

其二，图书馆直接参与到科研过程，他们的工作是知识创新的重要组成部分。

其三，图书馆要关注知识的扩散和转移，是知识创新成果转化为现实生产力的桥梁。

知识管理就是要促进图书馆内部、图书馆与图书馆之间、图书馆与用户之间的联系，加强知识联网，加快知识流动。图书馆作为人类知识的宝库、信息知识资源的集散地，理当抓住有利时机，结合工作中遇到的一些问题，如知识经济时代图书馆的转变、生存和发展，信息技术的发展和应用以及虚拟图书馆的建设问题，电子时代的知识产权保护问题，图书馆信息资源开发和产业化问题等开展科学研究和知识创新。

（四）信息技术是图书馆知识管理的工具

社会从以信息技术为主导、提高组织的竞争和生存能力的时期，发展到以信息为主导的时期，并进入以知识和知识创新为中心的知识经济时期。人是知识管理的核心内容，但并不意味着信息和信息技术无足轻重，它们依旧是知识管理的内容和研究对象，对知识创新起着源泉和工具作用。

首先，互联网、数据安全库、视频会议系统等的出现不仅加快了信息传递的进度，也增加了信息的广度，同时使各种信息更加有序，这为知识创新提供了信息保障。

其次，现代信息技术的出现打破了信息传递的时间和空间的限制，交流形式更为生动、直观，通过这些技术可以获取大量零散情报，及时实现信息反馈，通过网络可以方便地与世界各地的同行、用户探讨有关问题，彼此促进激发知识的创新。

最后，知识创新鼓励共享和信任机制的形成，与知识共享并存的是知识产权的保护。现代信息技术不仅是实现信息交流和共享的手段，也是解决知识产权保护的强有力的方法。可以通过为需要进行保护的知识产权采用信息技术授予用户不同的访问权限，以达到既方便用户合理使用，又保护知识产权拥有者正当权益的目的。这是维护知识创造者自身权益、保护知识创新的积极性的一面。

图书馆知识管理的主旨在于推动图书馆馆员之间的知识交流，通过交流达到使馆员直接有效地得到其所需的知识，激发并增强馆员的创新意识和能力，丰富图书馆的知识资产，使知识最有效地应用于企业的业务活动，从而增强企业的竞争能力；激发馆员的学习热情和能力，使其与获取知识和创新三者之间形成良性循环，将图书馆再造为一个学习型组织，从根本上保证企业的可持续性发展。因此，知识管理的主要实现思路在于组织结构、业务流程的合理设计与组织文化的培养，再加上现代化的信息技术支持，建立一种创新、交流、学习和应用知识的环境与激励机制。相对于信息资源管理而言，知识管理的进展和突破主要表现在组织结构和业务流程设计及组织文化培养方面。

在信息技术方面，知识管理的实现必须以恰当而先进的信息技术的选择与应用为前提，其运行也必须以信息技术框架为基础。

知识管理涉及的信息技术主要有：互联网、内部网和外联网，存贮结构技术，数据库管理系统，元数据技术等，在知识管理涉及的信息技术中，内部网和外联网是非常重要的，它是图书馆知识管理的信息技术平台，其他知识管理技术都要在这一平台上运行。因此，构造一个安全、高效、灵活的内部网和外联网是图书馆知识管理实现技术中的基础性内容。

三、现代图书馆知识管理的实施

（一）图书馆知识管理的基础

知识管理作为一种先进的管理和思维模式，在企业中取得了良好的效果。而图书馆人员每天徜徉在知识的海洋里，每天与信息、知识"亲密接触"，如果不能走在时代前列，有负于图书馆这一"知识聚集地"的称号。因此，我们有必要对所从事的工作用全新的眼光和视角进行重新审视，将知识的搜集、整理和传播功能发挥到淋漓尽致，用更加优质的服务和健全的组织体系为广大读者服务，最终体现图书馆的知识价值和服务价值，走上一条持续的知识与服务之路，为社会做出应有的贡献。

1. 图书馆知识管理要以用户需求为重点

"书有其人，人有其书"是印度著名图书馆学家阮冈纳赞提出的影响力极为深远的"图书馆学五定律"内容之一，它说明了读者在图书馆中的重要性。图书馆的文献知识不论多么丰富，管理是何等有序，如果没有读者光临，那么一切就都毫无意义。因为资源只有被利用，才能转化为实际的社会效益和经济效益，否则这些有用的资源就会被尘封。

读者的需求就是图书馆赖以存在的底线，如何为用户进行差异化的服务、有特色的服务，促进知识的有效传播，并在此基础上进行创新，是图书馆知识管理的核心所在。

当前，我国图书馆在管理理念、服务体系等方面还存在一定的不足。因此，在图书馆知识管理过程中如何以"用户为中心"的心态去关注读者是每一位图书馆馆员的职责，最大限度地调动读者的主观能动性，吸引更多的读者，是图书馆的当务之急。

2. 图书馆知识管理要以信息知识为基础

面对浩如烟海的各种知识，及时有效地进行全面分析、筛选、再整理，是图书馆的工作重点，只有把这些知识转化成科学化的"知识组"，才能够更好地为用户学习和研究提供方便。如今的社会已经步入信息化时代，人们获取信息的渠道更加广泛和快捷，如何在这一变化中分得"一杯羹"，也是图书馆馆员的工作重点。因此，图书馆的工作重心要按照主题词和元数据的信息要求，为所有的用户提供快捷的查询路径，让读者能够在最短的时间内获取自己所需要的知识。所以，在新形势下，图书馆要建立在信息知识的层面上，把知识进行深度挖掘，利用图书馆良好的设施和条件把最前沿的知识、海量的信息呈现给广大读者，最终促进知识的创新和图书馆价值的提升。

3. 图书馆知识管理要以信息技术为支撑

网络环境中，帮助读者在网上海量的信息中快速找到自己所需要的信息是图书馆的职责。社会的高速发展，为互联网技术提供了展现的舞台，打破了原有的时空界限，用最快的速度去拓展知识的传播，使用户和图书馆的即时信息成为全天候的连接，更有利于激发图书馆知识的创新。这就要求图书馆的知识管理更应该从元数据技术、知识挖掘、知识发现等方面进行研究与对接，用信息技术搭建知识管理的框架，更好地为读者提供快捷便利的服务。

4. 知识的创新是图书馆知识管理的终极目标

图书馆是知识的集中营，也是人类知识的宝库，要想为用户提供更好更优的服务，就要对新旧知识进行重新整理与资源整合，并在此基础上进行深层次加工，形成具有图书馆特色的知识产品，让用户能够从中很快查询到自己所需的知识或信息。因此，图书馆的管理层要充分调动图书馆馆员的工作积极性，发挥他们的聪明才智，用创新的思维和创新的科技，结合图书馆的发展目标，利用图书馆的优势和信息技术，把知识进行重组和再造，监督知识创新的每一个环节。从知识的整理、加工、创新、再造等过程形成一个高效动态的评价机制，全面提升图书馆的工作效率与质量，形成一个网络化的服务跟踪体系，全面实现知识的不断创新。

（二）图书馆实施知识管理的策略

1. 树立人本管理理念

人本管理是知识管理的核心所在，只有尊重人的价值，充分考虑人的愿望和需求，为广大图书馆馆员提供充分的信任空间，才能够全面激发他们的工作热情，发挥他们的最大潜能。因为图书馆的知识管理不仅是编码、流程等显性知识的质量管理，更是图书馆馆员隐性知识的管理，开发好人力资源，做到以人为本进行管理是图书馆在激烈的竞争中站稳脚跟的制胜法宝。每个馆员在工作中都要恪尽职守，组织协调和开发利用知识信息，对用户进行控制和管理，以知识信息为载体，以知识创新为己任，快速高效地为广大读者用户提供更加优质的服务，力争成为知识管理与创新能力的新型复合人才。

2. 有效进行资源整合

图书馆的资源整合主要是指对知识信息集成管理，即对组织内部进行知识整合。以前多以馆藏资源的多少来衡量图书馆的实力，现在则是以信息资源的数字化集成来衡量。因此，图书馆应有效进行资源整合，提高自身实力。首先，将馆藏资源压缩在一个文件夹中作为一个公众平台以供所有用户进行查询；其次，将馆藏以外的信息加工整理后拷贝到软件上，用集成化的手段将这些知识与信息进行分类，让用户能够快速便捷地查到其所需的相关知识。

由于资源整合还涉及图书馆馆员的问题，所以也应该将现有的组织结构按照新建立的平台要求进行人员的重新整合，做到人尽其才、物尽其用，设置相应的岗位，让他们在各自的岗位上充分发挥特长，为图书馆的发展贡献力量。

3. 搭建知识管理平台

搭建知识管理平台就是要改变传统的以馆藏为中心的服务模式，把用户需求和信息资源、信息技术结合起来，一切以用户为中心，一切工作都围绕读者用户这个中心来开展。只有运用计算机技术、信息技术、通信技术将原有的资源进行整合，搭建一个科学合理的知识管理平台，让用户利用这个平台通过新型检索、搜索引擎等网络技术实现知识的查询与共享，才可以很好地解决跨库检索带来的不便，从而方便、快捷、智能化地实现知识管理，提高知识管理的水平。

4. 不断进行知识创新

图书馆知识管理的最终目的是实现知识创新。作为知识传播与读者之间桥梁的图书馆馆员，要时刻关注国内外发生的重大事件及新闻动态，拓宽自己的视野和知识领域，以实现知识和服务的创新，帮助用户获得新的知识。特别是在当下知识信息"大爆炸"时代，人们获取知识的渠道越来越多、越来越快捷，作为从事文献与信息整理的"知识管理"领域的图书馆，更应该与时俱进，时刻走在时代的前沿。

5. 调整管理策略以创建学习型图书馆

作为知识信息传播者的图书馆馆员，必须具备接受新知识、新信息的能力。图书馆要根据本馆的目标和任务有计划地建立一套完整的继续教育体系，根据不同的业务需求进行差异性的管理，例如，采购部门其专业性知识有一定的规律性，可以采用显性知识管理策略；图书情报部门由于其特殊性，所以采用隐性知识管理策略较为恰当。但无论采取哪种管理策略，从整体上讲都是一个学习型的图书馆，这就要求全体人员都要从自身做起，严格要求自己，不断参加培训，不断接受后续教育，营造一个开放式、互动式的学习环境，并把参与知识管理学习与工作绩效挂钩，提升图书馆的整体创新能力，打造一个全新的知识型、学习型团队，为用户提供更加优质的服务。

第五节　数字环境下图书馆信息服务管理的创新

一、服务理念的创新

（一）特色理念

任何图书馆都应该有自己的特色。图书馆的特色主要体现在馆藏特色、服务特色、管理特色、科研特色和环境特色等方面。图书馆由于其本身的特点应将重点放在馆藏特色上，馆藏特色是指馆藏文献在某一方面比较系统完整，能基本满足特定读者独立研究的需要，具体表现为学科特色、专题特色、地方特色、类型特色、语种特色等。尤其是在学科特色方面，根据学科建设和专业设置，合理地配置信息资源，建立特色数据库。

（二）信息资源共享理念

信息资源共建共享是 21 世纪信息需求和技术发展的必然产物。文献激增、资料价格飞涨、越来越多的新技术被使用，使资源共享不仅从经济考虑是绝对必要和可行的，从合理使用图书馆资源来考虑也是至关重要的，能够避免资源重复建设带来的浪费。图书馆可以以教育网为依托，以资源的电子化、数字化和网络化为基础，构成一个相互联合协作、整体化的、充分实现资源共建、共享的服务网络体系。

（三）学习理念

图书馆除了作为为教学科研服务的机构之外，还有一个重要的职能就是成为用户终身教育的场所。然而，目前图书馆客观存在的一些弊端，如层级过多的传统组织机构、效率低下的工作作风、整体素质偏低的馆员队伍，都影响了其作为终身学习和继续教育功能的发挥。所以图书馆必须引进先进的学习理念，对组织结构、管理体制、馆员队伍的思想意识等进行改造，建立和谐、高效的"学习型图书馆"。

二、服务内容的创新

（一）网络信息资源的开发利用

网络信息资源的开发利用应成为图书馆深层次开发的重要内容。深层次开发是指图书馆在合理组织文献信息资源的基础上，根据用户信息需求，对文献信息进行深入的分析处理，开展知识浓缩、提炼和知识重组的工作。在网络信息资源日益丰富的今天，图书馆馆员要掌握网络信息资源检索和获取的途径，有意识地搜集、筛选和利用有效信息，组织和下载网络信息资源；同时结合本馆馆藏文献信息资源和网络信息资源建立特色数据库，如重点学科导航库、学科资源库、专题资源库等。对网络信息资源的开发不能盲目进行，要本着为教学、科研服务的原则，同时要突出本馆的特色。图书馆还要重视网络信息资源知识内容的开发，目前，基于内容的开发是图书馆信息资源开发的一个难点。一方面，信息搜集速度与信息处理速度的矛盾越来越突出；另一方面，用户要求信息资源开发要有广度和深度，人们期待研究和开发基于信息内容的新理论、新方法和新技术。网络信息资源的开发利用是一个系统工程，需要全面的系统配套设施。目前我国网络信息资源开发涉及面较窄，内容以检索类等二、三次文献信息为主，还需要大力加强。

（二）数字化资源建设

随着网络技术的发展，无论是印刷型文献信息还是电子信息若要在计算机网络上进行自由传播，其前提条件就是要将信息数字化。数字化指将各类载体信息，包括数字、文字、声音、图形、图像等都转换成计算机可识别的由 0 和 1 组成的二进制数字编码形式。

数字化资源建设包括两方面：一是把本馆印刷型文献进行数字化并放到网络上供读者检索；二是对各类电子出版物的引进。数字化信息资源的最大优势在于不但可节省馆藏空间，还可以提高读者服务的效率和质量。对数字图书馆来说，将图书馆馆藏信息数字化是必要而合理的，在数字化过程中可先将馆藏需求量大的特色资源、图片、地图、档案等进行数字化。同时，要根据读者需求合理引进有助于学校教学、科研的各类型数据库供读者使用。

三、人力资源管理创新

（一）设立学科馆员制

学科馆员的服务模式是近些年图书馆推出的一项创新服务方式。以清华大学、北京大学、上海交大等重点大学为首的高校图书馆率先开展了以学科馆员为重点学科的信息服务，学科馆员以开发专题信息资源为目的，深入学科专业领域，为学科建设发展提供学术层面上的服务，解答科研中提出的各种问题，对某一学科的基本理论，在结构、学科历史和现状、学术前沿、学科的主要支撑者、学科经典文献等方面有较深入的了解，对学校的重点学科建设发展方向、目标、最新成果、未来发展动态做到心中有数，将繁杂无序的信息进行加工、分析、整理后，提供给重点学科用户，学科馆员是重点学科建设体系中的重要成员之一。设立学科馆员，就是要让学科馆员定期下院系，向院系的师生介绍图书馆关于本学科的新资源、提供的新服务。要深入各学科了解教学科研对专业文献信息的需求，有针对性地对学科专业文献信息进行搜集整理和分析研究，以及进行相关创新知识的整合，主动为各学科读者和课题研究人员提供高水平、深层次的信息服务。学科馆员的设立，给那些既具有专业学科知识，又有一定的信息服务技能的馆员提供了发挥他们特长的空间。同时又能激励他们进行专业领域学术的研究，不断提高自身的专业素质，在整体上也带动了整个图书馆队伍素质的提高。

（二）"以馆员为本"的激励机制

"以馆员为本"主要是针对图书馆的管理者来说的，图书馆的管理者不仅要有"以用户为本"的思想，还要树立"以馆员为本"的思想，充分调动馆员的积极性，激励他们不断地进行创新。只有通过激励机制，奖勤罚懒，按业绩、按劳动量、按创造性来进行合理分配，才能使馆员在工作中真正发挥其积极性和创造性，更好地为读者服务。

图书馆建立激励机制的具体方式有物质利益激励方法、个体精神激励方法、外部因素激励方法。图书馆在实施激励机制的过程中，要恰当地进行物质利益激励。因为这是改善图书馆馆员生活环境和生活质量的基础，也是馆员学习和工作的基础。个体精神激励方法包括榜样激励、荣誉激励、绩效激励、目标激励和理想激励。外部因素激励包括组织激励、制度激励和环境激励。

（三）完善人才培养机制

由于馆员的素质对图书馆的事业有着非常重要的意义，这就要求图书馆要重视对人才的培养，加大对人力资本投入的力度，促进馆员的知识更新和技能提高，鼓励馆员积极参与学习。通过建立人力资源的教育培训体系并使之制度化，将使高校图书馆的人力资源开发工作走上科学化的轨道，在执行过程中将主要按制度来进行，从而避免因为领导的变动和主要领导的个人偏好不同导致在人力资源教育培训计划上出现大的反复。为此图书馆要建立正常的馆员教育培训制度，把学习新知识、新技术、更新思想观念作为自己安身立命的根本，把学习和培训作为一种积极的自觉投资，而不是作为一种被迫的额外消费。图书馆可通过在职进修、轮岗制度、馆内培训和外出学习等方式来对馆员进行再教育。图书馆有责任给员工提供一个高效的不断学习的环境，使图书馆馆员能随时利用各种机会学习、进修专业知识以不断地进步和发展，这样不仅使馆员的个体素质提升，还能使图书馆的整体人力资源水平有大幅度的上升。

第八章　现代图书馆信息管理及服务的优化

第一节　图书馆图书信息管理的优化方式

一、现代图书馆图书信息管理优化的必要性

首先，信息社会的快速发展促使现代图书馆图书信息管理的优化，这是一种必然的趋势。众所周知，随着信息时代的来临，图书馆的图书管理衍生出了信息化的管理模式。由于信息技术在图书馆中的快速应用和网络化迅速发展，传统的单纯依靠图书获取信息的途径的观念已成为历史。现在，先进的信息技术已经在社会的各个领域全面覆盖，因此，现代图书馆图书信息管理的优化是当今信息社会发展的客观需要。现代图书馆作为社会信息系统的主要组成部分，在当今信息社会中扮演着重要角色，为了有效地完成信息社会赋予的使命，就要对现代图书馆图书信息管理实施优化，从根本上改变其传统的图书管理模式和管理思想。因此传统的图书管理向现代图书馆的图书信息管理方向转变，已是图书馆图书管理发展的必然趋势。其次，现代图书馆图书信息管理优化是深化信息服务的需要。在当今社会信息技术快速发展和信息量的快速膨胀环境下，现代图书馆的专业化程度和社会化程度与日俱增。所以，现代图书馆信息管理方式的优化成为现代图书馆能够切实实现各种信息的共同使用，加快图书馆信息服务的客观趋势。信息管理的优化将从整体上改善传统图书馆的工作，能够更好地实现收集、整理、存储和传播文献信息，为读者提供更优质的服务，进而促进全民素养的提高。最后，现代信息技术已成为现代图书馆图书信息管理优化的发展趋势。目前，在信息化社会中占主导地位的是数字化信息，而占据人际交流平台的将是虚拟空间。因此，随着社会信息化程度的日益增加，图书馆引入信息管理是现代图书馆发展的必然趋势。当今，人们获取信息的途径已不单单是依靠书本，而主要信息来源则是依靠快捷、方便和全面的网络资源。网络资源依靠以计算机为基础，以网络传播为核心的现代信息技术的快速发展。因此，现代图书馆通过信息管理的优化，能够满足读者的需求，进而提高图书馆服务读者、服务社

会的能力，有利于图书馆的优化发展。

二、现代图书馆信息管理优化方式策略

（一）图书馆自身落后的管理模式的改变

信息管理优化的关键是摒弃固有的管理观念，大力解放思想，积极开拓新型信息化管理模式。在信息管理优化方式下，更需要强化信息服务意识，重新树立信息化、竞争、创新、资源共享等服务理念。现代图书馆要转变传统的管理与服务模式，在传统的管理模式中，融汇信息化环境下的先进的管理和服务模式，以便为读者更好更快地提供优质服务。

（二）信息服务意识和理念的加强

现代图书馆的图书信息管理要重点做好一切为了读者，为读者提供快捷、方便的服务为目标，全面推动现代图书馆为读者服务水平健康快速地发展。现代图书馆图书信息管理就是要让图书馆服务一直坚持一切为了读者、为了一切读者的服务理念。现代图书馆信息管理的优化目标是要想读者之所想、急读者之所急，使信息资源共享机制健全，实现利益互补，进而能够更好地为读者提供优质的服务。

（三）硬件和软件投入的增加

现代图书馆信息管理的信息化是一项复杂的系统工程，在这个系统工程中的技术设备、人力资源、业务流程重组等其他方面，都需要投入大量的资金。现代图书馆信息管理的优化，一方面加快了图书馆的网络化进程和服务现代化的发展，并且使图书馆传统业务技术手段得以改变，改变了传统图书馆信息资源的现状，使图书馆信息资源得以深度开发和普遍共享，信息服务能力和文献保障水平得以提高；另一方面要不断为现代图书馆添置专业性的设备，在开发为读者提供特殊服务方面独辟蹊径，加强现代图书馆网络导航服务。综上所述，图书馆在硬件和软件方面应不断增加经费的投入，进而为读者提供形式多样的服务，促使现代图书馆图书信息管理优化与网络信息之间互动的形成和信息资源保障制度的创建，进而在实现网络化上提供软、硬件的保障。

（四）加强图书馆管理与服务的信息化与数字化

现代图书馆信息管理的优化不仅是信息资源的数字化，还是图书馆管理与服务的信息化和数字化。在信息技术高速发展的今天，电子产品的快速普及，图书馆的功能已不是仅仅为公众提供文献资源，这就要求现代图书馆的重要资源要制作传播快捷，内容生动形象。因此，在信息管理优化中，要把图书馆的电子信息资源建设作为重点建设内容之一。

三、推动图书馆信息服务作业系统优化管理

(一)图书馆信息服务作业系统

所谓图书馆信息服务作业系统,就是把能够产生图书馆信息服务质量的各种资源按系统方式组织起来,形成一个有机的服务整体。在服务提供者的眼里,这一作业系统或许是由几个独立的部分组成,但用户则把这一系统看成一个统一的整体。在这个整体中,用户是服务生产的参与者,是服务质量的最终评判者,用户与图书馆信息服务作业过程发生互动作用。因此,用户成为图书馆信息服务作业系统的一部分。图书馆信息服务作业系统是一个由两部分(接触部分和辅助部分)构成的统一体。

接触部分是用户与组织提供的服务发生关系时所能够看得见和体验到的事物,包括用户及用户直接接触到的能够产生服务质量的各种资源。用户与服务组织的直接接触过程中,产生了服务管理学所谓的"真实瞬间"——它是顾客对组织服务质量最集中的体现和感知。图书馆信息服务作业系统中,直接接触的部分包括:第一,介入服务作业系统的用户。服务同时性的特点,即服务的生产和消费的不可分离性,导致用户不再是被动的服务接受者,成为在消费服务的同时,积极参与服务生产的重要组成部分。用户参与的态度、用户素质、用户心理、参与程度等直接影响着服务组织的服务生产及质量。例如,图书馆参考咨询服务质量的好坏,用户的互动相当关键,用户的反馈信息起着重要作用。第二,服务组织的一线员工。一线员工即直接与顾客或用户接触的服务人员。服务过程中,不管以怎样的方式,不管谁,只要与用户或顾客进行了直接接触,都可以被看作一线员工。一线员工是服务作业系统的关键资源,起着承前启后的作用。一线员工在与顾客或用户接触的关键时刻,把组织的服务文化、组织的优质服务质量提供给顾客或用户,同时,通过观察、询问了解顾客或用户的相关信息反馈给组织,以便更好地满足顾客,提高组织的服务质量。员工与顾客间互动营销对确保服务质量,使每一个真实瞬间都能够达到顾客满意具有十分重要的作用。第三,服务组织的经营体制与规章制度。任何一个组织都有相应的经营体制和规章制度作为员工或用户行动的指引。一定的经营体制和规章制度反映了一个组织特定的经营理念和文化内涵。它会影响到员工的工作状态、用户的服务消费、服务生产的协作,进而影响服务质量的提供等,因此具有正面效应作用的经营体制和规章制度是服务导向型的,反之,需要调整改进。第四,服务组织的设施设备。在图书馆信息服务作业系统中,包括计算机、缩微阅读机、复印机、网络系统、文献或电子网络资源、环境等。用户在接受服务时都会或多或少接触到,因此,这不可避免地会影响到服务质量,包括技术质量和功能质量(如美感、舒适度、便利度等)。

根据现代服务管理理论，用户、一线员工、经营体制与规章制度、设施设备与物质资源共同构成了一个完整的服务作业系统。四方面相互作用、协调一致，才能保证服务系统整体功能的实现和服务作业系统服务质量的提高。

用户在与服务组织的接触过程中，很少看到或想到前台后面的情况，并不知道服务生产与提供同样离不开后台辅助部分系统的支持和帮助。后台辅助部分包括管理人员、后台职能部门人员和相关物资部门。在图书馆信息服务系统中，图书馆信息服务过程中的信息收集、组织、编辑及网络系统的运行、维护等人员及其工作不易被用户直接看到或理解，有时后台良好的服务甚至被前台一时的不周到服务全部抹杀。因此，高质量的服务是一个整体系统行动的结果，其中每一环节之间都是紧扣的。辅助部分具有支持作用，芬兰著名服务营销学家格鲁诺斯认为后台辅助体系应为前台操作体系提供以下三类支持，即管理支持、后台工作支持和系统支持。

（1）管理支持

管理支持是指有关管理者在自己的日常工作中给予下属的支持。管理者的支持是服务人员创新的关键，是服务质量提高的基础。管理人员应加强组织战略的设计和建设，营造平等、开放、创新的服务环境，培育全员服务的组织文化，树立服务导向，努力加强为内部和外部顾客服务的意识。为此，图书馆信息服务作业系统的管理者在不断提高能力的同时，应努力建立与服务人员的伙伴关系，鼓励他们更好地服务内外用户，同时也应身体力行地做好垂范作用。

（2）后台工作支持

提供给用户的最终服务的实现往往离不开后台辅助部门员工的工作支持。从管理学的角度分析，服务组织内同样存在顾客与服务。作为辅助部门员工同一线服务人员之间、辅助部门员工之间的服务与被服务的关系及其对服务质量的影响状况，可以说内部服务与外部服务一样重要。图书馆信息服务各环节无不体现了这一相互服务与支持的关系，每一个员工都应形成良好的服务意识和行为，把用户第一的理念贯穿于图书馆信息服务的全过程。

（3）系统支持

现代信息技术和网络技术的发展，大大改善了服务组织的工作环境和工作条件，也提高了服务员工的工作效率和热情。从大的服务环境来看，图书馆信息服务组织应从组织系统结构、组织授权方面给予员工充分的自由，最大限度地开发员工的主动性、积极性、创造性潜能，让员工能够灵活自主地为用户提供优质服务，切实起到系统支持的作用。

以上讨论是基于把图书馆信息服务作业系统看成独立的组织单位。实际上，图书馆信息服务作业系统和其他系统共同形成了一个更大的网络系统，共同发挥着服务用户的作用。同时，每一个系统又由若干个子系统组成，并相互作用。图书馆信息服务作业系统应认清自己作为子系统的地位和作用，协调好同其他服务系统的关系，又要处理好内部各子系统间的关系，才能更好地为用户提供更优质的信息服务，确保图书馆信息服务的整体质量。

（二）图书馆信息服务作业系统的要素及其关系

1.图书馆信息服务作业系统的要素及其相互关系

按服务理论，在服务方与用户的互动接触中，关键时刻至关重要，用户的感知质量不仅仅是部分服务的体现，也是图书馆整体系统服务功能的再现，为此，图书馆信息服务组织应合理恰当地组织安排图书馆信息服务作业系统各种资源（要素）。图书馆信息服务作业系统的要素可以引进企业系统的要素来分析和阐释。

首先，考察服务观念与用户的关系：图书馆信息服务作业系统在自己战略目标的指引下确立全员服务观念，通过开展用户调研工作和其他渠道的信息反馈确定用户需求，并在此基础上合理调配作业系统资源，围绕用户需求提供服务以满足其需求。用户成为服务生产的一部分，用户的素质、情绪、参与程度等对服务质量有着直接的影响，因此，用户的相关信息对服务系统整体服务策略的实施、服务效益的体现十分重要。同时，用户与服务人员接触的关键时刻，是作业系统服务观念与用户互动沟通、服务承诺兑现的过程，通过服务的技术质量和功能质量的体现，实现用户服务质量的感知。如果用户满意，系统的服务观念就得以贯彻，反之服务观念则需进一步改进。二者的互动、协调统一成为服务质量过程控制的关键。图书馆信息服务作业系统要努力维持和发展与用户的长期伙伴关系，以实现生产和提供优质服务的能力和目标。其次，考察服务观念与员工的关系：服务观念从本质上来看是服务作业系统组织文化的一部分，而组织文化是通过员工的服务活动和综合素质体现出来，这些都对服务绩效的好坏起着至关重要的作用。因此，组织内部员工构成服务过程控制的重要组成部分。员工包括一线员工和辅助员工。就图书馆信息服务作业系统来说，主要包括图书馆信息服务提供者和图书馆信息收集、组织、加工、保管和网络系统维护人员及相关管理等服务人员。将图书馆信息服务观念转化为具体的行动，需要作业系统采取各种措施对员工进行培训、吸引和留住员工，积极有效地激发图书馆信息服务人员的主动性、创造性、积极性，努力将服务观念与图书馆服务人员的态度、行为保持一致，通过上下一致的服务步调，体现图书馆信息服务系统的组织文化和战略目标，提升图书馆信息服务的整体质量。反之，将会影响图书馆信息服务的整体质量和形象。最后，考察服务观念和管理体制的关系：管理体制包括经营方式、规章制度、技术装备和物质资源的利用与配置等方面。如果以上称为服务过程控制的"软件"，则这些是服务过程控制的"硬件"装备，是服务观念转变的物质基础。它们的好坏以及利用状况，决定着服务观念转化为实际产出的多少。当然，这里不是完全绝对的，实际中不能忽视"软件"的作用及其他情况的介入。而内部管理体制服务观念的一致性相当重要，因此，就图书馆信息服务而言，内部的一些管理规定、服务制度、技术装备等的管理要与图书馆服务人员执行服务观念的行为相一致，否则会影响和制约服务人员的服务质量。

此外，用户与管理体制之间的关系也是图书馆信息服务作业系统需要协调的重要方面。管理体制的制定要以用户需求为导向，体现为用户服务的观念。同时，要让用户明确图书馆信息服务的各项规定、服务内容、承诺等，对此不能模棱两可，否则将适得其反。用户与服务人员的关系，同样是图书馆信息服务作业系统控制的关键环节。服务员工是图书馆信息服务系统管理好服务质量的关键，尤其是与用户接触的一线员工。服务员工作为一个跨越边界的角色，构成了组织和顾客的持续纽带。图书馆信息服务人员必须有意识、有能力应对灵活多变的环境，富有创新精神，具有现代信息环境下要求的多种综合素质，以提供高质量的信息服务。因此，图书馆信息服务人员要不断地学习，图书馆信息服务系统要注意服务人员的素质建设。

2.图书馆信息服务作业系统的内部营销

图书馆信息服务各要素之间的关系通常比较错综复杂，同时，图书馆信息服务本身就是一个复杂多变的活动或过程。因此，图书馆信息服务作业系统服务过程的各个环节都是相互联系和作用的，只有对每一个环节都加以合理地控制，才能确保整个服务系统的协调，保证图书馆信息服务整体质量的控制。

因此，按照服务营销管理理论，图书馆信息服务作业系统内同样存在内部营销和服务，即图书馆信息服务系统内部存在内部供求关系。图书馆信息服务系统的每一个员工既是服务提供者，又是服务接受者，最终才是外部用户感知的服务。内部顾客或用户的观念和意识为图书馆信息服务组织内部运作建立了全新的衡量标准。图书馆信息服务系统的服务流程中，每一个服务环节都是前一环节的顾客，同时又是下一环节的服务提供者，任何一个环节出现问题，都会影响顾客或用户可感知的总体服务质量。例如，图书馆咨询服务的完美实现，依赖于图书馆信息服务系统高水平的信息组织及图书馆网络维护部门的大力支持。只有满意的员工，才有满意的用户，才有图书馆信息服务的最大价值。内部顾客或用户所得到的服务要像外部顾客用户所期望得到的一样，这一点必须做到。也就意味着，服务质量绝不仅仅是外部用户可以看到的那些职能部门所独有的责任，提供良好服务质量的责任遍及整个图书馆信息服务系统。为此，图书馆信息服务系统的管理者应努力营建组织文化，强调和贯彻服务意识，使每一位员工都认识到服务于人的意义和重要，并以身作则，将意识转化为服务行为。同时，在组织服务文化指引下，以用户导向为原则合理组合与配置图书馆信息服务作业系统中所有能产生服务质量的各种资源要素，使各要素相互协调和平衡，实现内部用户的忠诚，以保证图书馆信息的高效率。

（三）利用作业系统进行图书馆信息服务过程的优化控制

人们在实践中发现，靠对结果的控制难以解决质量问题，它确实不好评价质量，管不住更管不好质量。但结果是由过程创造的，如果能把创造结果的过程管起来，使过程成为一种顺应客观规律的优化过程，那么，成效就会更理想。因为，过程是由一个个因素构成的，而这些因素是具体的，是便于评价、便于控制的。

图书馆信息服务作业系统的管理也是对图书馆信息服务的一个个工作环节整体过程的控制，其包括两方面：一是开发图书馆系统中能够产生服务的各种资源；二是协调这些资源之间的相互关系。图书馆信息服务作业系统的整个管理过程，包括信息的收集、整理、加工、存储到信息服务的提供等各个环节的管理项目、管理重点等，尽管各有区别，但是从宏观来看，都包含服务质量的管理、服务创新的管理、服务效益的管理三方面，对图书馆信息服务作业系统的管理就应从这三个方面进行整体的把握和理解。

1.图书馆信息服务的质量管理

服务质量管理是服务管理的核心，它一直是服务管理领域关注和研究的热门课题。由于服务本身的特点以及更多的人为干预，使得服务质量很难控制和评价。为此，服务管理研究人员做了相当的努力，尽量做到服务标准化、程序化、规范化。

图书馆信息服务有其自身的特点。例如，图书馆信息服务的知识化特点，使一些指标不易进行量化评估，这样图书馆信息服务质量很难得到控制。尽管如此，将服务管理领域先进理论与图书馆信息服务及其管理自身特征结合起来，进行理论和实践的探讨，努力将图书馆信息服务质量控制在最好的状态是现实需要和当务之急。另外，依据服务管理和全面质量管理的相关理论，提出进行图书馆信息服务质量管理的相关原则，即顾客导向原则，授权和员工受教育原则，系统与过程持续改进、创新原则。第一，顾客导向原则。图书馆信息服务质量是由图书馆信息服务用户感知质量的优劣程度决定，因此，只有满足用户的服务，才能真正体现图书馆信息服务的价值。事实上，多数的服务质量与服务提供者、顾客面对面的接触瞬间有关，服务接触是服务质量和顾客满意建立的区域。因此，只有图书馆信息服务系统与用户及时有效地互动，才能充分实际地研究用户的需求，了解用户的期望，分析用户需求心理和需求变化，满足用户的相关需求。前面谈到的顾客导向促进服务利润的关系说明顾客需求是企业生存的基础。因此，图书馆信息服务系统在用户研究的基础上，保障保健因素，创造和开发激励因素，不仅要满足用户的需求，甚至要超越用户的需求与期望，以提升用户的忠诚度，从而提升图书馆信息服务的市场占有份额，增强图书馆信息服务的竞争力和生存力。图书馆信息服务系统要制定服务战略，一切图书馆信息服务工作都应服从和支持用户满意服务战略，实施全员服务战略，制订用户发展的远景规划，给用户提供最好的服务。

第二，授权和员工受教育原则。服务组织中服务质量优劣的关键是服务员工，特别是与顾客或用户接触的一线员工的表现。图书馆信息服务是一个系统的整体的服务过程，服务质量的提升不是一两个人的事情，它需要全体员工的共同努力和参与。图书馆信息服务系统要具备相互配合的工作作风与团队精神，要充分调动和发挥服务人员的积极性、主动性、参与性和创造性，这对服务质量起着至关重要的作用。那么，就服务人员的管理问题来说，管理学家进行了相关的研究，认为授权是提高员工满意度，提高工作效率和服务价值的有效途径。授权是一个建立在合作基础上的交互式的过程，是组织中的成员通过合作、分担工作任务和共同工作来创立、发展和增加员工的权利。授权使得服务员工在服务传递的过程中有一定的自主性，它会带来许多利益：一是服务员工在服务实施中能对顾客要求做出更快的现场反应；二是服务员工在服务补救中能对不满意的顾客做出更快的现场反应；三是服务员工对工作及其自身感觉更好；四是服务员工会更热情地与顾客互动；五是被授权的服务员工是服务创意的源泉；六是服务员工是顾客眼中的活广告。图书馆信息服务是一种知识化的服务，有时其各服务环节难以管理和控制，这更要求对服务人员加以人本管理，进行适时适度的授权，增强其服务中的自主权，以便在他们的责任和权力范围内及时、灵活地处理解决图书馆信息服务中的问题。为此，图书馆信息服务管理系统应在平等、开放的平台上确立组织的共同愿景（图书馆信息服务系统试图实现其目标的战略规划或蓝图）。具体来讲是让员工充分参与组织目标的制定，合理足够地采纳图书馆信息服务员工的建设性意见，将组织的愿景与服务人员的个人发展目标合理衔接。另外，管理者要充分信任员工的能力和智慧，并对员工的工作给予很高的期望。同时，设立员工管理和精神上的目标，谨慎使用职位权力，限制使用强制权力。图书馆信息服务系统通过这种信任、平等、沟通与参与的授权管理，不仅增强了员工的工作积极性、主动性和创造潜力，增强了员工自我价值的实现意识，促进了组织内员工之间人际关系的改善，促进了图书馆信息服务系统整体服务质量的提升。图书馆信息服务系统员工必须不断地学习以更好地行使授予自己的权力，创造性地完成赋予的任务。管理者要鼓励员工进行各种形式的学习，同时创造机会培训和继续教育员工，一来使员工对组织的目标及其重要性有统一的认同；二是使组织的共同愿景与员工的个人目标相统一；三是可以开发员工的创造力，促进组织持续的竞争力，提升图书馆信息服务质量的整体效益。需要指出的是授权管理要求建立切实的员工反馈机制与系统，否则，授权的真正意义将无从谈起。

第三，系统与过程持续改进、创新原则。系统是一系列相互联系的实体，这些实体接受输入，然后通过转换增加价值，产生输出，来完成所设定的系统目标、使命或目标。图书馆信息服务组织也是一个具有明确目的或使命的系统——其目的就是为用户提供优质的信息服务。同时，每个系统又是更大系统的一个子系统，并且，每个服务系统同时由若干个子系统组成。而过程是指获得结果的一系列活动。一个系统通常包含若干个运作过程。图书馆信息服务系统通过信息收集过程、保管过程、组织过程、系统维护过程和信息传递过程服务于用户，满足他们的需求。系统对图书馆的服务质量起着支持性的基础作用。图书馆信息用户需求的动态性要求图书馆信息服务质量的动态发展，而作为基础支持的图书馆信息服务系统必然要进行不断地改进和创新以适应这种变化和需求，保证优质服务质量的持续提供，保持用户的忠诚。创新是一个组织持久的竞争优势，是服务质量的保证。系统各个部分之间是相互关联和相互依赖的，要达到各个环节和各个过程中服务质量的高效，在图书馆信息服务改进与创新中必须系统思考和处理面临的问题。实际上，整个图书馆信息服务的全过程都应进行系统思考。系统思考，就是要求全面细致地分析图书馆信息服务各个环节或过程。其次，要动态思考问题，防止静止思考。系统思考强调系统内的合作和平等参与，因为组织运作只有在整体和谐的情况下，才能实现组织的既定目标。

2.图书馆信息服务创新管理

创新是一个组织持续的竞争力，组织只有不断创新才具有不断发展的生机和活力。组织的授权和员工不断地学习奠定了组织的创新机制，尽管如此，还是有许多因素阻碍创造力的发挥。例如，过于强调管理、短期思维或企图以较少投入获取较大利益（紧缩预算、裁员、压缩生产周期等）都会导致创造力的窒息。因此，在实践中，组织应尽量减少和克服这些阻力，努力营建组织不断创新的环境和氛围。就图书馆信息服务作业系统来说，图书馆信息服务系统应在组织服务管理观念、服务管理组织形式、服务管理制度、服务管理技术等方面进行创新和完善。图书馆信息服务系统中，员工共同参与制定共同愿景以及人性化管理的实施等方面无疑都促进了图书馆信息服务人员智慧的发掘和创新潜力的开发。在共同愿景的驱动下，图书馆信息服务人员积极参与组织的各项工作，发挥聪明才智，勇于创新，使图书馆信息服务从平庸走向辉煌，实现了图书馆信息服务的最优化。

3. 图书馆信息服务效益管理

效益实际就是组织投入和产出的关系。图书馆信息服务效益具体表现为经济效益和社会效益。经济效益指通过信息的利用带来的生产、经济和科学教育等方面的间接利益以及图书馆信息服务本身获得的直接利益；社会效益主要体现在文化、教育等社会领域内的利益或效益。图书馆信息服务的目的是降低总体服务成本，最大限度地挖掘图书馆信息服务的效益。同时，正确处理好图书馆信息服务的经济效益和社会效益的关系也是过程控制、提高服务质量的关键。要把两者的关系正确地处理和协调好，从全面的、协调的、可持续的科学发展观来考察和衡量图书馆信息服务的经济和社会效益，以保证图书馆信息服务事业全面健康的发展。

第二节 图书馆信息管理系统优化与发展

一、现代图书馆信息管理系统优化发展的必要性

（一）现代科学技术已经渗透到图书馆管理的各个环节

毋庸讳言，图书馆不仅是传播文献信息资源的枢纽，而且是保存和传播人类文明成果的重要场所。随着信息时代的到来，各种现代信息技术被广泛应用于图书馆的各个工作环节中，计算机在图书馆办公自动化领域的应用日益广泛，图书馆信息化建设得到了迅猛发展，在信息资源的保存、管理、传播、使用的过程中，采用了现代化管理方式和手段，克服了传统信息资源得不到有效利用和共享的弊病，所以产生了深远的影响。同时，按照信息社会的要求，图书馆应充分利用现代信息技术，组织、开发和管理图书馆的信息资源，并建立信息管理系统，为图书馆用户提供优质信息服务。图书馆信息管理系统运用信息化的手段来收集、存储和处理各种文献信息，从而形成新信息资源的生长点和辐射点。

（二）现代图书馆信息管理系统的应用是信息社会发展的需要

信息时代的到来对我们生活的各个方面都产生了深刻的影响，图书馆的管理也随着时代的发展出现了信息化的管理方式。在传统的观念中，信息的来源主要以图书为主。随着信息技术的应用和网络化的发展，这种观念已经过时了。目前，先进的信息技术已

在各行各业得到普遍应用。同样，加强信息管理也是图书馆活动的客观需要。图书馆拥有丰富的文献信息资源，是社会信息系统的重要组成部分，在信息社会中的作用越来越重要。因此，图书馆要有效地完成社会赋予的任务，就要实施信息管理。有了图书馆的信息管理，就会产生图书馆管理知识的不断飞跃。这就使传统的图书管理模式及管理思想也在不断发生变化，图书馆管理向信息化管理方向发展成为必然趋势。

（三）现代图书馆信息管理系统的应用是图书馆深化信息服务的需要

图书馆是普及科学文化知识、提高公民素质的重要场所，是实施终身教育的大课堂。随着信息技术的发展和信息量的快速膨胀，新型的载体形式大量涌现。与此同时，在新技术革命浪潮的冲击下，作为搜集、整理、存储、传播文献信息的图书馆，其专业化程度和社会化程度也越来越高。因此，现代图书馆信息管理系统的应用也成为公共图书馆实现资源共享、深化信息服务的客观需要。它将从整体上改善图书馆工作，并为基层读者提供更好的服务，从而促进公众素质的提高。

（四）信息技术的现代化已成为图书馆优化管理的发展趋势

当今时代，数字化信息已经占主导地位，虚拟空间将成为人际交流的主要平台。随着信息化程度的提高，将信息化管理引入图书馆管理中是图书馆现代化管理发展的必然趋势。现代信息技术是以计算机为基础、以网络传播为核心的技术。众所周知，现代社会人们的信息来源已不仅是书本，而是能更快、更好、更全面地获得信息的网络资源，信息技术的现代化已是大势所趋。如今，通过知识信息化管理，能够更清楚地了解读者的需求，从而提高图书馆为读者服务的能力。这使得信息资源的开发与利用被提高到一个更高的层面，同时，信息存贮、加工、反馈和处理技术的发展以及信息意识的强化，都对图书馆信息服务工作提出了新的更高要求。

二、现代图书馆信息管理系统优化发展策略

（一）全力改变传统管理方式

图书馆要想实施信息化管理，当务之急是摆脱传统观念的束缚，彻底改变固有的管理观念，解放思想，破除陈旧的"封闭式服务"和"重藏轻用"的管理模式。要强化信息服务意识，树立信息化、竞争、创新、资源共享等服务理念。要充分认识信息化资源具有的传播性、实用性、商品性和知识性等重要特征。要把图书馆由传统的管理与服务模式转化为依托于信息化环境的先进的管理与服务模式。要从现代人的实际读书需求和信息需求出发，更好地为读者服务。

（二）进一步强化信息服务意识和理念

科学发展观的核心是以人为本。图书馆要为读者提供更加方便、快捷的服务，就必须以科学发展观为指导，推动图书馆为读者服务的事业不断发展。"读者第一，服务至上"是图书馆永恒的主题。因此，我们要坚持"以人为本"的服务理念，要重视读者、尊重读者、善待读者、方便读者、关心读者，更好地服务于读者。要想读者之所想、急读者之所急，不断健全信息资源共享机制，实现利益互补，从而更好地完成读者服务工作。

（三）不断增加硬件和软件投入

信息化是一项复杂的系统工程，涉及图书馆众多的技术设备、人力资源、业务流程重组等各个方面，这些均需要资金的投入。信息化在图书馆管理系统中的实际应用，不仅强有力地推动了图书馆网络化进程和服务现代化的发展，改变了图书馆传统业务的技术手段，而且实现了信息资源的深度开发和普遍共享，全面提升了图书馆信息服务能力和文献保障水平。因此，图书馆应不断增加硬件和软件的经费投入，添置专业性的设备，不断开发为读者提供特殊服务的功能，加强网络导航服务，向公众提供多层次、多样化、专业化的数字图书馆服务，促使图书馆网络互动的形成和信息资源保障体系的建立，为实现网络化提供各种软、硬件保障。

（四）全面推进图书馆的电子信息资源建设

图书馆的信息化不仅是信息资源的数字化，也是图书馆管理与服务的信息化和数字化。近年来，由于用户群体广泛、制作传播快捷、内容生动形象，电子信息已逐渐成为图书馆的重要资源。因此，我们必须全面推进图书馆的电子信息资源建设，进一步把图书馆建设成为服务规范、勇于创新、尊重人才、尊重知识、尊重科技的重要场所，从而更好地满足人民群众的文化生活需要。

第三节 图书馆服务环境的优化

一、图书馆服务环境的构成要素

关于图书馆服务环境的构成要素，国内学术界目前尚未达成一致意见。有学者认为，服务环境包括物质和设备；也有学者认为，图书馆服务环境应该包含情境、资源、支持工具、人和服务活动五大要素。纵观国内外学术界关于图书馆服务环境的研究成果，结合图书馆的构成要素和网络化信息化的时代背景，本书认为，图书馆的服务环境应该包括服务资源、服务空间布局、信息技术条件、服务制度以及服务活动五种构成要素。

（一）服务资源

图书馆的服务资源主要是指图书馆的人力资源、文献信息资源及图书馆的设施设备。人力资源是图书馆服务环境中最具能动性的要素，图书馆工作人员是联系文献信息资源和读者的纽带，不仅是文献信息资源的组织者和传播者，还是图书馆服务活动的提供者，在整个图书馆服务活动中起着导航的作用。文献信息资源在图书馆的服务环境中处于基础与中心的地位，既包括现实馆藏，又包括虚拟馆藏。毫无疑问，文献信息资源是图书馆存在的最主要标志，也是图书馆开展各种服务活动的基础和重要保障。图书馆的设施设备主要包括外部环境、馆舍建筑、内部装修、导引标识及各种电子设备、打印设备、语音设备和为残疾人提供的各种必要设施，这些都是图书馆开展服务活动的重要物质保证。

（二）服务空间布局

图书馆的服务空间布局主要包括图书馆建筑的整体空间设计、各功能区的科学布局、设施设备的布局和摆放等。图书馆一般分设五个功能区，即书刊典藏区、书刊阅览区、电子文献阅读区、读者咨询区和读者休闲区。服务空间的布局关系到读者对图书馆的第一印象，良好的空间布局有利于树立图书馆的美好形象和读者对图书馆的高效、合理利用。

（三）信息技术条件

信息技术条件主要指与图书馆服务有关的信息服务技术和网络技术；信息服务技术主要指集成平台技术、信息推送技术、信息跟踪技术、信息聚类技术、跨库检索技术以及信息交互技术等；网络技术则包括网络信息平台、网络化图书馆服务系统及网络安全技术等。它们既是当前复合式图书馆提高其服务质量的重要条件，也是构建信息服务平台的重要支撑。在现代社会，信息服务技术显得尤为重要，它不仅标志着图书馆的服务模式实现了由传统被动服务向现代主动服务的巨大转变，还延伸了图书馆文献信息服务的范围和功能。作为图书馆开发与利用文献信息资源的重要工具，信息技术条件将发挥越来越重要的作用。

（四）服务制度

图书馆的服务制度主要包括国家机关制定发布或认可的有关图书馆服务活动的法律、法规及政策，同时还包括图书馆自行制定的各项服务制度与规定。图书馆服务制度的作用主要在于：第一，指引和规范图书馆服务环境的构建，保证图书馆机制的有序运行；第二，协调图书馆服务环境各种构成要素之间的关系，提高图书馆工作的效率。总之，服务制度是图书馆服务环境的重要组成部分。

（五）服务活动

图书馆是服务性机构，它的一切工作都是围绕服务来展开的，服务是图书馆的终极目标和根本目的。因此，服务活动在图书馆环境中处于核心地位。有学者指出，图书馆的服务活动主要包括服务管理、服务手段、服务方法、服务交流等。本书认为，在服务活动中所体现出来的服务理念、服务态度也应包括在内。总之，优化图书馆服务活动应该是一个系统工程，需要全方位、多层次地考虑。

二、优化图书馆服务环境的重要意义

（一）服务环境是图书馆服务的前提与条件

文献信息资源体系奠定了图书馆赖以存在和发展的物质基础，任何一个图书馆如果失去了文献信息资源的支撑，就会成为无源之水；图书馆工作人员是图书馆服务的组织者和管理者，他们不仅是联系读者和图书馆文献信息资源的桥梁和纽带，还直接或间接地影响着读者对图书馆服务活动的评价；建筑设备为图书馆服务提供了物质条件，图书馆建筑的整体空间设计，图书馆设备设施的布局、设计与现代化程度都会对图书馆服务的功能和水平产生极大的影响；信息技术条件是做好图书馆服务工作的主要手段，在现代社会中，图书馆的技术水平将在很大程度上决定图书馆所能收集的文献信息资源数量及服务的方式与手段；服务制度能为图书馆服务活动的开展营造一个良好的秩序，对图书馆服务工作的开展起着规范协调的作用；服务活动在图书馆服务环境中处于核心地位，图书馆所开展的各项活动只有面向广大读者才具有价值。因此，服务环境是图书馆存在的依据，是图书馆服务的前提与条件。

（二）服务环境制约着图书馆服务活动的内容

图书馆服务活动的内容受到历史条件、经济水平、科学技术等诸多因素的影响，是各种因素综合作用的结果。处于特定时期的图书馆，其自身的服务环境极大地制约着服务活动的内容。在传统图书馆时期，由于受到技术条件等诸多因素的影响，其开展服务活动的权限仅仅局限于本馆可以利用的现实馆藏文献信息资源；在网络环境下，图书馆通过利用各种现代信息技术，不仅极大地丰富了馆藏文献信息资源，还实现了文献信息资源的共建共享，使读者不仅可以利用一个图书馆的现实馆藏文献信息资源，还可以方便快捷地获取图书馆可以共享的馆外文献信息资源。

（三）服务环境影响着图书馆服务管理的过程与功能

图书馆服务环境的各构成要素彼此相互影响、相互制约，任何一个要素发生变化，都会影响图书馆服务环境整体功能的发挥。图书馆工作人员作为服务活动的设计者和管理者，其地位十分突出。面对大量分散杂乱的文献信息资源，图书馆工作人员要能够运用各种信息技术，对文献信息资源进行搜集、选择、加工、分析、整理，并使之得到优化。此外，在网络信息时代，图书馆工作人员还充当着文献信息资源导航者及文献信息资源利用培训者和教育者的重要角色。可以说，图书馆工作人员综合素质的高低直接影响着图书馆服务管理的过程与功能。因此，作为服务管理主体的图书馆工作人员应该努力提高自身的综合素质，使图书馆的服务管理能够更加高效有序地运行。图书馆作为服务性社会文化机构，其最大的功能就在于满足读者对文献信息的需求。为了最大限度地发挥为读者服务的功能，图书馆必须提供优质丰富的文献信息资源，营造良好的实体环境和人文环境，并致力于现代化环境的打造，这些都是图书馆服务环境的重要组成部分，并在很大程度上影响着图书馆服务功能的发挥。

三、图书馆服务环境的优化策略

（一）建设高素质员工团队和优化图书馆文献信息资源体系

图书馆工作人员的综合素质、工作态度和工作方法等都会直接影响读者利用图书馆的效果，因此，对图书馆服务环境进行优化，首先就应该建设一支高素质的员工团队。要通过学习和培训的方式，提高图书馆工作人员的业务素质和综合素质。文献信息资源建设是图书馆服务环境优化中最基础的一环，为图书馆的整个服务活动提供物质保证。在网络环境下，文献信息资源种类繁多、形式多样分布广泛，并呈现出急剧增长的趋势。图书馆作为信息与知识的集散地，有必要对分散无序的文献信息资源进行组织整序，并使之优化升值。

（二）改善图书馆的功能布局

图书馆建筑和设施设备的设计与布局，读者能够直观地感受到，对读者的影响也是最直接的。优良的图书馆建筑设计与布局，首先应该与自然环境融为一体，并具备现代化的设施设备和各种人性化的便民服务。其次，应该对各服务功能区进行合理的规划和布局，根据各功能区的特点进行装饰并设置合理的交通线路。例如，图书典藏区应该布局在楼层比较低的地方，这样既便于图书馆运送书籍，也便于读者借还图书。此外，书刊阅览区也应该布置在附近区域，以便实现书刊互补，既为读者提供丰富的图书资料，也方便读者通过阅读期刊，获取最新的知识与信息。总之，图书馆应该本着以人为本的原则，对其空间设施中的功能布局进行合理设计，以便充分发挥所藏各种文献信息资源的作用，提高读者利用图书馆的效率和水平。

（三）实现技术环境现代化

随着电子计算机的日益普及和通信技术与网络技术的不断发展，图书馆传统的工作模式已经发生了明显的改变，图书馆的服务环境逐步走向现代化，特别是技术环境日益走向现代化。复合式、一站式的服务环境需要现代化信息技术作为支撑，图书馆服务集成平台的建设也更加需要现代化信息技术。可以说，实现技术环境的现代化和自动化已是大势所趋。为了实现技术环境的现代化，图书馆首先应重视技术设备的现代化建设，加大对现代化设施设备的投入力度。同时，应充分利用各种网络技术丰富虚拟馆藏建设，建立与完善本馆的文献信息数据库。此外，为了给读者提供更加优质的服务，图书馆还应不断探索新的服务模式，通过构建融信息资源信息技术和服务活动为一体的信息共享空间，实现专业的知识门户站点服务、网络资源导航服务及图书馆网页服务，使读者能够不受时间、空间的限制，可以随时随地获取自己需要的文献信息，以实现图书馆服务环境优化的目标。

（四）建立和健全图书馆的规章制度

图书馆的规章制度包含丰富的内容，一个完善的图书馆规章制度体系，应该包括图书馆法、图书馆组织政策、图书馆文献信息资源政策、图书馆读者服务政策、图书馆人事政策、图书馆经费政策、图书馆建筑政策及图书馆现代化政策等。每个图书馆都应该以图书馆法为依据，并结合本馆的实际，制定出一套科学合理、健全完整的规章制度。在优化图书馆服务环境的整个体系中，建立和健全图书馆规章制度处于全局性的指导地位，对图书馆的健康有序运行及图书馆管理水平的提高起着至关重要的作用。

（五）服务活动人性化

"读者第一，服务至上"是图书馆工作的主旋律。图书馆一切工作的开展都在于最大限度地满足读者的文献信息需求，都是围绕服务活动来展开的。在网络信息时代，读者对文献信息的需求越来越个性化、精品化，对图书馆服务环境的要求也越来越高，这就迫切需要图书馆开展更加人性化的服务活动。所谓服务活动人性化，就是针对各层次、各类型读者的需求，为他们提供具有针对性的、更加深入细化的服务。在当前环境下，图书馆服务活动的人性化，已经成为促进图书馆服务功能发挥的重要因素。

第四节　高校图书馆数字化服务管理及优化

一、优化组织结构

在新的发展趋势下，物理馆藏不再是知识传递的中心，传统的服务方式已不再是数字化服务的主要内容，原来揭示文献资源外在特征的采访编目工作将被以主题、文摘等文献内容为特征的组织工作所取代。深层次的知识挖掘和组织工作、信息服务工作等数字化工作和服务已成为图书馆的核心竞争力。如参考咨询服务已成为国内本科院校图书馆评估的一项指标内容，可见它在图书馆的建设中起着举足轻重的作用。在这种情况下，适时考虑图书馆的业务重组，才能更好地开展数字化服务。借鉴国外一些大学及中山大学图书馆实行编目外包的方式，将传统服务工作简化，包括人员简化、资金简化。将人力、物力、财力进行整合，业务流程进行重组，切实将图书馆的重心放在加强数字化服务上，按照科学、规范、合理、高效的原则确保图书馆各项工作的顺利进行，并不断地迈向新的发展高度。在业务结构调整的前提下优化人员配置，科学实行人力资源管理。将最优秀的人员集中在数字化服务项目上，积极设立学科馆员，加强交流，拓宽对外服务的窗口。

二、实施标准化管理

建设数字图书馆要有一定的标准，同样，开展数字化服务也要遵循一定的规则。新技术、新需求推动了图书馆的发展，如果我们不按照统一的标准做工作，有可能会让建设的项目支离而不成体系，不仅不利于整个图书馆数字化服务环境的发展，也不利于整个图书馆的可持续发展，不利于馆际之间的共建共享。图书馆标准化管理，包括图书馆建设中的方方面面；数字化服务的标准化，包括服务实行的标准和服务评价的标准。高校图书馆应该联合起来，对数字化服务的方方面面制定相应的标准与规范，进一步推动高校图书馆数字化的发展，包括数字化服务资源建设与评价标准；数字化服务技术应用标准；数字化服务人员的从业标准、考核标准等。

要建立综合质量评价机制，真正强化服务质量与效益。要确保服务质量，就要建立标准并进行评价，图书馆的服务不具备实体商品的特性，因而评价其质量也不能从传统的物品特性出发。图书馆的服务是以用户的需求为出发点的，因而评价标准应该是以用户满意为尺度。跟踪用户反馈，及时调整服务策略，创建服务主导的服务质量评价机制。

质量评价制度要注重细节，从用户体验的角度换位思考，切实从用户需要出发，并且工作要常态化，图书馆的各项服务工作是不断充实调整的，读者的需求也是不断变化，不断有新情况出现，因而建立常态化的质量评价机制尤为重要。只有这样，才能使各项工作在良性循环下得到发展，实现效益最大化。

三、实施人文管理

（一）实施人文管理首先要研究用户心理，做好用户需求分析

满足用户需求是图书馆作为信息服务部门一切工作的出发点，也符合以人为本的管理理念，而只有对用户需求进行准确分析，才能使工作开展有的放矢，满足用户需求，取得预期效果。应该采取多种形式及灵活多样的调查分析来收集用户的需求，如开通荐书系统，让每一个用户，甚至每一名学生参与到资源建设中来，切实从他们的需要出发。开展网上问卷，或是馆长信箱，并要有专人负责进行问题汇总与回复，要让读者的每一条意见或建设都有回声，而不能让他们觉得说了也白说，挫伤他们利用图书馆的信心。用户需求分析应实行长效机制，如新生入学后一段时间内对他们的需求进行了解，了解每一期的毕业生在进行毕业设计和论文写作时有什么样的需求，要始终如一地进行下去，成为图书馆的一项常规工作。

（二）应用新理念，切实服务用户

1. 组建学生课业辅导

人性化的服务，并不一定需要多么高端的技术才能开展，哪怕只是一个小小的理念，一种为读者着想的思维就能够开拓出全新的服务方式。如学生课业辅导，学生进入大学以后，学习比较自主，但并不是他们就不再需要课程辅导，而大学中往往没有这种平台。那么图书馆作为一个信息获取和交流中心，正好可以充当学生课后辅导的角色。图书馆可以采取咨询馆员和院系教师专家联合的方式，甚至高校馆可以联合公共馆等。或者只是充当其中的一个桥梁或中介，提供一种交流平台，创造一种交流环境。以人为本的服务和管理理念，就是要了解人的需求，满足人的需求。

2. 建设图书馆多功能学习中心

当人们可以从网络中获得所需要的一切信息时，为什么还要到图书馆去？这是因为网络并非应有尽有。人们到图书馆是为了获取其拥有的馆藏，也是为了在那里亲身体验。在西方，人们普遍认为，没有图书馆，社会就失去灵魂。而 IC 就可作为一种优化图书馆实体的有力措施。图书馆中充满着文化氛围，学习气氛浓郁，读者大都喜欢在这种环境中学习。所以不管网络多么便利、资源多么丰富，读者还是会到图书馆中来。在这种

情况下，图书馆一方面要加强网络数字化服务，同时应该优化图书馆实体，参考国外建设"多功能学习中心"的理念与方式，把图书馆构建成多功能学习中心，充分利用其人文环境与便利的一次二次传统文献获取，提供一定的物理馆藏空间，并以提供上网卡或是允许自带或租用馆内手提电脑的形式，让学生自主地在图书馆中进行资源和服务利用。

第九章 云计算在高校图书馆中的应用与创新

第一节 云计算概述

一、云计算的特点

（一）规模大

举例来说，Google 云计算拥有上百万台的服务器，都是高配置的，Amazon，微软等的"云"也拥有数量庞大、高配置的服务器，计算能力非常强。

（二）虚拟化程度高

"云"没有固定的位置，也不是固定的实体。应用在"云"的某个地方运行，无须了解也不必知道它的具体位置。我们只要借助电脑和移动设备，就可以获取需要的"云"服务，如超级计算服务等。

（三）可靠性强

云计算运用多种计算方法与技术，使其比本地计算机更可靠，服务更安全。

（四）通用性强

"云"可以支持运行的应用多种多样，一个"云"可以让多个应用同时运行，提供多种服务。

（五）扩展性强

"云"的规模可以动态变化，以适应客户和应用规模的变化。

（六）按需付费

"云"为用户提供了丰富的资源与方法，客户可以根据自己的需要来选择并付费。

（七）成本低

"云"资源的利用率比传统资源高，用户可以充分享受"云"的低成本优势。

二、云计算的定义

云计算的发展相当迅速，但是对云计算的定义众说纷纭。下面列举部分计算机专家、云计算专家和知名学者对云计算的定义。

事实上，云计算是分布式计算、并行计算和网格计算的发展。云计算的用户通过移动设备等终端，再通过远程连接，访问存储在计算机数据库和其他云的资源。云计算使计算能力可以作为一种商品进行流通，就像公共设施一样，使用方便且成本低。不同的是，云的输送与使用需要借助互联网。

三、云计算的经济效益和社会效益

云计算给整个社会带来了重大变革。云计算应用于各行各业，如银行、电信、物流、医疗、制造业、公共服务行业、教育、科研部门等，为这些行业带来了巨大的经济效益和社会效益。

虚拟化作为云计算的基础，可为 IT 行业节省成本，节省的资金可用于业务的发展和创新。

用户可以灵活地选择业务服务、开发环境、基础架构等开箱即用的 IT 服务，只需付少量费用就可获得计算、软件、数据、存储等云资源，切切实实地帮助用户把资产成本转化为运营成本。

四、云计算的类型

从云计算的架构和业务模式来看，云计算分为公共云、私有云、混合云三种类型。

（一）公共云

公共云为公众提供开放的计算、数据、存储等服务，部署在公司的防火墙之外，由云供应商进行维护和管理。软件、硬件、应用、带宽等云供应商负责其系统的安装、管理和维护，用户只要为其使用的资源付费即可。例如，亚马逊的弹性计算云、IBM 的蓝云、谷歌的 AppEngine 和微软的 Azure 云等。

（二）私有云

私有云部署在公司的防护墙里面，它主要根据某些用户的特定需求为其提供服务。私有云平时的维护与管理是公司的任务。私有云与公共云相比具有以下优势：数据管理安全、服务质量稳定、硬件资源和软件资源可充分利用、基本不影响 IT 流程的管理。

但是，对于组织或企业内部来说，建立私有云比较困难且持续运营成本较高，如 IBM 的 cloudburst 等。

（三）混合云

根据名称可知，混合云就是将私有云与公共云融合，但事实上，使用混合云比单独使用私有云或公共云复杂得多。通常，混合云建立于企业内部，由企业和公共云提供商共同完成维护和管理任务。混合云可以为某些弹性需求提供一个良好的平台，如灾难恢复。也就是说，私有云把公共云作为转移灾难的平台，并在需要的时候使用它。同时，结构完整、合理的混合云还可以为各种重要的流程提供安全的服务，如接收客户支付流程和员工工资单流程等。

第二节　云服务模式

从云架构的服务层次来划分，云计算可提供三种服务：软件即服务（SaaS）、平台即服务（PaaS）、基础设施即服务（laaS）。下面从功能角度来介绍这三种服务。

一、软件即服务

SaaS 服务供应商将软件部署在服务器上，用户只需要交付特定的费用就能获得相应的维护与管理服务，可以大大减少对服务器的维护费用，在某种程度上来说不失为一种更好的运营方式。例如，云计算 ERP 服务，用户可以根据所用软件功能的多少、数据的存储空间等因素进行付费，对于软件许可、操作系统、数据库等不需要支付费用，软件系统的设计、开发、管理、维护等费用也无须支付。云计算 ERP 服务继承了开源 ERP 免许可费用、只收服务费用的重要特征。

二、平台即服务

如今开发环境也被供应服务的商家当成一种服务提供给用户。PaaS 服务供应商还将服务器平台、硬件资源等服务提供给需要的用户。PaaS 平台服务中还包括为个人或单位提供应用程序开发、数据库、托管等服务。例如，Google App Engine 是一个典型的 PaaS，它是一个由 python 应用服务器群（一种计算机程序设计语言，常用来设计 3D 游戏中的图形渲染模块）、BigTable 数据库（非关系型数据库，可以分配在上千台机器中，安全可靠地为用户处理高级别数据）及 GFS（谷歌文件系统）构成的服务平台，为开发者提供服务器环境与在线应用服务。用户可以使用此平台来编写软件程序并运行，从而使编写开发程序更方便快捷。

三、基础设施及服务

IaaS 服务供应商把服务器组成的"云端"基础设施提供给用户。它把存储和计算能力、计算机内存、I/O 设备等组成一个庞大的资源池，为用户提供虚拟化的存储和服务器等。IaaS 提供的是一种硬件托管服务，用户可以根据实际需要租用其硬件资源。用户不需要管理、控制任何云计算基础设施，但要控制操作程序及其选择和对空间的分配结果，也可以控制一部分网络组件，如防护墙等。例如，AmazonEC2&S3（EC2 是弹性计算云，用户可以租用云电脑运行需要的系统；S3 是一个公开的简单存储服务云，网页应用程序开发人员可以使用它存储文档、图片、音乐、视频等）和 IBM 的 BlueCloud 都提供最基本的设施租赁服务。

IaaS 的优势：用户可以根据自身需要租用自己需要的服务，从而大大降低了客户在硬件上的资金花费。

四、云服务框架模型

云服务涉及的人员和组织机构很多，其中有服务用户、服务管理员、服务供应商、服务设计人员等。设计和开发人员开发出各种服务，用户发送服务请求，云服务供应商将这些服务提供给用户使用，按需收费或免费，供应商后台管理员对系统进行维护。

五、知名的云计算厂商及其云服务

国外云计算起步较早，云计算厂商实力较雄厚，开发的语言种类很多。目前，国外知名的云计算厂商有谷歌、IBM、微软、亚马逊、Salesforce、VMware 等。国内的云计算公司有中国移动、中国电信、华为、中兴、新浪、盛大等。

第三节　云计算在高校图书馆中的应用与实践

一、国内图书馆云应用

CALIS（中国高等教育文献保障系统）、国家图书馆、省市图书馆等建立了不同程度的基于云计算的联合编目系统。

基于 CALIS 十五成果、三期建设目标和未来发展，CAUS 提出数字图书馆云战略，即设计和开发 CALIS 数字图书馆云服务平台（Nebula 平台），构建多级 CAUS 数字图书馆云服务中心，将资源和服务整合，形成一个新型的服务体系，对各种服务进行动态管理和分配，满足不同层次和规模的数字图书馆的需求，支持馆际协作和服务获取，支持用户聚合和参与，支持资源的共建、共享，实现虚拟化服务。该平台共投资 2.1 亿元。至今，CALIS 云服务平台已推广到全国 30 多个省级共享云服务中心，越来越多的高校图书馆参与整合并应用 CAUS 两级云服务。

二、云计算为图书馆带来发展机遇

云计算必将改变数字图书馆的管理模式、服务模式和功能定位。

（一）"云存储"降低了图书馆的管理成本

云计算简化了信息技术架构的实施，即信息技术的使用可以像人们对公共设施的使用一样，随时随地进行获取与使用，并根据需求购买。图书馆内的电子资源数量庞大，有自建的，也有购买的，无论何种形式的电子资源都可以储存到"云"上。"云存储"化解了电子资源数据剧增与存储空间不足的矛盾，化解了知识信息剧增与图书馆馆藏能力有限的矛盾，大大提高了电子资源的利用率。

（二）加快资源整合进程

云计算中的整合思想极其重要。云计算不仅具备全部的硬件能力，还可以将其存储的数据进行整合和应用。在图书馆系统内，各种资源（如电子资源、馆藏书目数据、自建数据库等）都可以被一个"云"整合在一起，构筑"信息共享空间"，即"行业云"或"区域云"，使读者能够享受到更全面、更专业的云服务。

（三）促进"泛在图书馆"服务的实现

"泛在图书馆"是图书馆的未来发展趋势，其不受时间和地点限制，能够更加灵活地获得信息资源服务。"泛在"指出了未来图书馆服务的便捷性和广泛性，而云计算恰恰为这种新兴的图书馆形式奠定了技术基础。云计算整合的对象并不止于计算机，还整合了笔记本电脑、手机、PDA、PSP、iPad 等所有移动终端，为之提供了强大的无线网络功能。随着云技术的深入应用，随时随地获取信息资源的设想很快便能实现。

第四节 "图书馆云"的发展趋势及未来展望

一、图书馆需要的"云"

"OCLC 云"的到来意味着图书馆云计算已经开始，但"OCLC 云"只是一朵"私有云"，还不是人们所希望的那朵"公有云"。图书馆的 IT 架构和应用要完全进入"云服务"时代，不但需要相当长的时间去发展和推进，而且需要 IT 部门、IT 产业、图书馆及热心用户等多方力量的智慧来协同完成。

未来图书馆云平台就是要利用云技术把数字化资源通过移动终端设备展现给任何地方的用户，以实现海量的数字浏览、阅读、下载等服务，使用户能够在任意时间、任意地点，以任意终端实现以上需求。

图书馆既是云计算的使用者和受益者，又是云服务的开发者和提供者。前者是作为体验用户，后者是作为服务供应商。可以肯定的是，云服务在图书馆领域尚能得到完善。有关图书馆的具体"云"服务如下：

（一）软件服务

软件服务指各种软件应用，如图书馆自动化集成系统、数据库构建系统、自动化管理系统等，这些系统都能以网络服务的形式提供给用户。

（二）存储服务

存储服务指各种数字资源，包括图书馆自建的数字资源等，这些资源都可以放在"云"端上，不需要做本地镜像。

（三）数据服务

中心图书馆作为"云"服务的供应商，提供本地数据或者其他业务的服务。

（四）平台服务

引进关于云的基础设施，利用云计算解决方案搭建"私有云"，使本地和局域应用都能得到满足。

（五）网络整合服务

图书馆作为服务的供应商，应集合各个图书馆云平台及其资源实现资源的共建与共享，让用户享受到更全面的服务。

二、图书馆云的未来

云发展极其迅速，引发了图书馆的重大变革。未来图书馆的所有业务、资源服务、资源建设等系统都可以通过"云"来实现。到那时，图书馆将不再需要配备各种复杂的系统，只需要让少数的、大型的、肩负重任的"中心图书馆"来提供这种"云"服务，大多数图书馆都将是这朵"云"的使用者。

未来，读者以个人身份信息登录云系统就可以获得图书查询、咨询、借阅等服务。图书馆的资源都放在"云"上，利用"云"平台进行数字资源的整合，包括馆际互借、资源共建与共享等。图书馆工作人员只要按下计算机开关便能迅速进入桌面；图书馆工作人员只需打开浏览器，在"图书馆云"的统一身份认证系统界面上输入用户名和口令，便能在系统桌面保留个性化设置。只要进入"云"，工作人员之前所做的图书馆业务和工作就都将展现在桌面上。

在"云"中访问资源、请求服务就像人们平常使用水、电、煤气等设施一样随心所欲。让我们共同期待这朵"云"的到来！

第十章 图书馆信息化管理服务创新策略

第一节 图书馆增值信息服务

一、图书馆文献信息增值系统

图书馆拥有数量庞大的文献信息资源，是获取文献信息资源的中心。图书馆的一大功能就是文献信息资源的增值。

（一）图书馆是文献信息中心

随着社会经济的发展，我国的图书馆在规模上逐年扩大。除此以外，我国还有许多虚拟的馆藏。这些都表明图书馆在社会文献信息系统中占据中心地位。

（二）图书馆是文献信息的整理中心

切尼克是美国图书馆科学家，他把图书馆定义为"为利用而组织起来的信息集合"。以增加附加值为目标，图书馆仔细选择高价值的信息资源，仔细分类，建立数字图书全文数据库。图书馆馆员通过将信息资源整理排序，可以使一次文献再生出二次文献、三次文献，也可以编制出书目、文摘、索引、摘要、评论和专题资料汇编等。图书馆将文献信息组织为较容易被获取的信息资源，为实现文献信息的增值创造了条件。

（三）图书馆是文献信息的增值中心

在信息时效内，信息可以重新被使用和消费，这就增加了信息潜在的价值。图书馆存在的社会意义在于把这种潜在的价值高效地转化为现实。文献信息的增值与图书馆服务和管理的每一种因素都有很大联系，与用户自身素养、文献信息本身的价值、信息整理排序的深度等成正比。文献信息增值不仅贯穿图书馆文献信息采集、处理、传递、应用等环节，更体现在整个图书馆事业中。图书馆作为文献信息的提供方，经过反复输出文献信息，其信息量不仅不会减少，还会增加。读者和馆员反复利用文献信息以后，其知识和财富越来越多，他们将会生产更多更好的精神产品，促使社会的文献信息总量不断增加，这又反过来为图书馆提供了更多的文献信息资源。图书馆提供文献信息库的观念、制度、服务等方面的便利，将文献信息具有的潜在价值转化为现实。

二、图书馆信息增值服务的类型

（一）按信息服务资源类型划分

图书馆信息增值服务依此可分为馆藏文献信息增值服务、数据库信息增值服务、网络信息增值服务、信息咨询分析增值服务。

1. 馆藏文献信息增值服务

图书馆最基本的服务平台就是馆藏文献。可以通过利用文献信息把具有实用性的专题信息筛选出来，使相对静态的信息转化成相对动态的信息产品，从而让客户享受到信息增值服务。

2. 数据库信息增值服务

信息量增加及信息内容不断更新使信息产品趋向多样化。各种各样的数据库也变成当今信息检索系统中重要的组成部分，是用户查询信息必不可缺的来源。

3. 网络信息增值服务

网络信息增多、内容多样、更新速度快、传播方式多，为用户获取所需信息提供了便利，也为网络信息增值服务开拓了广阔天地。

4. 信息咨询分析增值服务

随着信息时代的到来，用户对信息咨询分析的依赖性更大。信息咨询分析需要从许多信息来源查找信息，再对这些信息进行剖析、综合、简化等操作，以产生新信息。

（二）从文献信息增值与社会需求关系的角度划分

图书馆信息增值服务依此可分为静态文献信息增值服务、动态文献信息增值服务。

1. 静态文献信息增值服务

静态文献信息增值服务主要指静态文献信息的静态增值。静态文献信息的内容被固定，不容易改变，是处于相对静止状态的，如绝大部分被印刷出版的图书报刊。加工静态文献信息更有利于检索的创新开发，即静态式开发。

2. 动态文献信息增值服务

动态文献信息增值服务分为动态文献信息的增值服务、文献信息的动态式增值服务。动态文献信息指内容反映最新情况，固化或准固化在载体上，更新快，处于相对动态的文献信息。比如，市场上的最新信息快报、股市行情等。动态式增值以满足用户要求为前提，对信息进行筛选和加工产生符合消费者需求的服务，从而使信息增值。

（三）按信息服务层次划分

图书馆信息增值服务依此可分为传统信息增值服务、知识增值服务。

1.传统信息增值服务

传统信息增值服务指对信息进行筛选和加工后将其提供给用户。这类传统信息增值服务以信息加工和传递为重点，以提供合适的信息为核心，其增值能力受限。

2.知识增值服务

知识增值服务指对信息进行筛选和加工再进行创新，从而使信息更容易被理解和使用，更能满足用户需求。知识增值服务的核心是对知识的发现、转化与创新，增值潜能高。知识增值服务在现代图书馆信息服务中有着广阔的应用前景。

（四）按信息服务者提供的信息对用户所产生影响的时间划分

图书馆信息增值服务依此可以将信息增值服务分为时效型信息增值服务、积累型信息增值服务、启迪型信息增值服务。

1.时效型信息增值服务

时效型信息增值服务指提供能够被当前工作利用的信息，从而完成信息服务的增值。

2.积累型信息增值服务

积累型信息增值服务指所提供的信息虽不是信息接收者当前工作急需的，但对其从事的工作有意义，作为积累的系统内容后具有新增加的价值。

3.启迪型信息增值服务

启迪型信息增值服务会对获取信息的用户产生知识、视野、思想等方面的影响。和前两种服务不同的是此种服务在当下不会产生巨大的效益，但对未来信息增值有一定的影响。

（五）按信息加工的难易程度划分

图书馆信息增值服务依此可分为简单信息增值服务、复合信息增值服务、综合信息增值服务三类。

1.简单信息增值服务

简单信息增值服务是指图书馆把获取的文献信息资源进行简单加工处理后，再根据用户需要提供给用户。

2.复合信息增值服务

复合信息增值服务是指图书馆把所获取的信息经过简单处理、整理、结合，编制成文摘或数据库，为用户提供二次文献、三次文献服务。

3. 综合信息增值服务

综合信息增值服务是指图书馆根据用户的需求，用专业的知识、技术、信息和先进的方法搜索、解析、研究、预测，以提供符合要求的信息服务。

（六）按信息加工深度划分

信息增值服务依此可分为传统的信息增值服务、深度的信息增值服务。

1. 传统的信息增值服务

很长时间以来，图书馆都是通过利用馆中文献合成用户所需要的信息，如专业术语、图书目录等数据，但是缺少动态性数据库，也缺少一些新型数据库。

2. 深度的信息增值服务

深度的信息增值服务即成立特色数据库。成立特色数据库是图书馆信息增值的重要途径。特色数据库通过整合挖掘信息资源增加信息的价值。因此，图书馆基于数据集的特征，根据实际情况收集和组织信息，在相应的发展基础上深化和深加工，用不同的信息资源建立专题数据库，为具备专业特色的地区和单位开发独特的电子和信息产品。

信息咨询分析是向用户提供经过深加工的信息产品，依据用户需要进行数据收集和筛选，然后通过系统化、逻辑化、数学模型等科学方法深入分析，以获得真实、有用的信息，体现信息的价值。

（七）从信息增值作用或效果是否直接来划分

信息增值服务依此可分为显性信息增值服务和隐性信息增值服务。

1. 显性信息增值服务

显性信息增值服务指信息接收者在获得的信息作用下，收获显著的社会效益或经济利益。信息增值效果显著。

2. 隐性信息增值服务

隐性信息增值服务指信息接收者拥有的信息对自身产生了正向的价值效果，其价值观、品德、思维、智慧等受到影响。图书馆运用远程教育使信息接收者的心理和教学信息相互影响，从而产生心理与知识上的同步反应。这属于正向增值，蕴含很大潜能，这种潜能的激发可以解读为信息产生了增值。这种服务不会产生明显的效益，但有极大的潜力，它的增值是在未来实现的而不是现在。

三、图书馆信息增值服务的模式

现代社会是信息化社会，因此图书馆内的信息服务要与时俱进，顺应时代发展需求，必须将重点从简单服务转化为信息增值服务，改善内部结构、运作程序、人员分配与管理方式。以下为与信息增值服务相关的四种模式。

（一）个性化全程服务模式

为用户提供个性化的服务，并在和客户不断沟通和互动过程中提供信息增值服务。目前，社会对服务的要求更加细致，用户不再满足于一般服务，希望图书馆能提供与信息服务相关的解决方案或高质量信息。这就要求将分散在某一领域或多个相关领域的有用信息加以集成，从中提炼出对客户有用的高质量信息。这些服务凝聚了知识、经验、心力、智慧等，是更高层次的服务，要求员工具有高水平的信息服务能力，全神贯注于整个过程，不仅要了解解决问题的过程，还要对用户的需求进行分析。因此，工作人员必须参与用户决策过程，并在为特定用户提供服务的整个过程中和用户进行沟通和交流，及时反馈。最后，在提供全面服务和交互信息的基础上采集、分离、加工、创造信息。

（二）团队服务模式

服务往往是提供解决问题的方案，而且不同用户所涉及的专业也有所不同，因此服务团队要有水平更高、更专业的知识和服务。为实现这个目标，有必要形成一个团队进行各种组织和开发服务。首先，整个信息增值服务部门需要一个更强大的团队，可以考虑把社会生活中各方面的人才集合在一起组成一个团队，尤其要吸收一些专业咨询专家，提高团队竞争力。其次，用户也是各行各业的，工作人员需要根据用户自身特点划分到不同团队。每个小组不仅要有专家，还要有基础工作人员，注重团队合作，互相补充。

（三）集成化信息服务模式

集成化信息服务表现为以图书馆信息资源共享的广泛集成为中心，以计算机、通信、网络和多媒体技术集成到图书馆信息服务为条件。图书馆通过 HIML、XML、PHP 和 JSP 等动态网页技术、互联网和开放 IP 地址，将全球的网页数据库、学术期刊、商务信息等数字化资源集成到图书馆主页供用户使用；利用智能检索、远程提交、下载、论坛等为用户提供新型信息服务。这种融传统与现代为一体、集技术与资源于一身的新型服务模式就是全方位、多层次、多角度的多元一体化服务模式，其理论基础是在图书馆界流行的全面质量管理（TQM）思想的具体实施。这一模式大多集咨询功能、信息检索功能、文献提供功能于一体，用户只需坐在自己的计算机终端前，敲击键盘、移动鼠标，就可以直接下载或通过在线订购获取自己所需要的文献信息。这种服务模式绝不是将图书馆的各个服务项目进行简单相加，而是通过内部服务机制的改进使读者满意。

（四）专业化网上服务模式

建立专业化的信息数据库和个性化数字图书馆，利用专业化的网上服务界面和网上资源向专业用户提供个性化服务。专业化的网上服务界面主要依靠建立专业网站或数字图书馆，定期动态报道专业化信息资源的最新情况、专业领域的技术动态，为专业用户提供及时的、易接近的专业信息获取窗口。提供专业化的网上资源则要求对专业进行分类和开辟专业搜索渠道，或按照不同专业的具体方向自行组织和细分数字资源。

四、图书馆信息增值服务的原则

（一）以人为本的原则

以人为本的原则是现代图书馆的重要原则，其将满足人们（包括读者和工作人员）的需求视为图书馆管理的主要目标，将客户视为最重要的资源，关注用户的需求并鼓励用户参与其中，同时关注人力资源开发，力图用最好的方式满足用户需求。

（二）个性化原则

为了实现图书馆信息服务的最大增值，必须开始评估未来可预见的读者对信息需求的变化，再整合各种各样的资源与服务，使服务系统能够面向服务、相互协调，动态适应用户需求的变化。

个性化是未来图书馆信息服务的趋势。用户选择的多样化和个性化导致知识与信息存在差异。因此，图书馆需要根据用户需求，利用网络的独特优势为用户提供定制的信息和知识服务。

（三）时效性原则

知识信息资源在不断发展更新，其效用会随着时间的推移逐渐衰减和消失。知识信息产品的时效性直接关系其价值。它包括两方面的内容：一是及时对产生的知识信息进行处理；二是将产生的知识信息及时报送给信息使用者。

（四）科学性原则

信息增值服务要遵循信息的传播规律，根据用户要求，结合信息增值原理和特征，运用科学的方式提供服务。给用户提供的信息应具有针对性、客观性、公正性、真实性、准确性、时效性。

（五）创新性原则

信息是知识创新的源泉。创新性原则指先清楚用户的需求及其变化，再由此改变自身的服务范围、服务对象等，不断进步更新，顺应时代发展要求，创新服务种类。创新不仅是知识或技术的进步，还应顺应市场需求的变化。

五、图书馆信息增值服务的方式

（一）信息深度开发

信息深度开发包括以下几个方面：①定题开发和跟踪开发；②文摘的开发；③目录、索引的开发；④综述、述评的开发。

（二）数字化资源建设和特色数据库开发

信息增值效果最显著的方法是借用最先进的设备完成信息、网络、智能化、数字化的管理和信息处理。数据库是挖掘并使用信息资源的基础。根据一些学科特色与地方特色的各种文献进行开发的具有独特内容的数据库称为特色数据库，是将地方特色文献、区域经济、文化、科学、技术、文学、风俗和历史古迹等汇集在一起建成特色数据库。

（三）专业代理信息检索

随着网络的发展，越来越多的人难以从信息的海洋中找到确切信息。在当下的网络中，所有类型的用户都希望获取有效的信息，他们要求信息能准确地回答他们的问题，而非一个任意的答案，更不是相关的信息或线索。信息技术的飞速发展促使专业代理的信息检索服务产生并拥有了极大的发展空间。数据代理检索服务主要是代理用户获取需要的资料。除了一些较为原始的检索方法，如纸张文献检索，还包括计算机检索、光盘检索、网络信息资源检索（下载）等现代化方式。

（四）信息咨询

信息咨询以信息交流为基础提供高附加值的服务，其主要根据不同用户的要求，运用自身能力、知识、技能和经验，对信息进行解析、结合、焦点转换等一系列的活动，为用户提供专业的检索线索、方式、办法以供其挑选，从而使信息和知识可以转化为生产力，促进经济发展。信息咨询是专业人士在网络环境下通过多途径调查，并结合不同类型的数据资源、网上信息等进行分析、推理，得出结论并指导实践，最终获得经济或社会效益。

（五）开展个性化的信息服务

个性化信息服务是指通过利用现代信息技术与数字化信息资源，为用户提供信息和服务，用户可以根据个人的信息需求提出各类要求，这也是一种对传统服务的延伸、深化与创新。它针对不同的客户需求，采用不同的服务方式，提供不同的服务内容。

第二节　图书馆知识服务

一、图书馆知识服务的概念

知识服务是一种认识和组织服务的观念，在知识经济背景下，知识服务已成为一种新的服务观念，是对信息资源的深层次开发和利用。通常决策机构、科学研究课题组或研究者个人是知识服务的对象，知识服务是以信息知识的搜寻、组织、分析、重组的知识和能力为基础，然后根据用户的问题和环境，融入用户解决问题的过程之中，并且为用户提供能够有效支持知识应用和知识创新的服务。知识服务与传统知识信息服务的不同点体现在以下两个方面：

（一）观念方面

第一，知识服务是用户目标驱动的服务，其最终的结果是"通过我的服务，您的问题是否解决了"，而不是"您需要的信息我是否提供了"。传统信息服务的重点和目的则是信息资源的获取和传播。

第二，知识服务是面向知识内容的服务，它以互联网为介质，非常重视用户需求分析，根据问题和问题环境确定用户需求，通过信息的析取和重组形成恰好符合需要的知识产品，并能够评价知识产品的质量，因此又被称为基于逻辑获取的服务。传统信息服务则是基于用户简单提问和基于文献物理获取的服务。

第三，知识服务是面向解决方案的服务，它致力于为用户提供不同问题的解决方案。因为信息和知识的作用主要体现在为用户提供解决方案，而构思解决方案的过程又是一个对知识和信息不断筛选、组织、分析的过程，形成和完善解决方案是知识服务的中心。而传统信息服务满足于具体信息、数据和文献的提供。

第四，知识服务以为用户提供解决问题的方案为宗旨，这一宗旨贯穿信息知识的查找、筛选分析、捕捉、拆分组合等整个过程，应定期与客户联系，关注客户的需求，并及时提供解决方案，满足用户的需求。传统信息服务则是有固定服务流程和各负其责的局限性的服务。

第五，知识服务是面向增值服务的服务。它关注和强调利用自己特有的能力和知识，对现成文献进行加工形成新的具有独特价值的信息产品，为用户解决他的知识和能力所不能解决的问题。知识服务希望自己的产品和服务能够通过知识和专业能力为用户创造价值，通过提高用户知识应用效率和知识创新效率实现自身价值，通过帮助用户解决非常难或很关键的问题实现自身价值，而不是单纯地基于资源占有、规模生产、"劳务"服务等体现自己的价值。

（二）服务方式

第一，知识服务不是基于信息机构的服务，不是游离于用户之外的服务，而是融入用户之中和用户决策过程的服务。它需要用户和服务人员联系得更紧密，要求像特聘法律顾问、主治医师、项目监理等一样建立针对具体用户或用户过程的服务责任机制。

第二，知识服务是基于专业化和个人化的服务，而不是"批发"性的服务。"专业化"要求按照具体专业或课题领域组织和实施服务，保证对用户问题和用户环境的把握，保证知识服务的质量。"个人化"要求针对具体用户的具体需要和过程提供知识服务，保障对用户决策过程的跟踪和对口服务。

第三，知识服务将是基于分布式多样化动态资源系统的服务，而不是基于固有资源或系统的服务。它将是虚拟化的服务，充分调动和集成各种资源、系统和服务来支持知识服务的功能和过程，因此它不属于也不局限于某一个图书情报系统。

第四，知识服务不是依靠大而全的系统的服务，而是基于集成的服务。它遵循开放式服务模式，通过系统集成、服务集成、团队协作等各种各样的方式联合、调节，利用各种资源、人员、系统、服务组织和提供知识服务。

第五，知识服务不再是标准化和事务性的工作，而是基于创新、自主的服务。它要求知识服务人员根据每一次的实际情况动态地搜寻、选择、分析、利用各种知识，动态地设计、组织、协调和安排相关的产品形态和服务工作，要求知识服务人员具有自主的管理意识，具有创新精神、研究能力和管理能力，并且要建立相应的管理机制。

二、图书馆知识服务的特性

（一）以用户为中心

知识服务的对象是图书情报机构等信息机构的用户，所以最后会由他们评价知识服务的好坏。知识服务的根本原则是"以用户为中心，以满足用户知识的需求为目标"。图书情报机构的一切工作和服务活动都要以此为根本出发点，了解用户的动态性知识需求，总结用户的知识需求规律，再根据用户的实际情况向用户提供最合理、最有用的知识信息，提供理想的知识产品，提升服务的针对性，把充分利用图书情报机构的知识作为重中之重，融入用户解决问题的过程之中，从实际角度出发解决用户的问题，使用户能够迅速地获取所需的知识并解决实际问题，使用户能够满意。

（二）突出个性化

从用户的角度看，知识服务可以为用户提供最好的解决问题的知识方案。不同的用户有不同的问题，即便用户需要解决的问题一样，也会受到环境因素的影响，因此知识服务要为用户提供与不同阶段相对应的方案，而且为用户提供的方案可以随情况而改变且是唯一的、特有的。通过了解用户的具体需求和信息偏好，建立个性化的知识服务体系，采用适当的服务方式帮助用户寻找知识，为其提供具有针对性的解决方案。

（三）基于知识组织，实现知识价值

对知识的使用是知识价值的重要体现，并且知识被使用的频率越高，知识的价值就越容易得到体现和提升。知识服务就是把知识的价值实现定位于满足用户的知识需求以及解决用户的实际问题上。知识服务重视用户知识需求中的知识内容，从大数据中找出有用信息，对信息进行分类、组织和描述，揭示信息内容，分析隐含的知识关联，从而找出与用户需求相匹配的知识，并且用科学的方法展现给用户。

在知识组织的基础上，知识服务为用户提供了知识。用户在运用知识的同时，知识的价值得到了实现，知识服务的效用也展现出来了。

（四）综合集成系统性

开展知识服务需要将知识、人才、技术等信息资源有机地整合在一起。知识服务提倡图书情报机构之间形成服务联盟，创建相对和谐的、对外开放的组织体系，采用虚拟的运作方式，集成多种多样的资源、人力、技术和系统，从而实现信息服务的集成化、系统化、层次化和全面化。在这种综合集成的服务系统中，人是一个不可或缺的组成部分，有着不可替代的作用，这也是综合集成不同于一般集成的地方。知识服务人员是提供服务的主体，需要具有较高的能力素质，既要有整合各种资源的能力，又要有组织协调的能力。

三、图书馆知识服务的目标

知识创新是知识经济发展的原动力，也是知识服务的灵魂和目标。知识创新是一项更新知识的实践活动，它不仅需要相关的研究部门从事知识的生产，还需要工作人员和相关的机构对信息进行搜集、加工、分类，以促进知识的应用。在图书馆的发展进程中，知识服务取代了传统的信息服务。知识服务是一种面向知识创新、知识传播与知识应用的服务方式，数字图书馆的知识服务就是以传统图书馆的知识服务为基础，综合利用多种信息技术和网络技术，为用户提供数字化和网络化的知识与价值的过程。它包括数字参考咨询服务，以网络化、个性化的知识服务为基础。就图书馆的功能实现而言，知识

创新是前提，知识服务是目的。

知识服务需要图书馆提供知识和知识中介，与网络服务结合起来，发展网络参考咨询服务，运用知识营销的理论与方法，充当"知识经纪人"的角色。在知识经济时代，直接支持用户知识应用和知识创新过程的知识和能力成为图书馆的核心能力。基于这种核心能力的知识服务是图书馆实现其社会价值、参与知识市场竞争的有效手段，所以需要积极完成以下目标：

（一）拓展用户满意度之外的空间

为了适应经济发展和知识创新的需要，知识服务会根据用户的实际情况搜索和选择相关信息，然后对现有文献进行加工后形成新的知识产品，为用户解决其知识和能力所不能解决的问题。知识服务的目标和实现方式是知识创新。知识服务通过梳理和掌握知识之间的相互关系为用户提供有用的信息。

（二）形成与完善解决方案

知识服务的核心和目标是为用户提供解决问题的方案。应围绕此目标对相关知识和信息不断地进行查询、分析、组织、创新、集成。通过用户需求驱动解决方案的形成，达到形成符合用户要求的知识产品服务的目的。

（三）面向增值服务的努力

知识服务是面向增值服务的服务，强调利用自己独特的知识和技能，对文献进行加工，使之成为有新的价值的信息产品，解决用户不能自己解决的问题，通过知识和专业能力为用户创造价值，通过提高用户知识应用效率和知识创新效率实现价值。

（四）服务内容个性化的方向

知识服务十分重视用户的需求分析，强调掌握用户的习惯和用户个性等信息，主动为用户提供其可能需要的服务。个性化服务在提供高品质的知识信息的同时，强调了用户对知识服务的品质和数量的满意程度，努力使用户对数量及质量的满意度达到极限。

四、图书馆知识服务的运营模式

到现在为止，虽然对知识服务的理论和实践还尚在摸索中，但是参考其他类型知识服务的经验和国内外图书情报机构对知识服务的探索，我们能够制定出基本的知识服务运营模式。

（一）基于分析和内容的参考咨询服务

这种服务以图书馆参考咨询服务为基础，将咨询服务的阵地置于图书馆信息服务的前沿和中枢来体现其中心地位（前沿化和中枢化），通过将人员按专业分工来保证他们对专业知识和专业资源的掌握，通过按咨询问题类型分工促进核心咨询服务的分析性和智力内涵（智力化），通过集成化地组织馆内外咨询资源和技术系统提高咨询服务的效率（集成化），通过提供强有力的分析组织技术与工具保障咨询服务对内容进行有效分析和对信息进行重组（内容化），通过稳定的个人化的经常性接触和跟踪服务建立用户对咨询服务的信任。

（二）专业化信息服务模式

专业化的信息服务模式是根据专业领域组织图书馆信息服务，从而提高信息服务对用户需求和用户任务的支持程度。例如，许多国外的大学图书馆运用垂直组织方式彻底改变了按照业务流程安排人员的方式，让图书馆馆员全面负责一个专业领域的信息资源建设、信息分析组织、参考咨询、用户教育等工作；西南财经大学则是组织专门的部门负责专门学科领域的需求分析、信息资源分析、信息检索和报道、参考咨询服务，而采购、编目、流通及技术系统等支持则由图书馆的其他部门提供；清华大学将图书馆馆员分配到各个院系中作为信息服务联络员，负责与该院系相关的信息需求、跟踪分析、信息资源建设、信息检索与咨询服务、用户教育和用户信息系统建设咨询等工作。许多图书馆还建立了课题信息服务顾问方式，为重要用户和重要任务分配专门的信息服务顾问，保障个人化联系、一站式服务及服务的预期性和智能化。

（三）个人化的信息服务模式，特别提出针对用户的需求提供连续的服务

个人化信息服务模式一方面体现在参考咨询等以解决用户的具体问题为基础的灵活服务中，另一方面也将融入系统和组织体制中。例如，建立图书情报系统的个人化界面（与搜索引擎的个人化主页相似），针对具体用户提供专门的"系统"界面（如在用户接入系统时为用户提供动态的、量身定做的新书通报、定题选报、新闻服务）。个人化信息服务模式注重开发信息服务系统的个人化处理功能，根据用户知识和使用情况分析检索要求、优化检索过程、选择检索结果，并将个人化界面和用户利用的其他服务集成起来，形成"用户个人的图书馆"。个人化信息服务模式可以协助用户开发个人化的信息资源系统，并利用图书馆的系统能力支持或连接这类信息资源系统。

（四）团队化信息服务模式

在通常情况下，知识服务是通过团队人员合作完成任务的。总体来说，团队化信息服务模式包括两种形式：一是通过团体合作提供服务，如把资源开发、信息组织、参考咨询、用户教育和信息技术支持等方面的人员组成工作小组完成任务，或者将不同专业领域和不同图书情报机构的信息服务人员组织到团队中；还可以吸收用户或外部专家组

成小组，提供高效率、高质量的知识服务。二是加入用户的团队中，作为团队中接收信息、应用知识、解决问题的内在成员服务于用户。例如，为课题组、专家个人、课程或专业学术活动配备信息助手。

（五）知识管理服务模式

站在用户的角度和立场，进行知识的收集及获取管理，包括对外部知识的跟踪、检索和获取，对内部的知识尤其是隐藏知识的跟踪和获取；进行知识的组织和检索管理，利用信息技术及数据库技术，在错综复杂的知识信息流中找到新的知识点，发现知识间的联系，将其组织到按照一定知识体系组织的数据库中，并且应用计算机和网络相关技术使工作人员能够较为快速地检索相关的信息资源和数据；进行知识交流和知识匹配传送管理，应用数据库和计算机群件系统、工作流管理系统等工具，使工作人员能够快速地与其他人进行知识信息的交换和应用，促进员工间及时广泛地交流和共享知识；进行知识利用的管理，利用专家系统、专门分析工具、决策支持系统等支持工作人员对知识的分析和运用，利用管理系统将知识的应用有机融合在日常生产经营过程中，并将产生的新知识迅速地组织到整个知识管理体系中；进行知识共享和知识创新环境的管理，建立和发展各种管理手段和机制，鼓励员工共享知识和进行知识创新。

当然，有效的知识服务将是上述各种模式和其他可能模式的动态选择与组合。值得一提的是，知识服务不排斥以藏书建设、文献编目、文献检索等为基础的传统的图书情报服务。只不过这些服务将不再体现图书情报工作的核心能力、专业取向和标志性内容，将主要作为辅助性的后台服务来支持知识服务，而知识服务将是旗帜、发展杠杆、市场卖点、竞争基础及"利润"所在。

五、提高知识服务效率应重视的问题

知识服务以知识资源的占有为支撑，以知识组织的有序活动为基础，此外还以人类的活动为依托，知识服务主体的组织结构与开展知识服务所处的环境都会不同程度影响知识服务的效果。目前，各国图书馆往往更重视前者，却忽视了人类活动、知识服务主体的组织结构、开展知识服务所处的具体环境，因此本书要对相关问题进行探讨。

（一）人力资源问题

一般来说，数据不会自动转变为信息，信息也不会自动转变为知识，实现从信息到知识增值的关键要素是人，增值强度依据人的隐性知识的不同而不同。隐性知识的投入比例越大，信息的增值幅度越大。另外，图书情报工作者既是知识组织的承担者，又是知识服务的实施者。所以，知识服务的保障是人力资源，一定要重视人力资源的建设问题。

加强队伍建设。图书情报机构要想开展有效的知识服务，要想在市场竞争中立于不败之地，最重要的是培养具有高素质的市场人才。知识服务的目的是为用户提供解决问题的方案，而不是单纯的文献信息，这就需要更高素质的知识服务人员。正因为如此，图书情报机构一定要创建一支高素质的知识服务团队。因为知识服务是一种全新的服务理念，是一种基于人力资源和智力资源的服务，在知识更新、网络化进程飞速发展的今天，单一的信息管理专业人员、计算机专业人员和外语专业人员已不能满足知识服务的需要，而既懂计算机应用技术和外语工具，又精通一门或几门专业知识，同时具有信息管理技术和服务意识的复合型人才才是知识服务最需要的。因此，除了大力引进、培养复合型知识服务人才外，还要大力倡导团队精神，营造浓厚的团队学习氛围，全面提高知识服务人员利用知识、创新知识的综合能力。

提高人员的素质。高素质的人才是实现知识服务的关键。知识服务对知识服务人员的素质和能力提出了更高的要求，因此知识服务人员必须加强学习力度并坚持不懈，提升自己的综合能力。首先，知识服务人员应具备知识分析与决策分析能力，这些是从事知识服务工作所需要具备的主要能力。知识分析能力是指对用户知识结构与社会知识体系进行分析的能力，是迅速发现用户所需的知识的能力。决策分析能力是以分析用户的特定问题和联想相关知识为根本，帮助用户形成解决方案，从而正确决策的能力。其次，知识服务人员需提高知识组织和开发的能力，这是知识服务的基础能力。知识服务必须基于对知识的正确分析和运用，对信息中的知识进行合理组织和有效开发。在网络知识时代，面对全新载体的信息资源、全新观念的客户、全新学科领域的知识，知识服务人员必须要有较高的业务水平和工作能力，成为知识服务的引领人、工程师和专家。

（二）图书情报机构的组织结构问题

"组织"这个词有两种词性，即动词与名词。如果想要提升知识服务的质量和效率，只注意作为动词的知识组织是不能满足要求的，还要注意作为名词的知识组织的建设问题，即应将图书情报机构建设为知识型组织，从另一方面支持知识服务。创建一个面向知识服务的知识型组织可以在很大程度上提升知识服务的水平和能力，实现组织的健康发展。

构建面向知识服务的组织结构。一般来说，组织结构主要涉及组织内的各种各样的构成因素及其相互关系。为提供更好的知识服务，图书情报机构在创建组织结构的过程中，一定要以关心和满足用户的需要为目标，将原有组织体系和服务过程进行根本性的思考和彻底的再设计，利用现代信息技术和管理手段，最大限度地实现服务功能与管理职能上的集成，建立过程型结构，改善服务功能与外界环境的关系，提高服务的效率与质量。这就要求图书情报机构一方面必须通过分权建立多决策中心机制，提高组织系统的运行效率；另一方面，又要使独立性日益增强的系统要素以柔性的方式有力地结合起来，使组织系统具有内聚力。面向知识服务的知识型组织应该是横向发展的网状结构，具体来说就是把分散的业务流程合理地整合在一起，使不同部门间的界线淡化，建立柔性的组织结构，从根本上打破原有的管理模式中金字塔式的等级制度，使组织模式成为管理信息系统支持的柔性化网络结构。众多图书馆现行的管理体制及其组织原则是集中式的，不利于调动图书馆各部门的积极性和发挥个人的潜在能力。图书馆构建面向知识服务的知识型组织结构的关键是要淡化图书馆上下级之间的界限，强调整体作用，领导决策组是整个工作流程的协调中心，而不是上级；另外，要弱化图书馆业务分工的界限，对工作内容相同或相似的部门进行合并重组，对新出现的业务内容应加以重视，突出强调图书馆从以机构为中心转为以用户为中心、从资源驱动转为服务驱动的集成管理特点。

构建面向知识服务的组织文化。知识型组织的一个重要特点是具有非常强的创新能力和组织应变能力。要想使图书情报机构真正成为有利于知识创新和共享的协同系统，只有组织结构和技术上的创新是远远不够的，还要建立"以人为本"的组织文化，形成组织精神的内聚力。图书馆馆员应该不断强化创新意识、共享意识、协同发展意识，因为创新、共享、协同发展作为一种文化组合，成为知识工作者自觉的价值取向，将为知识性组织提供无形的精神内聚力，成为知识型组织实现持续创新的前提条件，从而为知识型组织创造一个以创新、共享和协同发展为共同理念的文化氛围和环境。

第三节　图书馆信息化服务研究

社会信息化和信息社会化潮流的合力推动使人们的生活正在发生革命性的变革，作为以"知识宝库"自诩的图书馆，更要以信息化服务作为图书馆建设的重中之重。

一、信息化服务的前提、基础、误区

（一）新观念、新态势是信息化服务的前提

图书馆走过了漫长的历程，已然成为人类文明中不可或缺的部分。现如今，人们的思维方式及社会生活节奏都发生了重大变化，这是由不断发展的科学技术及竞争激烈的现代市场经济导致的。所以，图书馆如果继续陶醉于历史的辉煌，必将被现代信息服务机构取代。谁都没有办法逃避这"优胜劣汰"的事物发展规律。因此，图书馆必须转变

职能，迎难而上，求得生存发展的空间。为实现这个重大的战略转移，要先改变图书馆的陈旧观念，有了新观念，才会出现新的发展态势。图书馆转变职能主要有 9 个方面的新观念：

1. 智力资源观念

现代图书馆的社会地位取决于对信息资源的利用能力、管理模式的升级、服务人才的培养，以"智力资源"的开发程度表明自身的存在价值。因为在信息的海洋中，无论藏书如何珍贵、数量如何丰富的图书馆都只不过是沧海之一粟。只有"开发信息资源，服务五化建设"，变"知识宝库"为"智力资源"，走资源共享的道路，图书馆才能有适应社会的生存发展能力。

2. 文献深加工观念

传统图书馆是以图书为主体，继而才是围绕图书展开的一系列业务活动，包括查阅、收藏、管理、借阅等。因此，分类编目是图书馆重要的业务活动。而过去的图书馆馆员常常满足于"读书读皮，看报卷题"的浏览方式，很难深入到文献的具体内容中去，只能充当经济建设的后勤。而信息化时代的情报信息对社会起着决定性的作用，谁拥有信息，谁开发的信息最新、最深，谁就掌握了竞争的主动权。因此，文献资源的利用重点也必须从以图书为主体转移到以资料、杂志、检索工具乃至数据库为主体，加工时就不能只满足书名而要深入篇名甚至数据来报道文献信息的内容。这样，通过信息的深度加工和重新组合就可以产生更多的综合性的新知识，信息自然就能作为科研的第一线工作而存在，对社会服务起着"有求必应，跟踪服务"的智囊团作用。由此可见，文献加工的深浅度是图书馆开展信息化服务的前提和基础，决定着图书馆行业社会职能作用的大小。

3. 信息专家化观念

传统的图书馆常以掌握"知识宝库"大门的钥匙自居，但是这种"看门人"的观念严重地束缚了图书馆馆员的知识更新，常常失去追赶科技发展新潮流的机遇，故步自封是导致图书馆社会地位"江河日下"的思想根源。在当今社会，人们对信息的需求急剧增长，科学技术向纵深发展，给图书馆工作带来了发展机遇，图书馆应打破壁垒，加快知识更新，优化成才环境，拓宽成才途径，严格成才标准，为大批信息专家的成长创造条件。据调查，只有从知识大门之外进入学科领域之内，由"看门人"变为信息顾问，图书馆的服务质量才能登上一个新的台阶，开展信息化服务才能有较广的社会响应度。

4. 现代化管理观念

传统的图书馆管理可概括为手抄、眼看、腿跑和肩扛，体力劳动量很大，这种笨重落后的手工劳动既不符合社会信息化的潮流，又缺乏对高文化素质劳动者的吸引力。随着科学技术的进步和市场经济的发展，情报信息海量化是必然的发展趋势，因此图书馆必须引进电子计算机、光盘和现代通信网络等实现分类编目、管理和检索利用的自动化、高速化和缩微化。只有用现代化的设备进行管理，才能改变图书馆的被动落后状态，从而增强图书馆对社会的吸引力。

5. 标准化观念

图书馆是历史的产物。那些散发水墨清香的书页历久弥香。但是，图书馆分类编目五花八门，参考工具书编排方式千篇一律，图书馆设备也各成体系，不便于现代化管理。特别是当信息资源共享扩展到国际范围之时，标准化管理可以说是势在必行了。标准化是一切现代化的基础，它打破了时间和地域的限制，融汇了不同的文化与语言，为科学技术的交流和市场经济的发展铺平了道路。因此，标准化也是图书馆信息化服务的前提。图书馆实现社会信息化和信息社会化的关键就是标准化，标准化的顺利发展将促使信息资源共享朝着纵深和宽广的方向发展。

6. 多功能综合服务观念

信息时代，图书馆不能再单纯以书刊文献的管理利用为唯一的社会职能。如今，多媒体技术已经集情报信息的视、听、写、记功能于一体，朝着多载体、多功能、高效用和密集化的方向发展。因此，图书馆必须树立多功能综合服务的新观念。

7. 以用为主的观念

图书馆的服务职能由藏到用反映了社会的进步。在信息化时代，由于电子出版物等各种文献载体形式的出现，其收藏费用日益昂贵，同时图书馆的收藏没有必要都自成体系，完全可以通过现代技术媒体和通信网络加速情报信息的传递和利用，图书馆应从"藏用结合"转到以用为主的轨道上来，最大限度地满足用户的信息需求。

8. "用户至上"的观念

图书馆的服务理念是"为人找书，为书找人"，形成这种理念的根本原因在于图书馆封闭与用户交流的渠道。如今用户对信息的需求越来越大，但没有时间到图书馆查阅图书，而信息源的庞杂与分散使用户难以快速地在有限时间里找到自己需要的信息，这就迫使图书馆将工作重心放在服务观念与服务方式的转变上，树立"用户至上"的服务观念，从"为人找书"变成"为人找信息"，变参考咨询为信息咨询，使图书馆直接与社会挂钩，向咨询服务主动化的方向发展。

9. 竞争观念

图书馆一直以来被认为是读书治学的"世外桃源"。但在经济时代，"物竞天择，优胜劣汰"，图书馆也必须跟上脚步，只有努力进取、勇于创新，才能站稳脚跟，不被时代所抛弃。

（二）新领域、新需求是信息化服务的基础

信息时代的高速发展往往也伴随着危机，在"信息爆炸"时代，各种冗杂、虚假的信息也接踵而来。为了发掘一条价值较高的有用信息，要有"沙里淘金"的劲头。因此，图书馆的信息化服务是一项难度很大的社会化服务活动。社会对信息的需求和信息对社会的作用日益多样化和复杂化使图书馆信息化服务出现了许多新动向：

第一，成熟的单本著作价值降低，取而代之的是一些具有新观点、新原理的科学论文。

第二，从需要整本文献变化到需要文献中的某一篇、某一章、某一句甚至某个数据、符号，而且信息的针对性越强越好。

第三，从宏观世界范围新颖信息的收集、提供转变为需要发展最快和实力最强的某个国家、某个科研机构、某个企业集团的某项成果等微观的原始资料和图表数据，而且越具体越好。

第四，从需要单科的学术信息转变为需要各方面整体性、系统性很强的综合信息。

第五，从需要微观世界的一个区域、一个单位的专门信息转变为需要多个地域甚至全世界的综合信息资源。

第六，从需要库存文献中的"死信息"到需要开发和整合经过激活后的"活信息"。

第七，人们的信息活动从以往科研人员对思考、定题、搜集资料、实验、写作等每道环节都事必躬亲发展到向有关信息中心查询事实、数据等动态性信息，对图书馆、情报信息部门的依赖程度越来越高。

第八，人们对信息的需求广泛，特别是要求决策性的信息完整充足，内容可行可信，科学论证数据准确无误，即快、新、广、全、真、准。

第九，人们对信息利用的载体已经从纸质印刷品发展到缩微型信息媒体、视听型信息媒体、计算机阅读型信息媒体等，这些现代技术在图书馆的应用极大地开拓了信息化服务的新领域，增添了信息化服务的新内容，提高了图书馆的服务质量与服务效能。

第十，信息检索方式由手工向联机网络方向发展，增大了信息化服务的时空跨度，既克服了图书馆的时空障碍，又缩短了延时通信的时间距离，提高了文献的再现率和精准度。

第十一，公用数据库和联机传输网络的建立与运行，从宏观上极大地补充了图书馆的库存容量，有效地解决了图书馆难以解决的"拒借率"问题，提高了图书馆信息化服务的社会声誉，有利于现代图书馆形象的塑造。

上述几个方面的内容是图书馆不断发展的新领域和新内容，是网络时代图书馆信息

化服务的基础。高校图书馆在开展信息化服务的过程中，要有针对性地从实际出发，不要贪大求全，不要任意拔高和攀比。图书馆信息化服务应遵循以人为本的原则，转变观念，拓展领域，积极稳妥地实现图书馆服务重点和服务方式的战略转移。

（三）图书馆信息化服务的误区

图书馆信息化服务是指图书馆利用先进的科学技术将馆藏文献信息单元化、服务手段现代化、服务内容针对化和服务方式主动化的一种服务模式。图书馆信息化服务不是各种社会性质的根本改变，只是图书馆的社会职能转向了以人为本。在实现图书馆信息服务化的过程中要避免形式主义，以防陷入各种误区，招致图书馆事业的整体损失。

1.图书情报一体化

"图书情报一体化"是我国图书馆界于20世纪80年代初期提出的，其用意是想改变图书馆社会参与度不高的现状。有人认为，如果将图书馆工作与情报工作合并，其社会地位就会提升一个档次。作为一个动机和效果的统一论者，我们不仅要看其动机，还要观其社会效益。

实践证明，图书馆的服务工作不仅没有根本性的起色，还使许多高等院校的情报信息工作受到很大损害。"图书情报一体化"出现动机和效果严重脱离的原因是图书馆界某些理论工作者只是盲目地看到图书馆工作和情报信息工作机制上有些许相似之处，并没有探究这两者之间质的差异，再加上图书馆自身的素质问题，从而在客观上阻碍了图书馆服务工作的深化。只有走出"图书情报一体化"的理论误区，图书馆和情报界双方才能应对压力与挑战，才能跟上形势发展的需要。

2.图书馆经济实体化

对于图书馆事业来说，行政拨款是客观存在的最突出的问题，是我国图书馆事业产生危机和焦虑的关键要素。有人提出图书馆要自力更生，实现"图书馆实体经济化"，还有人说应该将图书馆划入第三产业，甚至将"图书馆信息化服务"与"信息服务产业"两个截然不同的概念混淆。不论哪个国家或哪种类型的图书馆，其经费都直接或间接地出自纳税人的腰包，故其"公益性"不能动摇。社会上的商用数据信息公司等信息服务产业与图书馆信息化服务有本质不同。构成信息服务产业的商用数据信息公司，它们的服务范围小，服务对象单一，有先进的计算机硬件，从业人员精干且素质较高，按照企业化经营，国家不负担其日常开支，属于第三产业；图书馆尽管在某些服务项目上（如联机检索、信息咨询等）要收费，但考虑到国情民生，其服务项目收费不高。所以不能因为图书馆开展了一些收费服务，有了点创收，就说图书馆的社会性质和职能发生了改变。图书馆如果不能以其知识信息为纳税人服务，就会失去继续存在的理由。

3.图书馆信息化

在信息时代，图书馆业需要向图书馆信息化服务方向发展。但对这一趋势的认识，在我国图书馆界并未达成共识，其原因有很多。在大多数图书馆还保有传统服务模式和理念的形势下，现代化的图书管理设备和联机网络检索等技术得不到完整的实践。因而，有人认为图书馆信息化服务"理想太丰满，现实很骨感"。但是，任何图书馆都应该利用信息主动为经济建设服务。就像基层学习机构一样，可以利用自身订购的上百种报刊的有利条件，主动为农民提供切合实际操作的、针对性极强的惠农科技情报信息，因为它的技术难度不大，用户要求也不高，完全可以把信息化服务搞得有声有色，为发展高效优质农业、为乡镇企业发展壮大、为农民脱贫致富服务。因此，"图书馆信息化服务"并非一句口号，根据信息需求对象和要求层次的不同，每个图书馆都要依据自身条件学以致用，着眼于细微之处，主动为国民经济建设服务。

二、图书馆信息化服务模式与发展前景

（一）信息化服务模式的概念

信息化服务是通过新兴电子技术和高科技领域成果（微电子、信息技术、通信技术、多媒体技术）实现新服务模式的一种手段，可以通过各种媒体有效地开发和使用不同的数据。评估预测、信息交互的服务模式是开展图书信息化服务的关键步骤。信息服务的广泛应用提高了大学图书馆的工作和数据互通的效率。

图书馆信息化服务模式应注意以下几点：

1.图书馆推行信息化服务模式的必要性

计算机、多媒体等先进技术的迅速普及为现代社会带来了前所未有的发展机遇。图书管理软件在图书馆汇编、记录、借阅、统计等工作环节被广泛应用，为信息化服务模式的推广提供了充足条件。传统图书馆的经营、管理模式已经在一定程度上制约了现代信息化服务的发展。

2.图书馆信息化服务解决方案

（1）注重图书馆人才的培养

大学图书馆服务的重点应围绕用户的多样性需求展开，这就需要具有专业服务水平的图书馆人员执行服务，所以图书馆必须完善对复合型人才和专业人才的培养机制。专业化的人才不仅要有过硬的计算机信息技术，还要有认真的工作态度和完善的服务礼仪。

完善工作人员的培训系统。第一，要对工作人员的学习背景进行充分了解，建立工作学习档案。第二，网罗优秀培训讲师，依据《图书馆文明服务手册》制定可行的教案，

根据不同对象和级别制订切实可行的培训计划。第三，密切跟踪受训者培训前后的工作服务情况，对培训效果进行评估和备案，及时改进教学进程。

推广信息化服务，更好地为用户服务，依赖于融汇各种科学知识并具备"知识导航"能力的高素质图书工作人员。图书馆可以从工资待遇、提升空间、价值实现等方面建立专门的制度，引进人才，建立高层人才储备机制。同时完善现有优秀工作人员的再培训机制，针对计算机及多媒体技术开发，外派他们到大学和专业机构进行深造，充分学习国内外优秀的信息管理模式，为现代图书馆的发展指引正确的方向。

（2）优化图书馆信息服务设备

工欲善其事，必先利其器。研究表明，目前主流的硬件市场发展普遍领先于当前大学图书馆所使用的信息服务设备，造成了硬件设备与软件的更新换代不相适应，使信息的交流失去了时效性和有效价值。这就要求图书馆筹集资金来升级馆内的硬件设备。此外，图书馆还应建立完善的设备日常使用和维护制度，保证设备在正常使用的同时能得到良好的保养和维护。与此同时，为实现设备利用率的最大化，图书馆还应设立专门的维修部门。

（3）增加图书馆的服务业务范围

用现代化的数据库和多媒体资源、先进的通信技术对图书馆传统的书刊采集整理和编排、图书馆藏书检索与外借、对外文化宣传、图书发布的时效新闻等提供技术支撑，既提高了工作效率和工作节奏，又节约了大量人力、物力，从而促使图书馆寻求新的发展空间，拓展新的服务项目。比如，可以利用多媒体信息资源在图书馆网站上创建信息导航系统，这有助于用户在特定网站的指导下迅速找到所需的信息，还可以添加"虚拟馆藏"形式，为那些没有时间去图书馆或不在本地的人群提供远程服务。

（4）开展图书馆的个性化服务

大学图书馆由"以文献资源为中心"转变为"以用户为中心"，既要继承又要创新，要坚持以人为本，以深化个性化服务为原则，从多媒体服务着手，利用多媒体通信技术进行信息筛选、获取和利用等，开展多种媒介之间的交流。

综上所述，随着信息技术、多媒体通信技术的发展，人类已进入大数据时代，这为大学图书馆的发展开辟了新的领域。新的时代，机遇与挑战并存，想要勇立潮头，必须转变陈旧的观念，使自己的思想适应新的情况，正所谓"通其变，天下无弊法"。要实事求是，践行"科技兴教"的发展方针，大力促进图书馆信息化改革，努力提高创新意识和服务水平，建立富有人文情怀和时代精神的新型图书馆。

为了图书馆信息资源的及时传递，为了能让用户及时准确地获得最新的知识和信息，图书馆需要不断整合互联网上更新的数据、学术界最新的研究成果。信息的社会化成了重要的战略资源，信息发布的及时性和系统性决定着信息价值的大小，也对图书馆信息服务的效率起到了关键作用。信息资源是如何有效地解决大学图书馆推广服务中遇到的问题的呢？首先，在硬件上，资源的优化可以有效地弥补硬件落后带来的效率缺失；其次，高效地编排和检索能大幅降低人工劳动的时间，还能缓解图书馆工作人员数量不足的状况。

图书馆的信息资源应具有多种检索机制和查阅手段，以适应用户对知识的不同需求，而这种需求正逐渐呈现多样化的趋势。图书馆可以利用互联网的搜索引擎快速匹配到用户需求的信息，并支持多种互联网平台的信息传输，让用户更快地获取、利用并反馈信息。图书馆在发展的过程中需要用户不断地给予反馈和建议，其服务功能在变得多样化的同时，也拓宽了和用户之间的沟通渠道。

（二）图书馆信息服务网络运行模式

在信息多元化的时代，图书馆服务工作在扩大时空范围、深化服务内容、完善服务方式等方面积极探索实践，在信息产生、传播、交流、创新中，结合图书馆自身在政治、经济、科学技术等方面的文献储备，形成了一种特殊的信息资源。这种信息资源帮助人们从事社会活动，继而影响人们的工作、生活、通信、决策、思维方式甚至价值观，进而发展演变为一种主流文化。图书馆也因此形成了一种新型信息服务网络运作模式，这种模式与图书馆的其他构成要素，如信息资源、技术资源、人力资源、管理资源等进行多角度全面深入交叉融汇，相互作用，提高了图书馆的信息服务质量，满足了人们对经济、文化、科技、教育等信息的需求，体现了它的功能和综合效益。

1.图书馆信息服务网络运行模式类型

（1）数字参考咨询服务模式

数字参考咨询服务，又称虚拟参考服务、远程参考服务、在线参考服务或电子参考服务等，它是指用户使用一些信息化手段，利用数字参考咨询服务提交问题，请求网上的信息专家给予回答，而信息专家的回答也会通过社交平台将信息反馈给用户。数字参考咨询服务是基于数字化的资源，将用户与那些有能力解答的人连接起来的信息咨询服务。数字参考咨询服务的方式主要分为实时服务与异步服务两大类。

（2）信息代理服务模式

信息代理是指图书馆充分发挥其在信息收集、整理、分析以及人员和设备等方面的专业优势，直接面向用户代理其信息事务，包括信息资料检索、项目查新、专利申请、市场研发等，即每个用户都拥有自己专属的信息资料库，可以用最快捷、准确、全面的方式有针对性地查找到所需要的信息资源。

（3）信息集成服务模式

信息集成是把相关联的多元信息资料有机融合并优化使用，其针对的是某一特定领域目标或面向某一特定用户服务，以发挥整体效应，实现资源共享。

图书馆信息集成服务中的"集成"对象包含以下几个方面。

一是信息资源的集成。信息资源的集成包括信息资源内容的集成和信息资源形式的集成两个方面。现代图书馆要把馆藏资源、文献资源、信息数据资源深加工，并进行有机整合，建立信息资源整合系统。

二是信息内容的集成。图书馆对纸质资源信息内容进行加工、综合，完善纸质文献信息资源保障体系，建立最优化资源体系，这是提供优质服务的前提。

三是信息服务的集成。图书馆信息服务业务需要将各个服务部门的工作有机地结合起来，发挥它们各自的优势，做到优势互补、取长补短，进而向用户提供整体化的服务。

四是信息管理的集成。信息资源的汇集、图书馆资源的调配都是由工作人员的基础性操作来实现的，在科技发达的信息化社会中，图书馆的常规性操作依然是由人工操作来实现的。因此，图书馆面临着几个关键的问题，那就是工作人员的工作积极性应当如何调动，工作人员的服务和职业素养该如何培养。信息服务是要有规章来约束的，信息管理的程度与水平都将决定图书馆的运行能力。

关于图书馆的信息集成服务在国内外都早有研究。本书汇总了众多学者的研究后总结出在互联网背景下图书馆的信息集成服务模式主要分为以下两种，一种是基于服务项目集成的信息服务，另一种是基于信息内容集成的信息服务。因各自的具体操作方式不同，前者又可以分为职能组织服务模式、矩阵组织服务模式、虚拟组织服务模式和联合服务模式。

2.图书馆信息服务网络运行模式设计

运营模式设计要考虑图书馆运营环境的实际问题：第一，要利用已具备的信息集成化，通过用户的浏览、检索，形成有价值的数据流，根据这些汇总的数据流对图书馆的现有问题提出改善意见。第二，建立适合图书馆实际情况的信息体系，配套合理的信息服务模式，利用信息集成对不同渠道的各项细化服务进行管理和调配，最终完成对图书馆信息服务的综合模式设计。

在科技迅速发展的背景下，采用信息服务的网络运营模式是先进性的决策。通过该项技术使信息化资源的价值最大化，这是现代社会文明进步的象征。但与此同时，信息服务的网络运营模式也将带来相应的风险，如共享渠道的闭塞、资源利用的缺乏、维护运营成本居高不下、信息系统停滞等。这些风险都是不可预期的，会限制信息服务在图书馆各个方面的应用。所以集成的重要性体现在平衡细化所导致的利益衰减上。基于资源集成的信息服务模式不但与信息集成是不同的概念，而且与服务和管理上的集成不同。

图书馆基于资源集成的信息服务模式的前提是组织或管理资源的集成，因此，图书馆信息服务运行模式的创新首先要设计一个组织结构。

图书馆信息服务模式的结构设计有以下选项：①以职能部门和业务流程来划分图书馆的各个部门，一般会有编目部、借阅部、流通部等，这些部门基本上是各司其职，部门之间仅以馆藏文献为媒介，工作环境封闭固定，组织僵化，适应力差，在一定程度上阻碍了图书馆的发展。②以信息资料专业内容划分部门会使图书馆把核心点放在图书文献上。这种结构组织虽然有利于图书馆内部资料数据的集成，但无法集中管理；再者，现代科学技术发展迅速，图书馆不可能按所有学科来设立专业部门。以上两种结构组织都没有把学习者的信息需求放在图书馆发展的首位，而以馆藏的资料信息为主，这是一种本末倒置的服务流程，终将被历史所淘汰。③依赖网络平台的虚拟化组织结构。这种组织结构对馆员的素质、硬件设备要求较高，而且我国图书馆馆藏仍然以纸质文献为主，图书馆实体仍然存在，对于多数图书馆来说，实现难度很大。④组成专项跨职能部门的项目任务专案组，即矩阵式结构组织。

现代图书馆追求的是提供深层次的信息增值服务和个性化、主动性的信息资料，这要求图书馆业务机构组织规模小型化、组织结构扁平化、业务划分粗略化、工作重心前移化等。矩阵式结构组织可以将图书馆原有的各个部门有效地结合在一起，取消部门之间的限制，依靠网络平台展开横向联系，充分发挥其信息传递和信息服务的作用，并借助网络调查、网络信息分析等多种网络APP，加速信息收集和信息处理，通过多种途径实现信息服务。本书认为，矩阵式结构组织融合了传统服务机构和虚拟组织机构的优势，更适合图书馆信息网络系统。

3.图书馆信息服务网络运行模式的工作流程

（1）创建以用户为中心的信息策略

图书馆可以在平常的服务工作中采用随机问卷调查、网络调查和定期学习者座谈等方式，开展学习者的信息需求监测评估，了解并发掘用户的现实和潜在信息需求，确定自己的服务范畴、标准、内容，以期找到图书馆和用户共同进步发展的道路。

（2）明确人力资源优势，组建信息开发项目小组

图书馆要建立信息开发项目小组，图书馆信息服务项目小组的人员选配应本着专业适用、个人自愿、服务安排等原则进行。图书馆还应选配非图书情报专业技术人员，随

时吸收不同技能的馆员加入，并有目的地发展为学习型组合团队，保持团队优势，发展成高层次信息服务储备专业人才，吸引更多的专业人员积极加入信息服务项目组织。

（3）整合信息资源

小组组建后，根据个人专业、岗位情况的不同分配项目任务，对全馆及通过各种渠道、各种方式获取的信息资源进行一条龙式汇集，把馆藏文献与高校学科专业相结合，信息资源结果可以是原始信息，也可以再深化。无论什么形式，都必须详细注明信息来源，以备考证。一切以更方便学习者利用信息、缩短学习者获取信息的路径为宗旨。

（4）信息推送服务

矩阵服务模式中各项目团队的信息终端是进行信息传递服务的，即信息"推送"技术，又称网页广播技术、频道技术。"推送"模式网络信息服务具有一定的智能性，是基于网络环境的一个高度专业化、智能化的网络专题信息服务系统。它通过了解、发现用户的个性需求，经过筛选、分类、排序，连续定期把信息推送给用户。从现有的方式来看，"推送"模式网络信息服务主要是通过手机、电子邮件、FTP 等方式把信息推送给学习者，或在网站上公开以供学习者使用，或者由学习者自己来索取、复印或从网上下载。

（5）数据库存档

项目团队完成工作后，可以把这些独特的知识信息集成到图书馆数据库中。特色数据库的存档是专业信息服务的一个阶段，可以通过定期培训、定题咨询、开展演讲会、学习者俱乐部以及形式多样的互动，树立图书馆在学习者心目中的形象，这样方能发挥特色数据库的作用。

（6）服务反馈和绩效考察

图书馆专利信息服务项目小组根据学科用户的需求，将特色馆藏信息集成建设与集成化信息服务有效结合，综合构建专利信息服务体系。通过调查、分析学习者网上点击量和浏览信息量、学习者满意度对项目团队的工作质量进行评价，依据他们各自信息整合的工作量及专业性，客观地对团队成员的表现进行行政绩效评估。

4.图书馆信息服务网络运行模式的服务方式

用户通过图书馆的图书资料、报纸杂志服务，电视电影的新闻报道、音像视听服务，印刷出版物服务，以及经过计算机数据整合的信息系统集成服务，获取自己需求的专业信息。随着宽带技术的发展，电视、计算机等与通信技术进行嫁接，通过信息资源的优势互补共同为学习者服务。

（1）网络科技查新

通过互联网可以检索国内外有关科学技术的最新研究成果、研究方向、研究深度与广度，检索图书馆收藏甚至未收藏的各种学术会议和期刊论文，这种相关性搜索模式可以弥补传统数据库在检索方式上的不足，满足科研工作的信息需求，大量节省技术人员查阅文献的时间，避免人力、物力、财力的浪费。

（2）信息推送

电子邮件：电子邮件咨询服务大体上包括四个程序：用户通过电子邮箱客户程序填写想要查询的信息；编写发送问题到收信人电子邮箱；根据问题展开咨询磋商，得到用户所需要的答案；把结果发送给用户。电子邮件服务方式可以使用户在任何地方、任何时间收发信件，大大提高了工作效率。

FTP：FTP是一种向互联网索取信息、资料的途径，有着非常完善的流程。其在同时使用两个TCP端口的输送下，FTP的传输速度会得到最大提升。FTP一般应用在客户端软件中，少数浏览器通过技术改进也可以实现FTP客户端功能。通过浏览器登录软件时，FTP可以提供站点根目录下的下载信息、用户文档等，操作方式与Windows系统一致，即通过双击文件打开。

FAQ：FAQ应用在图书馆中即根据日常工作的总结，汇集需要解决的相关问题，将多数问题系统化，在用户咨询时提供常规性的问题和回答，预见性地解决问题。FAQ的运用关键就是对于问题频率的获取以及人工总结，并代替用户预先做出可能的回答。

论坛：论坛在线咨询服务致力于提供人与人之间交流信息的渠道，用户发布话题并同其他用户进行探讨，也可以发布问题向其他用户寻求解答。论坛在线咨询应用于图书馆中可以为学习者提供相应的服务，包括但不限于解答、讨论、建议等。更为重要的是，这能够成为图书馆与用户之间互动式交流的桥梁，是具有互联网时代特色的服务模式。

微博：微博是一个建立在用户人际关系上的平台，并依靠平台以用户个体的方式传播信息。用户可以通过PC、手机等各种形式登录客户端，并搭建自己的人际关系网，以短小而精练的文字即时公开自己的状态、行程、心情等。

远程视频会议：当工作人员需要与用户进行联系时可以采用视频会议的方式。工作人员可以通过文字和音频收到用户的反馈意见，模拟会议现场用户进行视频交流，更加高效地交换意见。远程视频会议对图书馆的硬件要求更高，不仅需要相应的处理设备，还需要高效率地传输通道。另外，视频会议如应用在图书馆中，对工作人员的操作、职业水准等都有很高的要求。如果不具备以上的硬件和人员条件，视频会议的模式就难以开展。

5. 资源导航

OPAL：OPAL索引系统能够汇集图书馆的电子资源作为存储的馆藏，将图书馆电子资源分类汇总成可检索、可查询的电子资源。这样的系统可以最大限度地减少用户获取自己需要的学习资料所花费的时间。

电子资源导航：图书馆汇集全部电子网络资源，以向导的形式引导读者查询各自需要的学习资料。通过索引系统，学习者只需输入关键字作为他们想查阅信息的核心词。根据高效的索引系统，这些关键字可以直接链接到馆藏电子资源的全文，也可以通过题录、文摘信息等链接到全文数据。

搜索引擎：搜索引擎的高效处理极大地减少了用户检索信息所用的时间，同时用户的检索请求及时得到处理也在很大程度上分担了工作人员的工作量，提高了访问速度，并大大优化了用户的访问体验。

（三）图书馆信息化服务规划

随着计算机及网络技术在图书馆的广泛应用，图书馆电子信息化的发展已成为图书馆发展的主要方向之一。图书馆信息化是指在图书馆业务、信息服务和管理中更广泛地使用信息技术，逐步提高图书馆信息化程度，并将其建设成现代信息化图书馆。现代信息化图书馆是目前图书馆的主要发展方向，图书馆信息化对工作者素质、工作效率的要求更加严格，这也是图书馆步入信息化的必要途径。图书馆在发展过程中不断吸收互联网技术、电子信息化技术，逐渐从根本上改变原来的工作模式，对于用户来讲，他们能真切地感受到信息化图书馆带来的便利，所以说不进行信息化建设的图书馆是不健全的、发展不完整的。图书馆信息化是一个漫长的过程，需要很多条件与步骤，而科学的规划就成了信息化的关键。

1. 图书馆信息化服务的内容

信息化服务就技术方面来说可包括三个方面的内容：信息系统的选择与现行系统的改造、信息技术的运用、数据与数据库的建设。这三个方面是相互联系的，技术、科技是基石，合适的数据库就是储存结构，而连接基石与结构的就是信息系统。

（1）信息系统的选择与现行系统的改造

图书馆信息系统包含多方面的内容，如光盘数据库系统、音频系统、视频系统等。信息化的图书馆能够将这些系统有效地融入其中，并面向大众建立新的完善的整合系统。

（2）信息技术的运用

随着电子信息科技的发展，以计算机为中心的信息技术在图书馆界得到了广泛的应用。新型媒体、新型大容量存储、搜索引擎、LED、触摸屏技术共同支撑着信息化图书馆的运行。在信息技术运用过程中，图书的数字化是一个重要的方面，数字化的图书有着便于管理和查阅、方便大规模贮存等诸多优势。

（3）数据与数据库的建设

在信息电子化和网络化过程中，一项基础性工作便是积累大量的各类型数据，建立数据库。一个信息化的图书馆馆藏包含书目数据库、全文数据库、馆藏数字化资源、网络虚拟资源、业务管理数据、查询用户档案等。计算机能把各种媒体（包括声音、图像、文字等）全部转换成数字信号进行处理，从而使各种信息和信息媒介融合在数字化上，使一体化信息资源的实现成为可能。目前，书目数据库的建设已经很成功，需要加强其他类型数据库的建设。

2.图书馆信息化服务规划中的平衡问题

（1）目标规划与适应性之间的平衡

目标规划和适应性之间的平衡是信息化过程中最受关注的问题，如何能在平稳的、可持续的基础上制定长远的目标规划是非常值得研究的问题。这样的问题往往没有现成的答案可供参考，比较能够接受的方法是结合政府政策与社会媒体风向，细致地掌控、分析图书馆信息化的进程，并及时给予适当的调控。

（2）组织与系统流程之间的平衡

图书馆信息化发展过程中的争议在于是否有必要改变图书馆的运作方式以适应软件。总地来讲，新技术的应用方式决定着组织结构的完整性，而组织及管理模式也会反作用于技术本身。这就要求信息技术和应用模式在技术领域不断创新，并服务于图书馆的长远规划，形成技术服务于实际的图书馆信息化模式。

（3）信息化规划与建设实施之间的平衡

信息化规划能够为信息技术的应用和硬件开发建设提供方向。由于各方参与人员的立场不同，因此难免会有隔阂。在这个重要的规划阶段，对工作的把控应该交给专业领域的第三方技术机构，并寻求多方的参与和协调。

在信息化的构建中，应该以供应商为主导、业主参与配合。图书馆应本着客观、公平、守信的原则，尽一切努力来促进并监督信息化的建设过程，保障项目在正轨上有序地运行。

3.图书馆信息化服务规划的原则

（1）整体性原则

信息化的进程要在整个图书馆的发展规划之内，并能够和图书馆的未来发展相结合，这样才能真正地在图书馆发展中起到革新作用，不偏离既定的发展方向。

（2）可扩展性原则

时代的发展必然伴随着科技的进步，信息化规划的可调控性就显得越发重要，匹配新技术的能力和适应图书馆运行模式的能力是关键。时代的变迁会使原本的规划不再满足新形势的要求，进而约束图书馆的发展，所以信息化时代下的可调控性是必要的。

（3）适应性原则

图书馆信息化的过程不仅是不断变化的，还是不尽相同的，不考虑实际形式、不从实际出发的规划是注定不会成功的。在规划中应该结合图书馆的发展现状、政策以及未来发展趋势等。

4.图书馆信息化规划服务的对策

（1）形势分析

首先明确图书馆的发展目标、发展战略和发展需求，基于此对行业的发展现状做出评估，包括该行业的现状、政策、趋势，更要结合信息化的技术对图书馆的特点做出独特的分析，这种分析应该涵盖技术、措施、期望结构、使用功能等方面。

信息化的程度包含多个方面，在许多方面都可以对一项技术的价值做出评估，而工作人员要做的就是从多个角度出发分析技术对图书馆的意义，包括技术先进程度、主要功能、模式架构、硬件要求以及必要风险等。信息资源既包括硬件方面的基础设施，也包括软件方面的数据、信息结构、运算、处理引擎等。

（2）制定规划

经过完整的形势分析，接下来应该制定一个满足未来发展的规划，这将为信息化的进程指明方向。在规划的制定上应满足预计规模、预算成本。制定规划时，一要明确需求，决定方向。明确需求是制定一个合理规划的前提条件，要清晰地知道图书馆信息化的方向和最终想要达到的效果；二要有方向性的纲领，这个纲领文件是技术发展的约定和工作实施中应遵守的规则，是完成信息化的使命；三要有信息化的未来目标，并列出实现目标所要完成的各项工作内容。

（3）设计信息化总体架构

信息化总体架构的每个层次都由许多功能模块组成，每个功能模块可以分为更详细的级别。

（4）拟定信息技术标准

这部分是对信息技术的具体产品、方法、流程的采用，是信息化完整结构的技术支持。以应用广泛的、有发展前景的信息技术为标准，使图书馆信息化具有良好的可靠性、兼容性、扩展性、灵活性、协调性和一致性，从而提供安全、先进、有竞争力的信息服务，以降低信息化的建设成本和时间。

（5）进行项目分配和管理

根据以上内容，首先对每个功能模块和相应的各级信息任务进行重点评估、总体规划和项目细化，明确责任、要求、原则、标准、预算，协调每个项目的时间范围，然后选择实施每个项目的部门或团队，最后确定对每个项目进行把控和管理的原则、细节和方式。

4. 图书馆信息化服务标准

服务一般是以无形的方式，在顾客与服务员工、有形产品或服务系统之间发生的，可以解决顾客问题的一种或一系列行为。

图书馆服务是图书馆利用图书馆资源让更多学习者获取知识的行为和过程。图书馆是由各个要素组成的一个体系，是社会系统的一部分，与其他社会系统错综复杂地关联在一起。另外，图书馆服务是一种无实体的体验式服务，很难用大众标准对图书馆服务做出足够有说服力的评估。但出于一些评级组织的需要，如图书馆等级评估、图书馆工作质量评估、学习者评价等，制定一些合理的标准让图书馆之间的特点有一定的比较，这是一个值得讨论的发展问题。

谈到图书馆服务内容时，常规性的要求是领导满意、群众满意、自己满意。粗看起来这没有不妥，但隐藏着不容忽视的错误。首先，领导满意度排在第一位，这就意味着对领导负责是最重要的，而不是先对群众负责。其次，有些单位并不能察觉自身出了问题。作为被评估对象，反而自己评估起了自己，必然是找不出问题所在的。事实上，三个满意度中最主要的是群众的满意度，群众是服务的对象，服务的好坏应当由群众来反馈。当群众满意时，代表着群众利益的领导层也必然是满意的。

将读者的评价作为最重要的评估参考是具有里程碑意义的，也是正确的发展方向。图书馆的理念是把知识和学习者的意愿匹配在一起，形成良好的社会风气。"为书找人，为人找书"是图书馆职业最简明的表述。这里说的书不应只局限于书本，也包括文献资料、学术报告、互联网时代下的电子信息资源。而对于学习者，寻找自己需要的知识的方式也不应单一化。检索的技术含量能体现一个图书馆对信息资源开发利用的程度，任何图书馆都需要不断发展"找"的方式以适应时代进步。

时常有人反映政府对图书馆的发展不关注，社会对图书馆的工作不支持，诚然这是问题的一方面，但是更重要的是图书馆应该思考：面对社会，图书馆的义务和责任在哪里？图书馆只有不断完善服务才能换取大众的认可，从而引起社会的关注，使自身得到发展。

5. 标准评价

图书馆的服务大部分是无形的，涉及的因素很复杂。因此，评估图书馆服务的标准应该有多种类型，如定性分析和定量分析。从学习者的需要方面来说，它主要包括三个方面。

（1）学习者满意度

学习者的评价是评估图书馆服务水平的主要参考，其内容有以下几点。

环境：图书馆环境安静，适合学习。

人员：图书馆工作人员热情、认真、主动，有专业能力。

设备：图书馆设施先进、齐全，能满足功能需要。

文献：图书馆文献资源符合该馆的性质与目标，数量多，质量好，有特色。

一般将读者的满意度分为很满意、满意、一般、不满意、很不满意 5 个等级，可以发放读者调查表让读者对图书馆的服务进行评价。

（2）吸引学习者率

学习者既包括来到图书馆的学习者，又包括利用本馆网上资源的学习者。吸引学习者率是实际人数和预计服务人数的比值，其可根据图书馆位置、规模、现实条件等进行区分，分为优秀、合格、不合格几个等级，来估计图书馆吸引学习者的状况。

（3）文献利用率

①流通率

图书流通的次数越多，一般可以认为其学术价值越大。需要重点指出的是，这里所说的"书"不仅指纸媒的文献，还包括电子文献和网上资源。文献使用率是指在一定时间内读者实际使用的文献数量与馆藏文献总数的比率。根据图书馆的不同性质和规模，以及历史和现实条件，人们可以用优秀、合格、不合格这几个等级来评定流通率的状况。

②主动性

要想增加图书的使用率，图书馆应积极地"为人找书，为书找人"，而不是被动地等待。良好的宣传工作、积极地接纳反馈意见都是提高图书馆文献利用率的方式。

③速度

时间对于学习者非常重要，因此，帮助学习者更加准确、高效地找到相关书籍是图书馆工作的必要内容，这就要求图书馆提高工作效率。

三、提升图书馆信息化管理服务的路径研究

（一）拓展图书馆服务内容

在日常生活中，图书馆阅读可以丰富读者的精神生活，对国家经济文化和社会发展起到推动作用。图书馆是保障人们终身学习、素质提升和文化发展的重要场地。信息技术的不断发展、网络信息设施的推广使用、笔记本电脑和智能手机的普及、5G 数据网

络的迅猛发展，都给图书馆信息化的发展带来了巨大的冲击。图书馆必须增加服务内容等方面入手，更好地适应网络数据大环境，才能提高高校图书馆的服务能力和质量。

1.电子书阅读器

电子书阅读器是指将资料上的文字、图画、声音、录像等数字化的出版物或下载储存的文字、图像、声音、影像等资料数据集存储介质和显示终端于一体的小型阅读机。它通过将资料刻录在以光、电、磁为中间媒介的机器中，采用特种条件设备提取、复制、传输。电子书用技术相对很简单的机器设备就可以观看大量的图书资料，解决了场地的局限问题，同时电子阅读方便快捷，方便大部分人使用。

2.云服务

云计算是一个新兴的商业计算模型，它利用网络高速传输数据的能力将数据的处理过程从个人电脑转移到网络上的计算机群体中。计算机云服务主要是在云计算的基础上发展升级的各种服务。可以说云服务是伴随着云计算的出现才产生的服务，也可以说云服务是在云计算出现之前就已经存在但因为云计算的推动才得以进一步发展的服务。

在云环境中，借助云计算和各种云服务的支持，图书馆可以进一步完善自己的资源建设和服务。在当前的图书馆界，这是一个值得讨论的问题。随着电子产业智能化水平的提高，一些数字图书馆可以利用这一前沿技术更好地提供图书馆信息资源。

随着信息技术的发展，著名的"超星移动图书馆"诞生了，它通过云服务让用户共享全国多家图书馆资源的联合搜索和文献传递服务。用户可以使用云服务的特殊拷贝功能记录他们的阅读笔记，并可以自动将数据和信息资料同步到云存储上，不需要再使用纸和笔进行记录，不仅提高了阅读的效率，还可以随时浏览之前上传的学习资料。

（二）建立个性化的信息推送服务

1.信息推送技术的概念与特点

举例说明什么是信息推送技术。比如，电视台每天都播放电视节目，观众可随时打开电视看电视上的节目，并可随时调台；手机用户通过短信定时接收到的天气预报和股票信息；等等。换言之，信息自动向用户发送的技术即信息推送技术，即"信息寻求用户"。

互联网公司使用特定的技术标准或协议，从互联网信息源或制作商那儿获取相关信息，通过固定的频道向用户发送信息的传播系统即信息推送。它是基于用户对信息的需要，有针对性地将用户所需信息主动送达用户。

信息推送有以下特点：

（1）主动性

主动性是互联网信息"推"模式服务的基本特点。当有实时信息要上交或即将接收时，按照传送信息的分类和重要程度推送软件会在读者不发出信息搜索的条件下，采用电子邮件、播放声音、在屏幕上显示消息等不同方式及时、主动地通知用户阅览，增强用户信息获得的及时性。

（2）个性化

根据用户的特定信息需求为用户量身定制是推送服务的前提条件。把为特定用户搜索的信息通过某种机制推送给用户，这体现了用户对信息的个性化需求。个性化服务是积极和动态的，只要用户设定好规则，系统就可以自动跟踪用户的使用倾向，不需要用户的请求而主动将信息发送给用户。该技术不仅可以让用户根据其具体需求进行搜索、处理和发送，还可以为用户提供针对用户特定信息的定制搜索界面。因此，个性化主动信息服务是推送技术最基本的特点之一。

（3）集成化

对于一个特定的用户而言，在特定时间其关注的通常是与某一主题相关的来自不同渠道、不同载体的相关信息。比如，一个从事数字图书馆技术的研究人员，从获取信息的途径方面看，他既关注网络资源和数字图书馆技术的相关信息，又关注中外文献中的相关信息；从信息的内容看，他既关注国内外数字图书馆技术的发展动态，又关注其前沿动态。但是，目前的互联网信息导航、专题文摘索引、目录等只是从某一侧面解决用户特定的信息需求，而信息推送将传统信息和现代信息结合，使用户更容易掌握它。信息处理人员可以将各种途径和各种载体的特定信息汇总到同一个信息通道中为用户提供服务。

（4）易获性

用户只需要根据推送技术的工作流程设置自己的需求特征，定制信息资源类型，设置自己需要的信息通道，此后定制的信息就会自动传送给用户，用户无须每次提出查询请求，可以节省大量的时间和精力。

（5）智能化

推送技术服务系统中的信息是高速流动的，不是停留在某一个地方等着用户寻找，而是主动寻找合适的信息用户。为了提高推送的准确性，推送技术服务还可以控制搜索的范围，将不必要的信息过滤掉。因而，网络环境下的信息推送技术服务具有较高的智能化。

（6）高效性

由于信息推送技术采用的是信息代理机制，一方面可以减少重复的、无关的信息在网上传递，避免垃圾信息对网络资源的大量占用；另一方面，浏览器会定期检查频道的信息更新，如果遇到信息更新，浏览器会自动下载并缓存新内容，使用户可以离线浏览，减少网络开支。

（7）安全性

用户与信息推送平台间形成了一种相对固定的数据传送，避免了用户因不加选择地搜索信息而导致的对系统的破坏。另外，对于用户而言，经过智能系统过滤过信息也是安全可靠的。

（8）延续性

信息推送技术有连续性、系统性的特点，只要供需双方的协议不中断，服务就一直延续。同时，信息的新旧内容可以做到自然衔接，只要客户协议不改变，系统的内容就会随着现有信息更新，保证了信息存放的合理有序。

2. 信息推送的工作流程、服务形式及实现方式

（1）信息推送的工作流程

建立个性化的信息服务平台对于数字图书馆来说至关重要，因为它是实现信息推送服务的必要环节。它包括能够追踪用户行为、学习和记忆，描述用户感兴趣的服务模块，能够对信息进行搜索、加工、整理的信息收集与加工模块，然后在个人网站上组建一个专业的信息服务频道。

实施推送服务需要经过以下几个步骤：

①用户注册登录

用户在网上进行注册，填写详细的个人信息，如姓名、年龄、专业、密码，以及所需信息的主题、关键字、报送地点和信息的期限。

②建立用户特征数据库

系统中有一个用户特征数据库，主要记录每个用户的特征信息。使用"推送服务代理"对用户的个人信息进行储存，或跟踪用户的信息使用行为获得用户信息需求，并将其放入用户特征数据库中。

③网络信息收集、筛选、加工

"推送服务代理"根据用户的需求特征在互联网上搜索信息，并对收集到的信息进行加工、整理，然后将它推送到用户指定的地点。

④用户对信息进行评价

用户可以对平台推荐的信息做出定量和定性评估，即给出自己的评论和评分，以便系统进行改进。

（2）信息推送的方式

基于互联网的信息推送方式有以下几种：

①简单的通知

这是每天按时告诉用户信息的最基本形式，如电子邮件。对此服务，用户可以控制其通知形式、时间间隔等。通知并不一定是交互式和强制性的，它对资源和信息流的要求并不高。

②提纲要点

用户可以查看网页页面或其他信息源，查找需要匹配的信息，并将信息传递给用户。用户可以通过关键字、日期、数据、比较规则和其他查询条件查找信息。提纲要点不仅有每日报告，还有很多后台处理过程，与用户的对接是不可估量的。在设置条件时，提纲要点将给用户更大的交互性，对资源的影响很小。用户可以通过过滤安全的网页信息创建相应的服务。

③自动弹出网页

自动弹出功能提供一组可供用户经常查看的网页页面，将用户查看过的网页储存起来，以便用户以后阅读；用户可以通过电子邮件接收这些材料，并进一步了解它们。由于需要在用户电脑上保存获得的网页，这就要求用户在设置查看内容和复查收到的网页方面进行更多的交互活动，并要求更多的资源储存信息。

④自动推送

自动推送是一种先进的推送技术，它可以根据自己的刷新进度信息公布。用户必须提前订阅推送信息服务，并需要连接网络上的收听广播，否则他将得不到任何服务。一般来说，该服务需要在用户终端安装软件并定期发出更新请求。通过自动推送，用户可能会看到一个完整的屏幕报告或屏幕底部的标题。这种信息推送技术有许多交互特性，可以有选择性地给用户发送信息，或者尝试让用户对其他信息感兴趣，用户也可以选择需要查看的信息流。

⑤频道推送

频道推送是一个普遍采用的方法。用户可以在浏览器中设置特定的频道，就像他们选择电视频道一样阅读各种信息。

⑥网页推送

网页推送是在特定的网页中为用户提供他们自己订阅的信息。

⑦专用软件推送

专用软件推送是通过专门的发送和接收软件将信息推送给专门的用户。

基于智能化数据系统的信息推送方式有以下两种：

①操作式推送（客户式推送）

操作式推送由客户进行数据操作启动信息推送，即当客户操作数据，将修改后的新数据存储在数据库后启动信息推送流程，将新数据推送给其他客户。

②触发式推送（服务器推送）

触发式推送由客户数据操作启动信息推送，即当数据出现增加、删除、修改操作时，触发器启动信息推送。

（3）信息推送技术的实现方式

推送技术改变了在互联网上访问信息的方式，将用户搜索信息变成了接收信息。根据原有系统的继承和扩展程度的不同，推送技术的实现方式可分为以下几个方面。

① CGI 服务器模式（CGI 即通用网关接口）

这种方式是通过扩展 CGI 扩充原有网页服务器的功能，从而实现信息推送。与一般拉取技术不同的是，服务器收到表单后可根据用户需求收集信息，并一次或分多次推送给用户。其推送信息的方式有两种：一是把信息直接推送给用户；二是只把 URL 及信息变化的内容通知用户。可以看出，CGI 服务器模式是最弱意义上的推送，因为信息的获取需要用户参与。但由于用户得到的信息是符合个人特性的，所以该方式最容易实现。

②客户代理方式

这种方式通过服务器收集用户的相关信息，然后和信息提供者建立联系，读取相关资料，收集用户感兴趣的信息，并将其推送给用户。基于客户代理的推送方式需要设置相应的频道格式（CDF）文件，并将其放置在网页服务器上，以获取资源列表和资源更新状态等信息。在这个实现方式中，对信息的请求和推送都是通过代理服务器实现的。从用户的角度来看，服务是清晰的，也可以属于"推送"的范畴，它继承了原有的系统，且实现起来简单易行。

③ Push 服务器

Push 服务器是互联网上广泛使用的推送模式。它提供了一组集成的应用程序环境，包括推送服务器、客户部件和开发程序。它把一些站点定义为浏览器中的频道，用户可以通过这些频道浏览、查阅感兴趣的网络信息，并且可以设定其播放的时间。在这种推送方式中，Push 服务器提供主动服务，负责收集信息以形成频道内容，然后推送给用户；客户部件主要负责接收提交的数据及指令，并对数据进行处理。这种方式由 Push 服务器对信息进行分类，先将信息量较大的数据推送给用户，如果用户有需求详细了解某一方面的信息则再次获取相关内容。因此，这种推送方式减少了传输的数据量，提高了信息获取的效率，可以说它是一种"真正的推送"。

3. 信息推送在数字图书馆信息服务中的应用

数字图书馆利用信息推送改变其服务模式。信息推送可以将信息推送给用户，让用户坐等信息的到来。它可以实现数字图书馆信息的输送，从"客户寻求信息"转变为"信息寻求客户"的服务模式。信息推送技术具有及时向用户传递信息的功能，信息源直观、易于掌握。与此同时，信息资源处于动态的储存和释放状态。利用"推送"技术的数字图书馆不仅能在整个网络为用户服务，还可以主动锁定更具体的用户群，提供专门的信息服务。这不但提高了信息服务的效率，而且为用户节省了在互联网上搜索信息的时间。

（1）信息推送技术在数据库中的应用

许多数据库商家为他们的产品设计了推送服务系统，如 UnCove 公司为终端用户提供 Re veal Alert 服务（定期讨论报告），用户可提供 25 个关键词、50 个以内的期刊名和自己的电子邮件地址，每周系统将更新的信息发送到对应的服务用户的邮件地址上。剑桥科学文摘（CSA）设有 Search Profile（个人检索文档）。个人用户可以存储检索词或检索组配式，数据库每周更新文献时会自动将检索到的目次添加到文档中。当用户再次进入数据库打开自己的个人检索文档时就可以获得需要的信息，无须再次检索。这种主动推送信息的服务方式不仅锁定了一些固定用户，增加了用户对数据库的了解和使用兴趣，还节省了用户的检索时间，提高了数据库的利用率。因此，越来越多的数据库，添加了这种服务功能。

（2）基于信息推送技术的图书馆网络信息服务

在网络时代，图书馆的信息服务应该面向用户，互联网信息检索与收集要相互结合。第一，了解用户的信息需求。发现用户兴趣，为用户建立模型，按领域主题对信息进行归纳。第二，在某一特定领域实时收集网络信息，并提供各种数据库、声音、图像等。把这些信息推送给用户，用户只要打开他的"检索渠道"，就可以接收到所需要的信息，不需要在网上花费时间查找。各图书馆服务器可以对用户模型相似的用户相互通告对方关注的主题知识，从而促进用户对主题需求的表达，实现信息的动态交换。其实际应用有以下几种方法。

电子邮件推送服务：通过电子邮件向注册的用户发布需求信息。电子邮件推送技术是目前使用最广泛的一种信息推送技术。这种方法只需要实现一个基于网络的电子邮件系统，就可根据用户的订阅情况定期或不定期地将相应内容发送到用户的指定邮箱。通过该功能，互联网可以主动向用户提供信息，提高了数字化服务的内容和水平，为用户提供了更好、更高效的服务。

新节目推送服务：1999 年，中国科学院上海文献情报中心在北京邮电大学创讯信息技术公司开发的"现代电子化图书馆信息网络系统"（以下简称"北邮系统"）的基础上二次开发出"中科院上海文献情报中心期刊目次推送系统和新书信息推送系统"，目的是通过这两个系统分别将北邮系统中的最新目次信息和中西文新书信息通过电子邮件形式自动推送给订购用户。这两种数字化特色服务把原来"被动等用户上门"转变为"主动向用户提供信息"，扩大和丰富了北邮系统的功能，提高了该中心数字化服务的内容和层次，为用户提供了更好、更快捷的服务。

采用信息推送技术提供网络化的定题服务：采用推送技术提供网络化的定题服务不但具有新颖、及时、针对性强的特点，而且能够满足科研人员对个性化信息的需求，同时提高了图书馆的服务效率和服务质量。以中国科学院文献情报中心的张智雄博士为例，他已经对互联网科技信息资源门户网站系统的建设进行了研究，该系统通过动态频道推送技术实现了真正的个性化信息服务。

个性化服务：指根据用户需求制定特殊用户界面的技术，是数字化图书馆技术的重要方法。该技术不仅简化了复杂的用户界面，还提供了交互式个性化的用户服务。

专业信息服务频道的建设：一个图书馆的网站站点只要借助推送技术建立一个专业信息服务频道，就能为用户提供有针对性的推送服务。

4. 高校图书馆个性化信息推送服务的对策

①建立以用户为中心的信息推送机制，这种机制要求推送系统可以利用用户计算机上得到的信息资源，如网页浏览历史记录、应用软件的使用记录、电子邮件信息等为用户建立一个感兴趣的动态模型，基于此模型获得用户感兴趣的信息并反馈给用户。②增强推送信息的筛选，将最小的信息量发送给用户，降低用户阅读负担，使用户易于存储这些信息。③利用多播和广域网技术，在保证信息质量的前提下，尽量减少数据传输容量，减轻互联网负担，减轻或消除数据风暴和网络拥堵。④通过系统和用户的交流与反馈，以及主动标记用户的信息搜索行为、计算机使用行为、互联网检索行为，提高用户需求信息的准确性。⑤将推送技术和拉取技术相结合，使用户获得最大的收获，不断开发新技能，克服推送技术中存在的问题。⑥制定推送技术的国际标准，使推送技术的研究、开发和应用国际化、标准化。

（三）全面提高图书馆馆员的综合素质

1. 新时代下图书馆馆员的角色

随着信息技术的快速发展，在传统图书馆向数字化图书馆逐步转变的过程中，图书馆馆员将扮演多重身份。

（1）信息专家的角色

随着纸质信息资源、电子信息资源和网络信息资源的逐步发展，图书馆馆员的角色也在不断变化，在不久的将来图书馆馆员将成为信息专家。

凭借所受的专业培训，数字化图书馆馆员不仅是一个保管员，还是一位最新信息资料的提供员。他必须能运用现代信息技术和高科技手段，在信息资源管理传递和服务领域走在社会发展的前沿；他必须掌握信息收集、排序、加工、检索等多种技能，为科学研究、企业的信息产品、竞争情报及各级政府决策参考提供信息；他必须掌握最新的知识，有敏锐的观察力和准确的判断力，以深入各个领域进行信息鉴别，确定信息的真实性，从而客观、准确、全面地筛选出用户需要的、最新的科技信息；他必须熟悉互联网信息检索功能，可以在大量的网络信息中快速分辨和捕捉到符合用户需求的信息，使自己成为一个名副其实的信息专家；同时，他要使用先进的技术传播信息、传播知识，帮助用户及时获取所需要的信息，更好地发挥信息专家的作用。

（2）信息和知识管理者的角色

随着科技的逐渐进步，现代图书馆在传统信息资源和互联网资源方面发展迅猛。图书馆馆藏文献的范围不仅限于印刷型文献，其他形式的文献也迅速发展，且网络化的文献信息内容被迅速关注和开发。图书馆的价值取向也迅速发展为知识服务。与此同时，科学排序，让网上的各类专业信息集中、简化，将精细化处理的、有价值的资料供用户使用。这是互联网信息化背景下图书馆服务的主要任务。

图书馆靠书籍的数量满足读者需求的时代已过去。其服务的质量取决于馆员对知识的了解、调整、重组和创新知识的能力，取决于所提供信息的质量。而网络环境下图书馆的特点是信息的海量化、无序化及用户需求的个性化、多样化。这就要求图书馆馆员要迅速调整角色，从传统的档案管理者转变为信息化管理者，从烦琐的人工操作中释放出来，集中于信息的分类、组织、检索、传输和利用上，这是一个信息重组、传播和利用的过程。在这一过程中，图书馆馆员需要不断进行知识积累、传播和创新。由于知识与信息之间的自然联系，图书馆馆员不容选择地成为知识管理的研究者和实践者。

（3）信息提供者的角色

图书馆服务的目的是给用户提供信息资料。在数字图书馆时代，图书馆的主要任务是通过互联网对内部资料进行数字化管理并提供信息服务。这就要求图书馆馆员在互联网资源中有效地管理信息并提供服务，对原始信息进行收集与处理的同时逐步深入文献，揭示知识的内涵和发展轨迹，建设特色数据库，加强深化和加工收集最新的信息资源产品，提供丰富的信息资源和网络信息服务，并成为信息资源的提供者。

（4）扮演信息资源教育者的角色

图书馆担负着社会教育的职能。在数字图书馆条件下，如何将信息进行开发和使用是图书馆面临的一个重要问题。图书馆不仅是信息服务单位，还是社会教育单位。

在数字图书馆条件下，用户的专业素养和信息素养在资料查询过程中起着指导性的作用。然而，用户的信息处理能力需要进一步增强，因为他们经常被大量的、良莠不齐的信息混淆，迷失于信息的海洋中。在这种情况下，图书馆馆员应该加强对用户的教育，在做好本职工作的同时，培养用户的信息素养是非常重要和迫切的事情。实际上，图书馆馆员在服务的过程中已经承担了培训用户信息素养的任务。只要读者有需要，图书馆馆员就要提供最基本的帮助，只要用户在查找信息时遇到困难，图书馆馆员就要向用户介绍资源情况和检索方法，帮助其检索、筛选、评估和选择信息以及进行网络导航。

因此，数字图书馆馆员不仅是信息的提供者和传播者，还是信息检索的指南与向导，具有教育和指导的责任。例如，引导用户使用电脑，利用数据库和网络进行文献检索，指引用户在网上查找信息，进行学习培训，对用户进行全面的技术指导。一些用户在使用图书馆资源的过程中得心应手，这与其自身的专业素质是分不开的，但图书馆馆员的指导和帮助对其素养的培养也起到了关键作用。

在如今数字化浪潮的冲击下，受信息源以及信息技术快速持续增长发展的影响，用户对知识的获取、信息的传播都有了新的要求，传统意义上的图书馆馆员教育角色就有了崭新的定义，要求他们在帮助人们获得必要的知识信息、培养读书意识的同时，依仗大数据平台，整合有效数据，深入用户进行信息传播，有针对性地提高用户的跨学科学习、科研、决策力的准确性。

2.图书馆馆员基本素养的提高

作为读者与大数据资源之间传输桥梁的图书馆馆员在任何技术形式下都不应该也不可能被取代，他们决定着图书馆的服务质量和水平。一支训练有素的图书馆馆员队伍会赢得广大读者的喜爱。为迎接新形势对数字图书馆馆员提出的挑战、适应时代的要求，数字图书馆馆员应从以下几个方面提高自己的基本素质。

（1）政治思想素质

图书馆馆员是一个为"思想"服务的特殊群体，馆员的世界观、人生观、价值观体现着他对社会、人民、工作、生活的态度，而政治思想素质就是其立身之本。有了良好的政治思想素质，馆员才能凝聚和升华其理想、信念、道德、心理乃至气质、作风，才能在事业上爱岗敬业，全心全意地为提高服务水平开拓进取，掌握新知识、新技术，加强业务能力，才能无私地为读者提供优质的服务。提高图书馆馆员的政治思想素质要从职业道德入手，这是政治思想素质在职业活动中的具体体现。

（2）职业道德素质

各行各业都担负着特定的职业责任和义务，从业人员也

在职业活动中有着特定的行为标准和要求。比如，教师要具有教书育人、为人师表的素质，医生要具有救死扶伤的素质，等等。图书馆馆员就是要让图书馆成为一个人性化的基础设施，要树立"服务至上，读者第一"的宗旨，要设身处地为读者提供更多层次、更多层面的服务，从思想上、行动上、作风上通过自己日复一日平凡的搜集、整理、保管和传输工作为教育、教学、科研服务。职业道德素养的高低直接关系着数字图书馆的服务能否顺利实施。因此，图书馆馆员要具备优秀的职业道德。

（3）科学文化知识修养

图书馆被称为社会大学，是知识的宝库。从事知识管理的工作人员必须具有广博的知识才能胜任服务读者的工作，但前提是要提高自己的文化水平和业务能力。在科技是第一生产力政策的推动下，数字图书馆把不同载体、不同信息资源存储、整合、开发，面向跨区域、跨学科对象进行网络传播与研究，在虚拟网络环境下共建共享。它集知识的收藏、整理、开发、传播、研究、创新于一体，具有中介性、学术性、教育性、服务性、信息化等多种功能，图书馆工作也将更为智能化。而社会不断发展、科技不断进步、知识不断更新的网络时代环境对图书馆馆员提出的要求也越来越高。比如，现代信息技术在图书馆的应用改变了图书馆传统的服务方式，这必然导致图书馆工作朝着现代化的方向发展，图书馆馆员就应有吐故纳新的观念和驾轻就熟的操作技能。同时，图书馆学又是一门交叉学科，要求馆员具备扎实的科学文化知识基础和合理的知识结构。

面对新的要求，图书馆馆员只有不断地给自己"加压""充电"，提高自身素养，完善自我，才能适应不断发展的社会需求，使自己立于不败之地，也只有这样，才能真正做到人（馆员）尽其才、物（图书）尽其用。因此，图书馆馆员要有追求知识的无限热情，本着"缺什么，补什么"的精神，采取急用先学、循序渐进的方法，不断吸取新知识，充实自己的头脑，提高科学文化水平，努力使自己成为知识上的杂家，读者心目中的"百科全书"。

（4）人文素质

图书馆要成为一个人性化的基础设施就要具备一定的人文精神。人文精神体现了以人为对象、以人为中心的内在品质。人文素质可以说是人文精神的体现，人文素质是图书馆馆员应该具备的基本素质之一。图书馆馆员需要有高尚的人文素质。人文素质与精神是密不可分的，良好的人文素质能时时刻刻地体现人文精神的存在，而人文素质正是

从人文精神中不断汲取营养的。根据学者的研究，人文素质有别于人的生理素质的一个重要组成部分包含四个方面的主要内容：首先，在学习中获取的人文知识是构成人文素质的土壤。人文知识包括从各个途径获取的各个学科的知识，诸如意识形态、历史、文章、哲学观点、语言艺术等。其次，理解人文思想。人文思想即存在并渗透于各人文学科之中的基本文化理念。再次，掌握人文方法。人文方法是指人文思想中所蕴含的认识方法和实践方法，它表明人文思想是如何产生和形成的。最后，遵循人文精神，人文精神是人文思想、人文方法产生的世界观、价值观基础。综上所述，衡量图书馆馆员人文素质的高低，主要看馆员是否具备这四个方面的特性及在这四个方面所达到的程度。

（5）专业知识素质

图书馆馆员工作看似简单实则专业性要求很高。这就要求图书馆馆员具备专业的理论基础和知识，善于结合图书馆与资料室的专业特点，科学地运用现代管理的理论与方法进行工作。如果只了解图书馆与资料室工作的特点和规律，而不谙熟其主要的业务环节和工序，就很难做到根据用户的需求进行服务。只有具备较强的专业知识与素质，才能很好地帮助读者寻源探宝，为读者提供事半功倍的优质服务，充分发挥数字图书馆的功能和作用。

参考文献

[1] 沈娟编著 . 光影图书馆 [M]. 北京：中国戏剧出版社，2017.

[2][日] 柏叶幸子 . 奇妙图书馆 [M].[日] 山本容子绘；朝阳译 . 北京：新星出版社，2017.

[3] 张立，李莘主编 . 图书馆管理学 [M]. 成都：电子科技大学出版社，2017.

[4] 郭静主编 . 真人图书馆 [M]. 贵阳：贵州大学出版社，2017.

[5] 张岩 . 深圳图书馆 [M]. 天津：天津大学出版社，2017.

[6] 刘嫄 . 畅游世界最大图书馆美国国会图书馆 [M]. 桂林：漓江出版社，2017.

[7] 张涛 . 图书馆利用与文献检索 [M]. 长春：东北师范大学出版社，2017.

[8] 李作华 . 小小社会图书馆 [M]. 北京：中国言实出版社，2017.

[9] 霍灿如 . 图书馆工作四十四年 [M]. 黑龙江大学出版社，2017.

[10] 孔德超主编 . 图书馆资源配置研究 [M]. 郑州：河南人民出版社，2017.

[11] 徐岚 . 互联网＋与图书馆 [M]. 成都：电子科技大学出版社，2018.

[12][美] 保罗 · 格里芬 . 图书馆男孩 [M]. 林玮译 . 天津：百花文艺出版社，2018.

[13] 唐玲 . 图书馆文化与职能建设 [M]. 天津：天津大学出版社，2018.

[14] 张娟 . 图书馆营销研究 [M]. 北京：中国商务出版社，2018.

[15] 谢薛芬 . 浅谈高校图书馆工作 [M]. 杭州：浙江工商大学出版社，2018.

[16][法] 帕斯卡尔·布里希文 . 图书馆去旅行 [M].[法] 弗里德里克·贝纳格里亚图 . 白睿译 . 北京联合出版公司，2018.

[17] 刘乐乐，杜丽杰，张文锡 . 图书馆管理与服务 [M]. 长春：吉林人民出版社，2018.

[18] 李瑞欢主编；李树林，董晓鹏副主编 . 公共图书馆工作实务 [M]. 北京：现代出版社，2018.

[19] 日本笠仓出版社 . 世界绝美图书馆 [M]. 章绮雯译 . 杭州：浙江摄影出版社，2018.

[20] 程显静 . 图书馆建设与发展研究 [M]. 北京：华龄出版社，2018.

[21] 连俞涵 . 山羌图书馆 [M]. 北京：北京联合出版公司，2019.

[22]（英）克莱尔·科克 - 斯塔基 . 遗言图书馆 [M]. 冯羽译 . 上海：上海文艺出版社，2019.

[23] 查道懂主编 . 图书馆管理学 [M]. 长春：吉林文史出版社，2019.

[24] 孙爱秀 . 图书馆管理与信息应用 [M]. 沈阳：沈阳出版社，2019.

[25][英] 萨缪尔·法努斯编 . 墓志铭图书馆 [M]. 黄兰岚译 . 上海：上海文艺出版社，2019.

[26][英] 大卫·皮尔森 . 大英图书馆书籍史话 [M]. 恺蒂译 . 南京：译林出版社，2019.

[27] 杨杰清 . 现代图书馆管理实务 [M]. 北京：现代出版社，2019.

[28] 黄娜 . 高校图书馆与学科建设 [M]. 长春：吉林人民出版社，2019.

[29] 宫昌利 . 图书馆服务思维研究 [M]. 长春：吉林人民出版社，2019.

[30] 王敏，吕巧枝主编 . 图书馆服务创新与育人 [M]. 北京：中国农业出版社，2019.